文天祥

别传——

史在新 刘敬堂 著

中国文史出版社
CHINA CULTURAL AND HISTORICAL PRESS

图书在版编目（CIP）数据

文天祥别传 / 史在新，刘敬堂著 . —北京： 中国文史出版社， 2019.12

ISBN 978-7-5205-1911-3

Ⅰ . ①文… Ⅱ . ①史… ②刘… Ⅲ . ①文天祥（1236–1282）—传记

Ⅳ . ① K827=442

中国版本图书馆 CIP 数据核字（2019）第 289256 号

责任编辑： 徐玉霞

出版发行：中国文史出版社

网　　址：www.chinawenshi.net

社　　址：北京市海淀区西八里庄 69 号院　　　邮编：100142

电　　话：010-81136606 81136602 81136603（发行部）

传　　真：010-81136655

印　　装：北京新华印刷有限公司

经　　销：全国新华书店

开　　本：16 开

印　　张：17

字　　数：300 千字

版　　次：2020 年 7 月北京第 1 版

印　　次：2020 年 7 月第 1 次印刷

定　　价：49.80 元

序

　　三年前的冬季，我住在青岛的湖光山色小区，在新先生住在隔壁的鲁信长春花园。20世纪40年代毕业于华北国医学院，其父是位德高望重的中医教授。在新先生子承父业，医学院毕业后，在临床上中西医结合治病救人。在行医的同时亦喜爱古典诗词，还出版了文集《医者笔耕录》。有一次，我们边品尝崂山的新茶，边谈起文天祥的《正气歌》，彼此便有了共同话题。

　　少年时，历史老师曾在课堂上朗诵过文天祥的《过零丁洋》，虽然对全诗的理解肤浅，但却记住了最后两句："人生自古谁无死，留取丹心照汗青"，同时也记住了文天祥这个名字！

　　当我提出撰写这位彪炳千秋的民族英雄时，他便欣然同意了。于是便分头收集历史资料，探讨人物形象及情节安排，甚至具体讨论了每一章的内容和标题。全书由在新执笔，我负责取舍把关和文字润色的功课。在新是位拼命三郎，他不但废寝忘食地敲击着键盘，还在浩瀚的资料中去伪存真，核对人物的姓名，事情发生的时间、地点和经过等。初稿写完之后，又在外孙的陪同下，行程万里去了江西、广东等地，进行实地考察调研，还上门拜访了文天祥的后人。他数易其稿，终于付梓出版，可谓苦乐皆在其中。

　　文天祥被俘押到元大都燕京，囚禁在兵马司的土牢中达三年之久，受尽非人折磨，但他仍不屈服。忽必烈给他两种选择：其一是授为宰相、枢密使，其二是斩于刑场。他毫不犹豫地选择了后者。

　　在就义的前夕，文天祥将一首《自赞》藏在衣带中得以保存下来：

孔曰成仁，孟曰取义。

惟其义尽，所以仁至。

读圣贤书，所学何事？

而今而后，庶几无愧。

次日被押赴柴市刑场，他索来纸笔，挥笔写下两首七律之后，掷笔于地，面南而拜。他的一腔热血溅红了柴市大街！

文天祥在 700 多年前吟哦于囚牢中的《正气歌》，共 60 句、300 字，其诗气势磅礴，震天撼地，对当时、对后代都产生了巨大的影响。与屈原在《远游》中所咏唱"内惟省以操端兮，求正气之作由"，是异曲同工。浩然正气是中华民族道德精神的高度升华，也是中华文化宝库中的珍贵遗产。在《正气歌》的余韵中，我仿佛看到方志敏、杨靖宇、张自忠、赵一曼、黄继光等后来之人，他们用自己的信念和血肉之躯，在中华大地上矗立起的丰碑，立于天地之间，光照日月星辰。

刘敬堂庚子年四月初八于青岛

目录

001　第一章　　正在苦读的少年并不知道，蒙古高原的野狼已经露出了獠牙。

021　第二章　　江西来的那个愣头青，竟然考中了头名状元！

037　第三章　　高中者戴花跨马，落榜人投湖自尽；父亲病故，新状元扶灵回乡。

050　第四章　　既黑又丑的"灰姑"竟成了六宫之主；她的经历就是一出精彩的连续剧！

066　第五章　　原来古代也有"四人帮"！南宋王朝已处于风雨飘摇中了。

080　第六章　　刚踏上仕途，因一篇《己未上皇帝书》，成了仙都观的祠禄；官家赏赐的那只金碗，成了大龄青年的结婚聘礼。

094　第七章　　斩了杀人真凶，判了失职官员，上任两个月就被罢免了官职！

108　第八章　　起用，罢免，再起用，再罢免；对弈，悟道，操琴，吟诗，也是一种人生境界。

122　第九章　　贾似道养的蟋蟀，蹦到了官家的龙须上！钓鱼城抛出的石块，将杀人魔王击落在马下。

135　第 十 章　奉命镇压了农民起义，以其首领头颅向上司报了战功，是功是过？

145　第十一章　鲁港兵败，贾似道被人活活锤死！太皇太后哀诏，文天祥奋起勤王。

164　第十二章　只当了一天丞相，就被扣留在敌营；经历了九死一生，终于看到了大海。

179　第十三章　振臂一呼，八方志士响应；小石桥旁边的双烈庙，成了人们顶礼膜拜的偶像。

192　第十四章　突围路上，假文天祥救了真文天祥；虽然躲过三次劫难，却被叛徒出卖了！

206　第十五章　一首《过零丁洋》，成为千古绝唱；在崖山之战时，十万军民或站着战死，或投海殉国！

219　第十六章　北行途中，怀古思今；壮士赴难，放歌相伴。

237　第十七章　大狱是战场，不惧软硬兼施，更显英雄本色；一曲《胡笳曲》从燕京传遍天下。

251　第十八章　真金不怕火炼，气节可与春秋长存。

262　后　记

265　主要参考文献

第一章

正在苦读的少年并不知道，蒙古高原的野狼已经露出了獠牙。

晓日半窗红，邻鸡振翼雄。

馀子贪慵睡，佳人理发蓬。

未忘尘俗虑，那免是非攻。

前山浑不见，笼翠雾烟中。

——《早起》

1

聪慧好学的文天祥，生不逢时。

就在他出生前 30 年（1206），在遥远的西北大草原上，一个叫铁木真的蒙古人，统一了贝加尔湖以南蒙古高原的各个部落，建立了蒙古国，尊号"成吉思汗"。成吉思汗曾经毫不隐讳地说过："男子最快乐的事情，就是压服乱众，战胜敌人，夺取他们所有的一切。骑跨他们的骏马，抢夺他们美貌的妻妾。"1240 年，蒙古人用自己创造的蒙古文书写了《蒙古秘史》，其中记录了蒙古贵族向成吉思汗宣誓的誓词：

"我们愿做先锋冲锋陷阵，把姿色姣好的女子贵妇，把宫帐房屋，夺来给你。把异族的漂亮女人，把臀部完好的良驹骏马，夺来给你。"

这段誓词表明，在成吉思汗眼里只有两种东西：女人和马匹！蒙古人驰骋疆场，攻城略地，一刻也离不开战马，他的骑兵上战场时必须备好两匹以上的战马，最多的有五六匹马备用！马既是作战的武器，马肉和马奶又可当充饥的食物和解渴的饮料。所以他们能像秋风扫落叶一样，席卷整个欧亚大地。"黄祸"之说即来源于此。

蒙古人野蛮地屠杀和抢劫，抢劫草原牧场，抢劫牧场里的牛羊，甚至妻妾也是靠抢劫得来。铁木真的母亲叫柯额伦，就是他父亲也速该从别人手中抢来的！所以铁木真从小就嗜杀抢劫成性。他9岁那年，父亲被敌人毒死，他从此就要报仇。就像嗜血的草原狼一样，草原上只有靠残忍和鲜血，才能塑造自己的狼性权威。

蒙古国建立后，权力的傲慢让成吉思汗自信心极度膨胀，征服世界成为他的终极理想，他便开始了疯狂的扩张。蒙古军队的铁蹄蹂躏着欧亚大陆的土地，屠杀着各国的君王和百姓，洗劫了一座又一座城池和村庄。他先后攻陷了西辽、花刺子模、西夏、大金等国，他的儿孙们又多次大规模征战，占领了中国、中亚、西亚及东欧的广大地区，成为世界史上面积最大的强大帝国，所侵占的疆域是当时世界的五分之一！

1226年，也就是文天祥出生的前10年，成吉思汗第五次进攻西夏，这次分兵两路，先拿下黑水城，进攻肃州（今酒泉）时遭到军民拼死抵抗，成吉思汗下令屠城！全城仅剩下106户免死，其余统统杀掉！

第二年，成吉思汗的铁骑兵临西夏都城城下时，夏献宗惊恐万分一病不起，传位其侄，结果议和不成，唯有缴械投降！不可一世的成吉思汗忽然心血来潮，率领亲信们来到一个阿儿不合的地方围猎，突然浓云密布，空中一个炸雷响起，战马受惊跳起来，成吉思汗被从马背上重重地摔到地上，顿时口中鲜血直流！卫士们将他抬到大帐时已昏迷不醒，经随军御医治疗，他虽然醒过一次，但不久又昏睡过去，当他最后一次醒来后，将三子窝阔台、四子拖雷叫到身边，命窝阔台继承汗位，传授他们消灭金国和南宋的谋略，并慎重嘱咐他们要秘不发丧。

其实，对这个杀人魔王的死因曾有多种说法：

一是《元朝秘史》记载："成吉思汗征战西夏那一年的冬季，在阿儿不合的地方打猎时，他所骑的那匹红沙马受了野马的惊吓，使成吉思汗坠马受了重伤，救治无效而亡。"

二是罗马教廷使节约翰·普兰诺·加宾尼，在成吉思汗死后18年的时候，被教皇诺森四世派往蒙古，他回国报告《被我们称为鞑靼的蒙古人的历史》讲："成吉思汗被雷电击中身亡！"

三是成吉思汗是中了箭毒死的。《马可·波罗游记》中有记载，说他进攻西夏的泰津城堡时，膝盖中了毒箭，毒发而死。

四是西夏公主下毒毒死的。西夏皇帝曾用女儿察合公主和亲，公主为报家国之仇，在酒中下了毒药！

还有一个说法：成吉思汗是让西夏王妃害死的！成吉思汗灭了西夏之后，霸占了天姿国色的西夏王妃古尔伯勒津郭斡哈屯，王妃刺杀了成吉思汗，带着他的人头跳到黄河里自尽了！此说还收录进了清代的《四库全书》。

不论成吉思汗是怎么死的，反正他已经死了。不过，他在临死前命令他的儿子：攻下西夏后，要杀光每一个西夏人！

西夏王朝灭亡后，按成吉思汗遗嘱实施屠城。战场上蒙古骑兵有个传统惯例，每杀足1000人就要倒吊1具尸体，一是为了炫耀他们的战绩，二是便于统计杀人的数字！西夏都城中兴府被破城后，城内外吊满了倒着的尸体，惨不忍睹！西夏的房舍建筑全部焚毁，寸草不留！西夏的书籍典册、特有的文字，全部化为灰烬！这也是为什么史书中没有西夏国的缘故。

1234年不可一世的大金国也灭亡了，皇帝连尸首都不全，被两个战胜国蒙古和南宋瓜分了。

就在大金亡国两年后，江西吉州庐陵的文天祥诞生了。此时成吉思汗的儿子窝阔台正在进攻四川，对中国汉人的屠杀刚刚开始，就像蒙古高原上的草原狼那样凶恶和残暴。经过20多年浴血苦战，蒙古铁蹄践踏着华夏，

文天祥别传

一次次屠城，结果 1300 万四川人，最后仅剩下了 80 万。

鞑靼人血腥杀戮的魔影，笼罩着南宋和平的天空。

2

宋理宗端平三年 (1236) 五月初一的半夜时分，吉州庐陵县淳化乡富川的文时用梦见五色祥云笼罩着自家的房前屋后，久久不散，初二丑时梦醒，正在惊异之时，忽然房外有人大喊起来："恭喜老爷，你的孙儿降生了！"

文时用听了分外高兴，立马起身去看望自己的大孙子！

文家文安世生有两个儿子，二儿文时用中年无后，过继了大哥文时习的二儿文仪为子，没想到文仪 22 岁添的第一个孩子就是带把的！文时用有孙子了！他这一支后继有人了！这种喜悦心情让他无法言表。他回味着刚才梦中的情景，认定应验了梦中所兆，于是他给孙子起名文云孙，字天祥。

文天祥的先祖是四川成都人，后迁居江西吉州永新县，再徙庐陵永和，最后定居在淳化乡的富川 (现吉安市青原区富田镇文家村)。富田是个鱼米之乡，东南方群峰叠嶂，西北方是稻田万顷，蜿蜒曲折的富水河贯穿全乡，河岸上翠竹满山，樟树成林。这里住着文、刘、匡、王、张五大姓，他们睦邻友好和平相处了几代人，于是渐渐形成了三市九街。青原山、静居寺、白云山、安仁山、紫瑶山、天马山、九寸岭、水口温泉，一处处的胜景让人流连忘返。

文云孙一岁多时又添了个弟弟叫文璧，兄弟俩一起吃奶一起长大，一块识字、一块玩耍，同吃同住就像一对孪生子一样，结成了一生的手足情谊。

文云孙兄俩六岁就受到父母的启蒙教育，先是读《百家姓》认字。《百家姓》是我国流行最长、流传最广的一本启蒙教材，是五代十国时期编写的。当时吴越国君姓钱，孙姓是国王钱俶正妃的姓氏，李姓是南唐国主李氏。

因《百家姓》成书在宋朝，天下第一姓氏自然就是赵家了。

俩孩子每天都"赵钱孙李周吴郑王……"地大声朗读，而父亲文仪给孩子布置好作业，每天一定认字十六个，然后就独自回书房"竹居"读书去了。他喜爱唐人李杜（李白、杜甫）的诗，也喜爱宋人苏黄（苏轼、黄庭坚）的书法。

有一天，父亲文仪正摇头晃脑朗诵着："正是江南好风景，落花时节又逢君。"

云孙母亲曾氏问道："这是谁的诗？"

文仪回答："杜工部的《江南逢李龟年》。"

"君是指李龟年吗？"

"对，就是李龟年。"

站在一旁的文云孙十分好奇，"李龟年是谁？"

文仪讲："李龟年是唐朝的歌者，也是位很有名望的艺人。"

"龟年？他一定很老很老，像只老龟吧？"

"别胡说八道！"父亲声调十分严厉。

云孙吐吐舌头，和文璧继续念书去了。

文仪要求云孙帮助弟弟文璧学习，不要自个儿会了就去贪玩，弟弟不会的字，也都记在他的账上。于是，当哥哥的不得不一字一字讲给弟弟听，比父亲还要认真。

一开始弟弟记不住"赵钱孙李"四个字，哥哥就讲："对门有个赵老婆子，她就姓赵。钱，就是爷爷昨天给咱俩的那俩铜钱。孙，就是孙子的孙，我们都是爷爷的孙子。李，就是李龟年的李。记住了吗？"

"记住了！"弟弟高兴地跳了起来。

父母见俩儿子如此快乐，也感到欣慰，听说连弟弟都认识"赵钱孙李"四个字了，马上要考考他。

文璧站得笔直，抿着小嘴说道："赵老婆子俩大钱，爷爷的孙子李龟年。"

文仪和曾氏听了，笑得前仰后合，指着云孙说，你这先生教出这样学生，是该奖还是该罚？

云孙争辩说："反正他记住了！该奖！"

爷爷听说此事后，乐得合不拢嘴。奶奶还拿出两贯钱来奖励两个孙子。

文云孙从小爱动脑筋，学习也找窍门，父亲要求《百家姓》的字不但会念还要会写，他就把"李"字简化成"十八子"，"赵"字笔画太多，难记，他就分解成"十月下小人"，这样不仅好记，而且也永远不会忘掉。

孩子启蒙教育都要用"三、百、千"三本书，《三字经》《百家姓》开头，然后再读《千字文》。《百家姓》是认字，《三字经》就要讲解了，这是本朝大学者王应麟的大作，孩子们进乡校进私塾，都是从这三本书开始迈进人生之路的。

《三字经》开篇，"人之初，性本善……"孩子们一开始都懵懵懂懂，凑在一块打打闹闹，根本无心听讲。曾经有一个笑话：学生下课回家，老子问儿子："学了什么？"

儿子回答："《三字经》。"

老子说："背一遍！"

儿子说："人之初，初之人，枣木杠子顶着门，先生来叫门，倒了杠子砸了先生脚后跟。"

儿子这样说了很开心，可老子听了很生气，拿起棍子就要打孩子。

文云孙和文仪父子不是这样，七八岁小小年纪，总要问个为什么？愿意和父亲在一起讨论所学的课本。

"父亲，为什么'人之初，性本善'？"

"不对吗？"

"人之初，性本恶。"

"说说看。"

"人一生下来，就各不相让，争着吃奶，争抢东西，不给就哭闹，根本不管别人。"

"照你说，人之初，性本私喽！"

"对，对呀！"文云孙回答说，"不光是人，鸡之初，也性本私。"

"何以见得？"文仪也被儿子的见解引起了兴趣。

"你看我家养的公鸡，有谷粒它自己先抢着吃了，然后啄着一片树叶，'咕咕'叫着欺骗母鸡，母鸡上当跑过来，它就跳到母鸡身上去了！"

"小麻雀也这样。"弟弟文璧瞪着一对大眼睛在一旁说。

"哈哈，你们小小年纪说得有些道理。"文仪点头称赞。

"是善？是恶？古人也分两派，等你们长大后，我再慢慢与你们细讲诸子百家。"

"现在就讲嘛！"云孙说。

"学习要循序渐进。"文仪耐心给儿子们解释，两个孩子也在一旁静静听讲。

"人之初，咱先不管是善是恶，人一生下来本来都是一样的。'性相近，习相远'。这是孔夫子的话，就是在成长过程中，教育不一样，就会有善恶的差别了。"

"我明白了。"哥哥点头，弟弟却跑门外撵麻雀去了。

文云孙兄弟跟父亲学了"三、百、千"，又学朱熹的《蒙童须知》《小学》和《近思录》。在庐陵富田这鱼米之乡，在老少三辈的大家庭中渐渐长大，体魄健壮了，头脑丰满了，求知欲也越来越旺盛了。

文仪教学并不刻板，经常以史为鉴，告诫儿女。有一次饭后休息，子女围坐橘子树下，文仪讲起晏婴的故事，谈起"橘生淮南则为橘，生于淮北则为枳"，说明家庭和社会环境对人影响的重要性。

有一次大女儿文懿孙讥笑村子里的一位侏儒，文仪批评她不应该以貌取人。接着给孩子们讲了晏婴"弊车瘦马"的故事：晏婴做了齐国的宰相，仍然坐着破车驾着瘦马，齐景公于心不忍，送去新车和良马，三次都被晏婴退回来了。晏婴说，我要求全国上下厉行节俭，我如果坐着豪车骏马，上行下效，奢侈成风，谁还能听从我的话？

父亲的谆谆教导，扎根在孩子们小小的心灵里。

启蒙要进行读书、习字、作文三方面教育，这都是为了进入官学、书院以及科举考试做好的基础准备。这阶段学童的主要精力在跟读、熟读和背诵上面，老师的精力自然是讲解引导。习字的次序是先描红，再横竖撇捺练字，然后临帖书写。作文之先，必练习作对念赋；写诗填词之前，必须熟读《诗经》、汉赋、唐诗宋词。文仪自己从小就是这样一路走来的，所以对儿子们的教育轻车熟路，一刻也不放松。

3

宋朝当年无论是官府还是民间都十分重视教育，官府有乡校，民间有私塾。乡校既是百姓聚会议事的公共场所，又是孩子上课的学校。私塾则是私家雇聘先生为自家孩子授课，也有几家一起联办的塾馆。殷实的家庭唯恐耽误了自家子弟，大半都是聘先生教书。

当时还有官办的太学，是隶属国子监的最高学府，是朝廷以培养人才为目的而设置的。学生从八品以下官员子弟和平民中招收，称作"内舍生""外舍生"，前者官费负担，后者要交不少学费，所以官二代可以轻而易举入学，像文天祥这样的家庭进不了官办的太学，只能到私塾读书了。

当年的科举考试分为四级：院试、乡试、会试、殿试。院试是初级的入门考试，参加的孩子叫童生，也叫童试，是为了获得参加正式考试的资格。院试三年考两次，各地考生在县或府里应试，主考官由省里的提督学政主持，一般是由进士出身的监察御史或者各部侍郎担任，任期三年。考试分两场进行，第一场正试，考两篇文章一首诗词；第二场复试，考一篇文章一首诗词。考试合格录取称作生员，也就是俗称的秀才或相公。

秀才三年一次继续考叫乡试，也称州试、府试或解试，合格即中"举人"，第一名称"解元"，第二名称"亚元"。举人参加礼部举行的省试，也称会试，合格者即中"贡士"，第一名称"会元"。贡士才有资格参加殿试，由皇帝亲自主持考试，合格者中"进士"。进士分三甲录取，一甲前三名，分别称"状元""榜眼""探花"。

同获"解元""会元""状元"者称连中"三元"，这在中国科举历史上是凤毛麟角，寥若晨星。

除此而外，漕试也是宋代贡举考试方法之一。由转运司现任官员所牒送的子弟和五服内的亲戚，以及寓居本路士人等举行考试，试法同州、府解试。漕试合格，即赴省试，进行下一步选拔。这是宋代官员享有的众多福利之一。

宋代教育的的确确是从娃娃抓起，当时还出现了一些神童：晏殊14岁中进士，够厉害了吧？还有更神的，同期的福建福清人蔡伯俙，参加童子科考试才四岁，结果被宋真宗赐进士出身，可惜长大后品行不端，没能和晏殊一样留名青史。所以，当官后的文天祥，反对所谓的神童，反对拔苗助长。文天祥任殿试考官时，认为"知识"两字分"知"和"识"两项内容，文化学习是一回事，经历练达也十分重要，而人品更为重要。

文云孙也算是个神童，十岁那年在外祖父家见到曾凤。曾凤字朝阳，后来曾任衢州府学教授、国子监丞。文仪让儿子拜曾凤为师，于是他就到梅溪读书了，经常与同学到梅溪下泽的曲江亭玩耍。这段求学经历对他影响很大，曾凤的这些学生后来大都学有所成，登科及第。

当时南宋著名理学家朱熹将《礼记》中的《大学》《中庸》两篇单独拿出来成书，他再把《论语》《孟子》一起合成四书，然后规定："先读《大学》以定规模，次读《论语》以定根本，再读《孟子》观其发越，后读《中庸》以求古人之微妙处。"

有一天曾凤带学生外游，碰到了好友朱约山，他是固江镇侯城书院的先生，中过进士，还曾任过衡州知州。他对仪表堂堂的文云孙印象很好，

文天祥别传

初次见面便想考考这个后生，看看他的水平如何，其实也是想看看曾凤的执教水平如何。于是要出题让文云孙答对。

正在此时，天气骤变，浓云密布，一声炸雷通天贯地，好几个小学童吓得哭起来，曾凤带着学生们到曲江亭避雨。朱先生触景生情，马上出了上联求对：

> 春雨泼雷雷炸雨，惟君子不屈节。

文云孙低头略加思索，不慌不忙地对答道：

> 秋风扫云云卷凤，是小人才惊心。

朱先生见这小小学童竟然如此才思敏捷，出口成章，十分高兴，就想再继续考试。外界的天气瞬息万变，刚才还乌云遮日暴风骤雨，立刻又艳阳高照。远山雾霭缥缈，朱先生指着远处给出上联：

> 山壑似乎住人家，几缕青烟腾南北。

文云孙抬头看天，雨过天晴挂着一条七色彩虹，立刻生出灵感来：

> 天庭莫非过神仙，一座彩桥拱东西。

曾凤和朋友一样，喜不自胜，心想此子收我门下，未来必定龙腾虎跃，金榜题名不成问题。于是曾凤也出一联：

> 来日夺皇榜，左攀龙，右援凤，平步青云状元才，才冠帝苑。

文云孙的下联是：

有朝沐圣恩，上忠君，下泽民，赤心报国英雄志，志满天墀。

下联是文云孙不假思索，信手拈来，毫不犹豫地对了出来，当即获得两位先生的满堂喝彩。因为父亲在家中曾经出过类似的对子，他也曾对过，所以对起来胸有成竹。

文云孙学而优，老师满意，学子自豪，成了敦化乡的一段佳话。

4

文云孙的少年时代，金国已经灭亡，崛起的蒙古国已经并吞了大理国，侵占了四川等地，南宋朝野都有危机感。读书人最敏感，有的投笔从戎，有的出仕报国，莘莘学子都有保家卫国的一腔热血。文云孙最喜欢读《忠烈传》，有一天他路过吉州学宫"乡贤祠"时，那里供奉着本朝此地的几位先贤遗像，俗称"庐陵四忠"。他们是：欧阳修、杨邦乂、胡铨、周必大。欧阳文忠是"风节自恃""文冠天下"的大儒；杨忠襄公被金兵俘虏后，拒不投降碰柱殉节；胡铨力挺忠良岳飞，上书要求斩杀奸臣秦桧；周益国公是文坛盟主，忠于职守，是敢谏的直臣。

文云孙仰慕这些精忠报国的前贤，他曾暗暗在心中发誓：如果自己死后不置身于这些受后人祭祀的忠臣之间，那就不是大丈夫！

他在侯山书院读书时春季种树，他和弟弟一起种了两棵柏树，以期待冬夏常青。种树时他突发奇想，把一棵柏树倒着栽种，他说："我如果将来能实现自己的抱负，精忠报国，这株柏树一定会生根发芽。"结果和他预料的一模一样，两棵柏树都枝繁叶茂，其中一棵就是当年倒栽的！应验了文天祥精忠报国的心愿。

南宋的乡学虽然不如私塾教学成功，但也有不少老师兢兢业业，有的是科考落榜的秀才举人，以培养后人为己任，献身乡里，与士绅构成文明的基础。

文仪为了儿子们的学业费尽心思，还换了几位老师。听说乡学王国望先生的诗词很好，教学得法，于是便把两个孩子送去上学。王先生通过面试，倒是喜欢文家两兄弟，入学先照例要考考他们的诗词功底。

王先生说："我们以'山'作百花令。我先开始。'山外青山楼外楼，西湖歌舞几时休。'"

文壁接上："采菊东篱下，悠然见南山。"

文云孙不假思索地接上："但使龙城飞将在，不教胡马度阴山。"

王先生："青山横北郭，白水绕东城。"

文壁接上："远上寒山石径斜，白云生处有人家。"

又该文云孙了："只在此山中，云深不知处。"

王先生："这太简单了，还要说出诗词的出处。"说完，先吟咏了："千里莺啼绿映红，水村山郭酒旗风。唐朝杜牧的《江南春 绝句》。"

"好"，文壁接着吟道："不识庐山真面目，只缘身在此山中。本朝苏轼的《题西林壁》"。

文云孙说："该我了。相看两不厌，只有敬亭山。唐朝李白的《独坐敬亭山》。"

王先生说："我来首本朝苏轼的《念奴娇·赤壁怀古》，江山如画，一时多少豪杰。"

"我也来首本朝陆游的《游山西村》，山重水复疑无路，柳暗花明又一村。"文壁接着说。

"千山鸟飞绝，万径人踪灭。柳宗元的《江雪》。"文云孙快速接上。

"错了！错了！柳宗元不是本朝的。"文壁嚷嚷起来。

"大家没讲一定要接本朝作者的诗，我接得对！"文云孙争辩说。

王先生说："好了，我结尾吧，国破山河在，城春草木深。唐朝杜甫的《春望》。"

王先生很满意，高高兴兴地收下这两个学生，没想到多年以后，他和文天祥换了个位置，先生成了考生，学生倒成了考官！这是景定三年的事情，这一年文天祥被皇帝任命为殿试复考官，不过，这是多年后的话了。

宋代科举是历史的进步，确立了平民化的方向，让无家族背景、无社会关系、无金钱势力的"三无"学子，可以通过考试出人头地，有了进入上流社会的机会。这种制度不但影响到金国、辽国、西夏、蒙古，而且也影响到以后的朝代……

宝祐元年（1253），18 岁的文云孙参加院试，他写的文章名为《中道狂狷，乡原如何》，结果名列榜首，考取了秀才。小他一岁的弟弟文璧也考试过关，这让小他四岁的弟弟文霆孙很羡慕，当然刚刚一岁的小弟弟文璋还不会说话，他还在襁褓中嘛。

参加院试的还有陈庭训，他是文天祥在吉塘的同学，曾经一起在父亲的执教下日夜攻读。他是吉塘殿升公的第三个儿子，这次考试成绩优秀，他与文云孙包揽了头两名，殿升公喜不自胜，重金赏赐了在这里教书的文仪老师。

老师曾凤，除了自己竭尽全力培养这个学生外，随着学生求知欲的增长，又推荐文云孙去西山书院学习，书院是著名的文学家、理学家曾丰在抚州乐安创办的。宝祐六年，文天祥应乐安籍同科进士何时等人之邀，回到乐安西山书院，重温了同窗当年的读书生活，文天祥还写了《西山书院题壁》：

金鼓峰前草木齐，流坑原是古流溪。
大宋老僧何处去，壁上东坡画者谁？

文天祥别传

考中秀才两年后，文云孙和弟弟文壁同时进入庐陵白鹭洲书院。山长是德高望重的欧阳守道，初次拜会就要考试，先生出了上联要求答对：

循序而渐进，熟读而深思。

云孙听了，稍加思索立马对上下联：

好学而不二，废学而断织。

因为曾凤先生给他讲过朱熹的《读书之要》，出对是其中两句的集成。他最近又读过《左传·昭公十三年》，老师也解释过"好学而不二"，正巧与《列女传》集句，他请教欧阳先生不知可否？

欧阳守道听后，大大赞赏，认为他博览群书，才思敏捷，孺子可教也！

白鹭洲书院开创于唐玄宗朝代。宋代建立了许多非官方的书院，是一种特殊的教育机构，在文化教育界影响很大。当时全国有四大书院：河南商丘的应天书院，湖南长沙的岳麓书院，江西九江的白鹿洞书院，河南登封的嵩阳书院。书院的学术风气很浓，许多著名学者、理学大家都到书院游历讲学。程颐和程颢兄弟、司马光、范仲淹、朱熹等人都是其中闻名遐迩的人物。到了南宋，书院机构仍然延续，江西、浙江、湖南、福建最多。闻名于世的又有四大书院：岳麓书院、丽泽书院、白鹿洞书院、象山书院。

江西最负盛名的当然是白鹭洲书院，它在江西教育史上具有重要地位，淳祐元年（1241），吉州知州江万里为了培育人才，在庐陵城东白鹭洲南创办了书院。江万里号古心，曾经在白鹿洞书院求学，属朱熹弟子，后中进士入朝做官，他为官清廉，刚直不阿，口碑极佳。

江万里为什么在白鹭洲创办书院呢？原来这白鹭洲很有来头。传说古时候天宫有一白鹭仙子，羡慕人间的男女爱情，便飞到这两江汇合的地方，变成一位美貌的村姑，与江边一位勤劳朴实的渔民喜结姻缘，过上了幸福美满的生活。玉皇大帝听说仙女私自下凡，勃然大怒，命令南海龙王发水，将此地全部淹没！为了拯救生灵，白鹭仙子在两江汇合处潜入江底，用身体化成一座绿洲，让百姓在此安居乐业。而青年渔夫也化作白鹭，日日夜夜在绿洲上哀鸣，呼唤自己的爱妻。这绿洲形似白鹭，故百姓称作白鹭洲。

当年诗仙李白路过此地时，有诗云："三山半落青山外，二水中分白鹭洲。"

颜真卿送别周必大时也写过："我公不向庐陵住，羞杀青原白鹭洲。"

江万里创办的"白鹭洲书院"规模也不算小，有风月楼、中山院、云章阁等建筑，都是讲学的教室，藏书的阁楼一直保存到后代，惠及江西的子子孙孙。

白鹭洲书院的第二任主持，也称山长，名叫欧阳守道，字公权，号巽斋，虽自幼家贫，但品学兼优饱读诗书，是个具有独立人格的才俊，还曾出任过湖南岳麓书院的副山长，当年程朱理学是社会的主要思潮，他也是师传弟子。这个书院百花齐放，百家争鸣，自由议论时政，自改诗词歌赋，反对空洞无物的刻板教学，学为报国之用。书院重视人的主体性的涵养，这正是文天祥孜孜不倦追寻的自由学风，他曾赋诗言志："愿观宏济学，四海放一舟"，"袖中莫出将相图，尽洗旧学读吾书"。

同在白鹭洲书院学习的还有聂心远、刘辰翁、邓光荐等人。邓光荐是吉安永阳人，比文云孙大四岁，结伴成为生死之交，那是后话了。每日除了学习之外，文云孙、文璧、邓光荐三人都要到白鹭洲头游玩，或游泳、或下棋、或吟哦诗词。有一天他们坐在长亭上休息时，文云孙指着远山说："咱仁来个'诗词接龙'，我先开头：'直挂云帆济沧海。'"

文璧："海日生残夜。"

邓光荐："夜发清溪向三峡。"

文云孙："峡云无迹任西东。"

文璧："东方晓色分。"

邓光荐："分明胜败无寻处。"

文云孙："处处闻啼鸟。"

文壁："鸟宿池边树。"

邓光荐："树树皆秋色。"

文云孙："色不迷人人自迷。"

文壁："迷花不事君。"

邓光荐："君问归期未有期。"

文云孙："期——期——我接不上了，我输了！"

邓光荐："你是我们书院最棒的，你也能接不上？"

文云孙："我真想不起来了，你俩接接看。"

文壁："我也想不起来了。"

邓光荐："真没有期字打头的，哎！'妻子像禽兽'行吗？"

文壁："这哪能行？"

文云孙："可以！这是曹植的诗句。"

三人伸伸胳膊甩甩腿，感觉心情特别愉快，头脑特别舒适。现代"中华诗词大赛"的比赛形式，古代早已有之，那是文人们聚会常做的一种游戏。

在求学期间，文云孙还曾集诗言志，他特别喜爱佩服杜甫，把杜甫的五言绝句提出重组集句，这成为他一生的爱好：

读书破万卷，（选自《奉赠韦左丞丈二十二韵》）

许身一何愚，（选自《自京赴奉先县咏怀五百字》）

赤骥顿长缨，（选自《述古三首》）

健儿胜腐儒。（选自《草堂》）

欧阳守道精深的学识，高尚的品行，潜移默化地影响着求知若渴的学生们。老师引导学生研究历代治乱兴废的存亡之说，为有抱负的年轻人指点迷津，这使他们眼界大开，文化水平提高了，精神操守提升了，从此迈上人生更高的台阶。

八月乡试，文云孙以"天祥"为名字参加考试，云孙则成了小名，字则改成履善。文天祥兄弟俩在乡试双双中举，兄弟同时出席"鹿鸣宴"，一家两举人，这让父亲文仪喜不自胜，也冲淡了他因三儿文霆孙病亡的痛苦。

跨过年来，文天祥又中了进士，独占鳌头夺了状元。白鹭洲书院在文天祥这一科，单单进士就晋有 39 名，在江西也是独占鳌头。历届学生中，除文天祥外，刘辰翁、刘会孟、邓中义、邓光荐等中国历史上的著名人物，他们都是欧阳守道的学生，名师出高徒，此言一点儿不假。

6

欧阳守道与唐宋八大家之一的欧阳修同宗，不过欧阳修是庐陵永丰人。他还与欧阳殊、欧阳珣同为庐陵永和人，后者是北宋的最后一位宰相。欧阳家族虽然显赫，可欧阳守道的家庭却很贫寒：他从小就失去父亲，家中清贫，又不会攀龙附凤，寡母含辛茹苦抚养他和哥哥兄弟二人，吃不饱饭，上不起私塾，可他自强不息，自学成才。村中乡邻请他辅导孩子学习，每到管饭吃肉时，他都偷偷将肉打包留给母亲，孝顺的儿子感动了乡亲，更感动了当年的吉州知州江万里，让他破格参加了乡试，后来竟中了进士！在他而立之年时，不料母亲又病故！未能让母亲过上一天好日子，欧阳守道伤心到了极点。丁忧三年，又去赣州干了几年司户小官，此时江万里上调京城任丞相，白鹭洲书院缺一山长，正逢乡里举荐了欧阳守道，这正中江万里的下怀。欧阳守道热衷于教育，这个职务他也得其所哉，立即走马上任去了。

欧阳守道母亲去世后，不料他的哥哥欧阳汉和嫂子也都先后离世，留下五岁的侄子欧阳演和不到一岁的侄女欧阳浚。虽然哥哥欧阳汉也参加过两次乡试，但都名落孙山，且家境艰难，生活十分困顿。哥嫂去世后，欧阳守道便担负起做父母的责任。大侄子好说，小侄女难办，他又没有成家，只好东家西家地求人哺乳，侄女是地地道道吃百家奶长大的。侄子欧阳演在十岁那年突然走丢，欧阳守道四处张榜寻找还是未见踪影！为此他大病一场，差点挺不过去。因为侄子的原因，他三年不吃肉食，感到深深对不住哥哥嫂嫂的在天之灵。从此之后，更把侄女欧阳浚当成心肝宝贝，当作自己的亲生女儿一般。

欧阳浚长大了，她也知道自己本是孤儿，叔叔家中也不富裕，所以很能吃苦耐劳，早早地操持起家务，这让欧阳守道欣慰很多，自己可以全心全意投入到白鹭洲书院的教学中去。

文天祥到了白鹭洲书院求学之后，因欧阳守道"有益于时用"的治学理念，大大影响了他的治学方法。他总结为："袖中莫出将相图，尽洗旧学读吾书。"欧阳守道也特别喜爱这个志同道合的学生，经常带他回家，一起探讨四书五经。

有一天，文天祥又来到老师家中，与欧阳守道谈起路上的见闻。原来那天下雪，一位中年妇女滑倒在雪地里，破衣烂衫冻得发抖，手脚都冻得发青，文天祥赶忙上前扶起，原来是一位刺绣的裁缝，日夜为他人缝制嫁衣裳，雇主欠她三个月工钱不还，她天寒地冻去讨要，还是被撵出来了。

"朱门酒肉臭，路有冻死骨。"欧阳守道感叹地说。

"那个妇人怎样了？"一旁的欧阳浚插话问。

文天祥瞅了她一眼，不好意思地说："我扶她回家了。"

"不远吗？肯定是我们乡邻，她叫什么名字？"欧阳浚刨根问底继续问。

"没有问名字。她家中太贫寒，我留下了一贯钱。"

欧阳浚赞赏地点点头，心中暖暖的，她按叔叔吩咐做午饭去了。欧阳守道与文天祥谈起贾似道的公田法，谈起朝廷的赋税，也谈起蒙古兵惨无人道大屠杀的传闻。

文仪很敬佩欧阳守道的人品，见儿子们拜师在他的门下，别提有多高兴了！虽相隔百里，还是经常去探望孩子，并去老师家登门答谢。一来二去文仪也认识了欧阳浚，了解她的身世后，更觉得她温良贤淑，勤劳善良，有意为长子文天祥定下这门婚事。文仪征求儿子的意见时，文天祥心中愿意，但嘴上却推辞说，科考马上到了，这事先放一放，考完再商量。这其实是男人肚子里的小九九："书中自有颜如玉"，"金榜题名时"才能"洞房花烛夜"。可弟弟文壁知道此事后，高兴极了，他告诉父亲，他早已经看出两人的苗头了，欧阳浚适合当他的嫂子！他很同意哥哥的这门亲事，要父亲别听哥哥的，提亲要早！欧阳守道这样的家庭，过了这村就没有这店了！文仪觉得二儿子的话有道理，于是向欧阳守道正式提亲。

欧阳守道本来就十分欣赏文天祥这个学生，再说侄女也老大不小了，早已过了《朱子家礼》规定的16岁年龄，于是表示同意。考虑到会试在即，婚事操办太过仓促，就决定先订婚，待科考之后再举办婚礼。两家家长做了决定，文天祥不好再有异议，欧阳浚知道后，心里暗暗高兴，虽然表面矜持，不好意思与文天祥见面了，可私底下却偷偷准备起嫁妆来了。因为从小没有父母，叔叔虽好，但手中也不富裕，能为自己选一门好亲，这是她一生最大的心愿了。

宋代婚嫁先是议婚，也就是相亲，开放程度和现代差不多，有媒婆约定时间和地点。男女双方见面时，如果相中，女方在发髻上插金钗叫作"插钗"，男方未相中的话，要给女方彩缎表示"压惊"。相亲成功就要定亲了，下一步是"通资材"，即在通婚书上写明男女双方的姓名及生辰八字，还要写明女方的陪嫁财物。等到结婚时还有纳彩、纳吉、纳征、迎亲四个程序等待完成。

文天祥和欧阳浚定亲简单，就等大考结束后再完婚。欧阳守道和文仪办成了儿女的人生大事，感到了却了一桩心事。

文天祥进京赶考，欧阳浚在家苦苦盼望，等待夫婿归来。有一天，叔叔欧阳守道带来了喜讯：未来的夫婿高中了状元！欧阳浚高兴得欲问怕羞，不相信这是真的，她多次用左手掐右手、右手掐左手，看看掐得痛不痛？

证明不是在做梦！她一边为叔叔斟酒庆贺，一边悄悄做好出嫁的准备。"金榜题名，洞房花烛"，这些好事都让她摊上了，上天是公平的，孤儿也有时来运转那一天啊！

什么叫作乐极生悲？刚接传来的喜报，紧接着又传来丧讯！还没过门的公公去世了，火热的心又掉到了冰窟里！在文天祥扶灵柩回家的这两个月里，欧阳浚茶不思饭不想，整日思念自己的郎君，她也知道"丁忧三年"意味着什么，官做不成无所谓，自己的婚期也耽误了！这都是朝廷礼仪的规定，谁也不能违反啊！人的命天注定，好事多磨吧！

第二章

江西来的那个愣头青，竟然考中了头名状元！

于皇天子自乘龙，三十三年此道中。

悠远直参天地化，升平奚羡帝王功。

但坚圣志持常久，须使生民见泰通。

第一胪传新渥重，报恩惟有厉清忠。

——《集英殿赐进士及第恭谢诗》

1

南宋宝祐四年（1256），刚刚进入五月，临安的天气就忽阴忽晴起来，阴时细雨霏霏，晴时阳光明媚，让人捉摸不定。不过，这并不影响这座城市的繁华和喧嚣。大街上车辆如流水，行人如涌潮，丝绸店、首饰店、茶叶店、古玩店、胭脂坊、杂货铺以及文房四宝铺等一家接着一家，大街两旁的酒楼上，时不时地传来推杯换盏的猜拳行令声；不远处的勾栏瓦舍里还传出一声声委婉悦耳的歌声，当中也夹杂着客栈伙计扯着嗓子的吆喝声。

宋太祖赵光胤开国时定的都城是东京汴梁，西京洛阳称陪都，并设置了管理机构。北宋王朝有四京，除东西两京外，后来还建有南京应天府（今河南商丘），是宗庙社稷所在地；北京大名府，属于北方重镇。汴京开封，曾经是帝王之州，八朝古都，当年经济、文化、科技等都跃居世界之首，据说是天下最繁荣最有魅力的城市！人口达到一百多万，也是当时世界上人口最多的大都市。

"靖康之变"后，宋高宗赵构建立了南宋政权，杭州成了临时国都，称行在所和临安府。虽然仅剩南宋半壁江山，但由于地处江南江河湖泊水网地带，不利于蒙古骑兵驰骋厮杀。这里土地肥沃，许多州县都是鱼米之乡，加之植桑养蚕，丝绸业发展极快。临安城很快便发展起来，既得益于运河的终点站，又得益于东南沿海的港口运输，海上丝绸之路进出贸易十分繁忙，成为经济文化十分发达的一流大城市，规模和繁华程度为全世界之首。

今年是三年一次的科考殿试，城里大大小小的旅店一下子热闹起来了，而且许多门前都挂出了"客满"的招牌，有些人家甚至腾出多余的房间，临时出租给外地人，这样能赚到一笔不菲的房租，要知道，全民皆商是南宋的一大特色。

各地的应试考生，有的提前赶来临安，是为拜访朝中重臣要员；有的将自己的策论和诗词写好，投递给文坛泰斗以求指点，这种做法称作"行卷"。唐朝考前"行卷"已经是士子们的一种风尚，白居易当年"行卷"的佳话，至今仍在流传。唐贞元四年（788），只有17岁的白居易来到京城长安，他知道，想在长安立足，需得到朝中有名望官员的提携，但他在长安城里举目无亲，甚至没有一个落脚的住处！于是，他抱着自己的诗卷，敲开了当朝文坛泰斗顾况的大门，双手呈上诗卷。

顾况看了诗卷上的名字后，打量了一下白居易，笑着说道："长安米贵，居住不易啊！"当他打开诗卷的首页，上面是一首《赋得古原草送别》：

> 离离原上草，一岁一枯荣。
> 野火烧不尽，春风吹又生。
> 远芳侵古道，晴翠接荒城。
> 又送王孙去，萋萋满别情。

顾况连声称赞："好诗！好诗！能写出如此妙句，在长安居住，就容易多了。"

第二天下朝后，他取出白居易的诗卷请同僚们观看，同僚们都知道顾况治学严谨，不轻易夸赞他人，既然白居易得到了他的首肯，这个后起之秀必定才学出众！于是此事很快便在长安城里传开了，白居易的大名和他的诗篇，也在朝野不胫而走！这为他踏上仕途，起了莫大的作用。

不过南宋已经不允许"通榜"了，怕考生走后门，怕与考官结党，限制"纳卷""行卷"了。统统由皇帝过目，统统称作"天子门生"。

家庭富裕的考生都带有仆人伺候，提前预订好大的旅店，甚至包下一层楼的包房，由亲友陪同备考。而街头巷尾的脚店则是小旅馆、小客栈之类，一些家境差的考生因未提前交定金，就是车马店也一床难求，只好到城郊的寺院道观栖身。南宋佛教、道教盛行，古刹宫观遍布城乡，这倒也方便了不少赴科的寒士，远些苦些怕什么？十年寒窗不就是为了这一天吗？

文天祥与父亲、弟弟去年年底就来到临安。二月份礼部考试，他们父子三人就住在御街附近的"李员外家"旅店，这里不仅繁华热闹，主要是离南边凤凰山的皇宫较近。这店不是脚店而是正店，用现代的话讲，属于上档次有国家牌照的星级宾馆。上次开榜之日，两兄弟同时登科，双双考上贡士。于是父亲文仪决定继续住在这家旅店的两间客房里，以备考五月份再参加的殿试廷对。

住店的考生虽然身居闹市，门外熙熙攘攘，离瓦舍勾栏也不太远，但个个惜时如金，闭门谢客认真备考。当然也有违规"行卷"的考生，四处活动，八方钻营。文天祥兄弟俩有老父在身旁监督，有时互相讨论各自的政见以备策论，有时去父亲房间请教不明白的问题。弟弟文壁循规蹈矩坐得住冷板凳，哥哥文天祥却耐不住寂寞，他对父亲讲，大考之前关键是放松，以往所学已经定型，考试只看发挥如何，他不想关在房间苦思冥想，他要到外边去走走看看。父亲文仪同意了他的想法，所以文天祥每天都要外出，或去西湖的苏堤欣赏湖光山色，或去拜谒湖边刚刚修建的岳王庙。

这一天，文天祥早早出了店门，准备去鼓楼看看。碰巧那里正闭门修缮，他便改道往东南方向信步走去，想去看看闻名已久的佑圣宫，这里供奉着北极真武佑圣君。这座宫殿曾经是南宋三位皇帝的住所，也称"潜邸"，建筑恢宏华丽，占地数百余亩。佑圣宫的不远处，却发现有许许多多的贫民窟，也就是现在所说的棚户区，住的全是老老少少、拖儿带女的穷苦人家。文天祥有些奇怪，便向一位头发花白的老人请教，那老人长长地叹了一口气，说道："这都是董阎罗干的好事！"

原来他们都是当地的住户，去年朝廷派太监董宋臣主管维修佑圣宫时，他强占民田，贪赃枉法，无所不做，人们给他起名"董阎罗"，在"阎王"面前，平头百姓们哪有发言权？只能任人宰割！结果地被强抢，房被强拆了，拆迁户个个叫天天不应、喊地地不语。

文天祥怒气冲冲回到旅店，见一群人围在台阶旁，七嘴八舌议论着什么，台阶下坐着一位中年男子，身旁还有书袋和行李卷，他胡子拉碴满脸倦容，神色憔悴，肢体无力。文天祥上前细问，原来此人名叫罗宰，也是前来应试的考生，谁知来到临安后，即便脚店也已经人满为患，他走到此处实在走不动了，本想坐下来歇歇脚，不料店小二哭丧着脸说道："敝店已经客满，请相公赶快离开，坐在这里妨碍客人进出。你若不走，我们掌柜看到，非扣我的工钱不可！"

罗宰听罢吃力站起来，刚要弯身取行李时，文天祥走进人群，大声说道："且慢走，我的房间尚有空床，如年兄不嫌，可在我的房间里歇息，不知意下如何？"

罗宰有些半信半疑，正当他犹豫之时，文天祥一手拎起书袋，一手提起行李，带他"噔噔"地上了二楼。

二人一离开旅店台阶，围观的人便纷纷议论起来：

"他是谁？从哪里来的？"

"他叫文天祥，从江西来。"

"我见过他，整天不是游西湖，就是登雷峰塔，不像我等'三更灯火五更鸡'地苦读备考。"

"这人不知天高地厚，不以功名为重，放榜之日必定名落孙山。"

这时，一位双鬓花白的考生缓缓说道："人各有志，何必强求！人家助人为乐是行善事，我们各位还是回去温习功课吧！"

众人听了，频频点头，各自散去。

说话的这位考生是鄂州通城来的杨起莘，今年已经 56 岁了，他曾参加过两次殿试。住在同一旅店的考生都尊称他为杨前辈、老爷子，经常向他讨教，因为他有多年的考场经验。他也知无不言，诲人不倦，为人十分厚道。

在这群考生中，来自建昌的黄万石，既看不起嘴上无毛的文天祥，认为他愣头愣脑；也反感年老的杨起莘，认为他倚老卖老，又屡试不中，更担心与他同住也会带来霉气，染上霉运。不过此人城府很深，只是闷在心里不表露出来罢了。

文天祥自作主张将罗宰带回了自己房间，同住的弟弟文璧并不知情，他简略做了介绍之后，便来到隔壁父亲的房间。父亲年龄大了，所以住在舒适的里外套间，听到儿子急公好义，助人为乐，便立即同意文璧搬来他的房间，让文天祥与罗宰二人一室，也好相互切磋学问。知子莫若父，文仪知道儿子决定了的事情，十头牛也拉不回来！

在"李员外家"旅店二楼的房间内，文天祥和罗宰坐下促膝交谈。罗宰也是庐陵老乡，虽然家中不甚殷实，但还是供他读书十多年，顺利通过了乡试、省试，又来临安参加殿试。本来他早已动身来赶考，不料半路染上风寒病倒了，在一家小客栈治疗了半月有余。当他精疲力竭来到临安时，没承想找不到住处！说到这里已经泪流满面了，他哽咽着说道："幸亏遇上文公子，在下这才有了栖身之地，公子大恩大德，我定铭刻于心。"说着扑通一声跪在地上。

文天祥连忙将他拉起来，他告诉罗宰，自己的父亲和弟弟都是热心肠的人，有难相帮是人之常情，举手之劳不必挂齿。再说二人做伴互相学习，岂不是两全其美的事情？

中午的阳光驱散了阴云，窗外芭蕉树上的叶子像被洗过的绸缎，泛着碧绿的光泽。

2

每年的五月初五是端午节，又称作端阳节。端午节这一天，在临安城外的西湖都会举行隆重的龙舟比赛，场面热闹，万人空巷，男女老少都簇集在岸边，为如飞的龙舟助威，为拔得头筹的选手们喝彩。此时的观众大都是临安的居民，应试考生一个不见，不过也有例外，文天祥就站在人群中，他悠闲自在，与众人一起兴奋高呼，完全忘记再有三天就要殿试了。

按照惯例，考生们在考试之前都要去国子监里的文庙祭拜。中央和地方都有明文规定，文庙每年春秋两祭，正式的祭祀礼仪十分隆重，不但祭品讲究，还伴有音乐舞蹈。不定期的告祭就简单多了，考生们排着长队，在烟雾缭绕的大成殿前等候，逐个上香跪拜"至圣文宣王"，默默祈祷孔圣人保佑自己金榜题名，更希望能高中魁首。

走出孔庙后，黄万石悄声问过丁月讷："丁公子，怎么没见那位愣头青呀？"他说的愣头青就是文天祥。

丁月讷"哼"了一声说道："肯定又去游山玩水了，这种人无可救药！"

身边的彭止所附和着说："不来文庙拜谒，等皇榜公布时，他就要向隅而泣了！"

同去的杨起莘听了没有接腔，他独自在孔庙中浏览。这里是临安府学所在地，始建于宋高宗绍兴元年，收藏着隋唐以来的各类碑刻，有帝王御笔、名家法帖、人物画像、天文星图等。杨起莘看过一排排的进士题名碑，历代进士名录激励着他，他转过身来，凝望着庄严的牌楼深思。临安文庙的建筑格局规整大气，风格古朴典雅，让他久久不忍离去。

文天祥知道今天来文庙肯定人多，所以天不亮就和弟弟文璧及罗宰出发，在文庙早早祭拜完后，便让他们二人先回旅店，自己又跑到赛龙舟的白堤上去了。

看罢锣鼓声中的龙舟竞赛，他又去了钱塘江畔，在河边一家铺子里买了一兜系着五彩丝线的粽子，选了一处水流湍急的河道，把钱塘江当成汨罗江，他面对滔滔江水大声朗读起屈原的《离骚》：

> 朝发轫于苍梧兮，夕余至乎县圃。
> 欲少留此灵琐兮，日忽忽其将暮。
> 吾令羲和弭节兮，望崦嵫而勿迫。
> 路漫漫其修远兮，吾将上下而求索。

他一面朗读，一面将粽子一只只抛进江中，只见米粽在水面溅起来一朵朵小小的浪花，便沉入奔腾的江底了。

五月初八天刚亮，文天祥父子三人就起床了，弟弟文璧知道这几天父亲和哥哥身体不适，就让父亲在旅店休息，自己和哥哥前往应试。不料父亲却执意要去陪同，两个儿子百般劝说无效，只好雇了一顶二人小轿出门，兄弟二人则分骑两头骡子，行走在雾蒙蒙的御街中。在晨曦中渐渐看清，路上有牛车、驴车，有大轿、小轿，有殿试的考生，有随同的书童家仆，还有不少卖早餐的小商贩……相识的热情招呼，陌生的点头致意，大家一起等待着宫门开启。

3

皇宫的集英殿内静穆隆重，三年一度的科举殿试开始了！

文天祥进殿时，因有几百人争先恐后地向里边挤，拥挤中他周身出汗，也许出汗的缘故，这两天的低烧已经退去，反而头脑清醒了许多。

今年丙辰科是宋理宗出的试题：《问天道人极》，前后共有 786 个字："圣圣相传、同此一道、由修身而治人、由致知而齐家治国平天下""然功化有浅深、证效有迟速者、何欤。"

官家问：历代帝王都是以道治国，为什么成效大不一样呢？

"朕以寡昧临政、愿治于兹、历年志愈勤、道愈远、窅乎其未朕也。朕心疑焉。"

官家又问：我勤勤恳恳理政多年，是所行之道不同呢？还是道外有不同的办法呢？

"天变洊臻、民生寡遂、人才乏而士习浮、国计殚而兵力弱、符泽未清、边备孔棘、岂道不足以御世欤、抑化裁推行有未至欤。"

官家最后说：目前国情是灾异不断，百姓困苦，士风浮华，财政枯竭，军力薄弱，盗贼猖獗，边防危机。这是天道失去作用了呢？还是教化出了问题呢？

宋理宗希望考生以"切至之论"提出对策，表示会虚心接受。

文天祥面对宋理宗出的大廷试策胸有成竹，对策洋洋万言，不打草稿，一挥而成。

文天祥的"殿试对策卷"：

"所谓道者、一不息而已矣。""自太极分而阴阳、则阴阳不息、道亦不息、阴阳散而五行、则五行不息道亦不息。""道一不息、天地亦一不息。""天地之不息、固道之不息者为之。""圣人出而为天地立心、为生民立命、为往圣继绝学、为万世开太平、亦不过以一不息之心充之。""圣人之心、天地之心也。天地之道、圣人之道也。分而言之、则道自道、天地自天地、圣人自圣人。合而言之、则道一不息也、天地一不息也、圣人亦一不息也。""臣之所望于陛下者、法天地之不息而已。"

文天祥是在阐述自己的世界观，自己的哲学思想，他对"道"的认识，深得理学要义。关键是"法天不息"，也就是不断改革，一以贯之。

"天变之来、民怨招之也。人才之乏、士习蛊之也。兵力之弱、国计屈之也。虏寇之警、盗贼因之也。"

文天祥大胆无畏的议论，借用历史批评皇家聚敛贪财，大兴土木，盘剥百姓致使天变民怨。对腐败现象进行了深刻分析，并逐条提出行之有效的建议。

他旗帜鲜明地主张："大道之行、天下为公。"

"一曰：重宰相以开公道之门。天子而侵宰相之权、则公道已矣。"

"二曰：收君子以寿直道之脉。不直则道不见、君子者、直道之倡也、直道一倡于君子。"

文天祥要求皇帝施行公道与直道之政，社稷重于君，要求公平正义，要求直通言路。他那时就有了天下为公的民主意识，实在难得。

前朝宰相王安石改革了科举制度后，进士考试要进行四场，考大经、考兼经、考论，最后殿试仅考对策一项，而且限定两千字以内。不过宋理宗即位后逐渐放宽了规定，可让考生自由发挥。文天祥认为，决不能放弃这次直接面君的机会，一定要立场鲜明地写出自己的"切至之论"，因为他早已经有了腹稿，他的策论不但有理有据，文采飞扬，而且是第一个呈上了试卷！他不考虑中与不中，放开手、放开胆，写出了流传后世的"万言书"。

宋代的科举考试程序十分严格，解试、省试和殿试的录取者称作举人、贡士和进士。文天祥和弟弟文璧，就是在去年双双考上举人的，兄弟二人同时中举的消息轰动了乡里。北宋时期，四川眉山出了苏轼、苏辙两兄弟同时中举的佳话，至今人们津津乐道。现在江西又出了文家两兄弟同时中举，也是轰动一时！要知道当年的科考中举可不是件容易的事情，有人考了一辈子，结果还是不中！幸好宋代重文轻武，科考政策大大放宽。一是录取名额平民化，北宋开宝六年，连乞丐张雍都参加了考试，竟然进士及第做了高官；甚至还有过两女子参加科举的先例！二是扩招，宋代进士分为三等，进士及第、进士出身和赐同进士出身。进士的录取名额最多曾达到 740 多名！除此而外，如果连考 15 次仍然名落孙山，考生还可以被照顾录取，不过你仔细计算，三年一考，15 次后的考生该有多大了？难怪后世出了个范进，因中举成了精神错乱的疯子！

举人要到京城礼部参加由贡院负责的省试，省试也叫州试。考生们开考前进入贡院号舍，实行锁院政策。说来可怜，号舍比轿子大不了多少，食宿其间三日不得外出，有兵丁巡视，去粪号出恭都得跟随监督。省试是有名额的，第一名称省元，后来省试改成会试后就称会元了。罗宰和文天祥弟兄俩一样，单单通过礼部考试奏名于皇帝还不能算进士，仅仅有了殿试资格而已，称作贡士，要通过殿试由皇帝阅卷，才决定中与不中，中式了才是名副其实的进士。还有一甲、二甲、三甲的进士名额。

宋代殿试对策相当丰富，考生可以通过这种方式表达自己的政治见解，是一种未来的从政指南，当然，皇帝也可以借此考察人才，亲自提拔新人，被称为天子门生。殿试是要考一天的，并且实行糊名法和唱名制度，即把考生的姓名、年龄、籍贯、婚姻、社会关系等，一切可能作弊的资料信息全部密封起来，使主考官和阅卷官无法得知每张卷子是谁的，以此表明考试的公开、公平、公正！

文天祥的这科殿试的复试考官是王应麟，他是当朝文坛大家，就是至今耳熟能详的《三字经》的作者，开始名为《三字歌诀》。他九岁通六经，19岁举进士，是通古博今的大儒，也是位正直敢言的清官。他将文天祥的考卷定为第七名，当然这时都还不知道这份考卷是谁的。

王应麟向皇帝奏报说：“这篇考策试卷议论深宏，以史为鉴，其忠肝义胆坚如铁石，臣为能得到这样的人才而祝贺陛下。”

宋理宗阅卷后也赞赏不已，同意了主考官的意见。

当考卷开封后唱名叫到文天祥时，一听到这个名字，宋理宗大喜过望，他脱口而出：“此天之祥，乃宋之瑞也！”于是钦点文天祥为第一名——状元！

从此文天祥名扬天下，也将他的字由履善改成了宋瑞。

文天祥的廷对《御试策一道》是一篇字字珠玑直言论证的好文章，明确阐述了他的世界观，分析了社会现状，建议改革专制制度和官吏制度。

他对民政、吏政、财政等都提出改革方案，还提出许多富国强兵的措施，是一篇切中时弊，很有胆识的治国良策，所以流传后世，后代士子无不翘指。

4

五月二十四日是个阳光明媚的日子，新科601位进士齐聚集英殿，官家（皇帝）对状元文天祥、榜眼陈赏、探花杨起莘亲自唱名，其他598名进士由礼官——胪传唱名，然后按一二三甲名单顺序一一跪见。

文天祥跪在大殿的飞龙巨鳌浮雕旁，接受官家的觐见。这就是唐宋以来"独占鳌头"的典故由来。

官家给新科进士当面赐绿袍、皂靴、笏板、御酒、美食。当然还有铜钱：各赏赐1200贯。

当年一贯铜钱1000文，等于1两白银，1200两银子啊！不过宋朝富得流油，连武大郎那样卖炊饼的人，每天都能赚一二百文，卖好了一个月的收入就是六贯铜钱，折合六两银子！所以"三寸钉"武大郎养个潘金莲吃喝是不成问题的。当时南宋每年国库的收入是一亿贯钱，那时全世界哪国的GDP都超不过中国！

金榜题名，何等荣耀！尤其是跨马游街，更是让这份光荣闪耀到顶点！状元文天祥和榜眼、探花三人，头插金银花，身披大红袍，骑着高头大马，在鼓乐仪仗的簇拥下，在京城的御街上向百姓们展现各自的风采。围观的人群里三层外三层，男女老幼，工农商学，有迎面的，有尾随的，有高呼赞赏的，也有窃窃私语的……

"看那状元郎，体态伟岸，身材丰满，面如美玉，多么年轻英俊！顶多20岁吧？"

"探花可够老的，头发都花白了！"

"还是榜眼年富力强，30多岁吧？"

文天祥别传

"怎么了？想选女婿？"

"榜下捉婿的多了去了，你去皇榜那儿瞧瞧，有钱人都在那里等着呢！"

原来，宋代在科举发榜之日，各地乡绅富豪都会全家出动，争着去皇榜前面，挑选登科的男子做女婿，这已经成为一种风俗习惯，俗称"榜下捉婿"。在南宋，这种风俗愈演愈烈，一是官员待遇高，做了官员妻妾，生计无忧。二是蒙古兵大举南侵，烧杀奸淫，家中女子担惊受怕，都希望早早出嫁，"抢新郎"的风气就不足为奇了。

观看状元游街的百姓，还在继续议论选女婿的话题。

"这三个选哪个最好？"

"当然是状元了！气宇轩昂，声音洪亮，高个健壮。"

"状元恐怕官家早留下了。他有独生公主，早打包票了！"

"选榜眼吧！"

"谁知道他家中有没有妻室？别像前朝的陈世美那样！"

"你家就选那个老的吧？"

"我家无权无势又无钱，选这个老的恐怕人家也不干呀！"

"那位老探花大概连孙子都有了吧。"

"哈哈哈……嘻嘻嘻……"

人们说的皇榜，就是皇家用黄纸固定张贴的进士名单，也称大金榜，盖有皇帝玉玺对外公布，小金榜在大内存档。除了"金榜"之外，还有送达到进士家的"榜帖"，宋代刊印的《进士小录》，12天内可令全国知晓。

这科的大皇榜因为进士人多，写得密密麻麻，所以前来看榜的人也特别多。

大金榜上一甲的前三名最为醒目：

第一名文天祥　字宋瑞 小名云孙 小字从龙 第一 侍下年二十 五月二日丑时生外氏曾 治赋一举 弟壁 曾祖安世 祖时用父仪 本贯吉州庐陵县 父为户

第二名陈赏　字景申 小名岳孙 第二 侍下年三十八 三月五日寅时生 治赋一举 娶何氏 曾祖仰之 祖跃夫 父大迪功郎 本贯福州怀安县 祖为户

第三名杨起莘　字莘老 小名崇可 第三 侍下年五十六 十月四日寅时生 外氏高 治春秋三举 兄弟二人 娶连继黄 曾祖勋 祖潜中 父津文林郎 本贯鄂州通城县 父为户

这科探花已经 56 岁了，不过前朝福建的韩南中进士时已有 70 多岁了，他曾写诗自嘲"四十年前三十三"，结果是有志者事竟成！

这期科考一甲的第九人，是王应凤，他是主考官王应麟的弟弟，这说明糊名誊写的考试制度公平，而且举贤不避亲嘛。

二甲第一名是谢枋得，江西弋阳人，他在试策中更大胆直言，指名道姓攻击丞相丁大全和宦官董宋臣。

二甲第 27 人，是陆秀夫，这位 19 岁的青年也绝对是位人才，多年后曾与文天祥一起任左右丞相，两个擎天巨柱支撑着摇摇欲坠的宋末小朝廷；就是他，背着南宋最后一位小皇帝赵昺，纵身跳进波涛汹涌的大海！当然这是后话了。

罗宰是二甲 40 名，文天祥的弟弟文壁，还有同考的丁月讷都落榜未中。

唐宋以来对科举都十分重视，乡试中了举人后要举办鹿鸣宴，那是自费的 AA 制，举人们自掏腰包，形式活泼，简单自由。殿试后就不同了，朝廷大摆筵席，皇帝参加称作闻喜宴，也叫琼林宴。国宴级别当然是公费请客，而且是连请两日！

宴会的第一天，出席者除新科进士外，参加者有皇帝、丞相和大两省（散骑常侍、给事中、谏议大夫）官员，第二天还要宴请小两省（门下省的起居郎、中书省的中书舍人）的官员。笙歌燕舞，好不热闹。

闻喜宴的礼仪十分烦琐，工作人员有押宴官、预宴官、中使、乐器班、歌舞班、皇宫内侍等许多人。押宴官带领释褐贡士班，也就是刚刚录取尚未任官的几百名进士们入内，刚进大殿门口，乐队立刻奏起了《正安之乐》。初进皇宫的人士都惶恐不定，列队徐徐来到殿中央时，看到高高在上的官家，也就是当今的皇帝一尊，他们就按要求一排排站立，奏乐停止，大家一起三拜九叩。预宴官带领每人到餐桌就位，众人再拜，这时，中使宣读官家的诏书，在座的统统再拜。待众人起身后，中使便拉长音高声宣布"赐卿等闻喜宴"！于是众人再拜谢恩，这时音乐重新奏起，歌舞开始表演。大家插好笏板准备就餐，预宴官分东西两边坐定之后，宴会正式开始。

喝第一杯御酒时，太乐局的人员奏起了《宾行贤能之乐》，红衣男女跳起舞蹈，演出杂技，一轮下来音乐停止。喝第二杯酒时奏《于乐辟雍之乐》，表演继续，节目中甚至还有口技。喝第三杯酒时奏《乐育人材之乐》，开始上肉食和饺子食品了。第四杯酒奏《乐且有仪之乐》，上烧烤、麻花、烧饼之类。第五杯酒奏《正安之乐》，送上肉汤、馅饼、炒饭。

几百人的宴会并不嘈杂，因为官家在座，人人中规中矩，显得十分小心谨慎，这与他们当年都参加过的鹿鸣宴反差太大了。

进士们拘谨地喝完五杯酒后，下一步的仪式就是"赐花"了。簪花也就是戴花，是宋代宫廷宴会中非常重要的礼仪，闻喜宴更是不可缺少，通常在宴席进行到一半时开始，分为赐花、簪花、谢花三个环节。

宋代的奢侈之风盛行，不论男女老少都喜戴花，连铁骨铮铮的汉子也不例外，梁山好汉好多人喜爱戴花，短命二郎阮小五喜石榴花，病关索杨雄喜芙蓉花，浪子燕青喜四季花，坐第95把交椅的刽子手蔡庆，外号就叫"一枝花"。戴花之风自然也刮到官场及科举中来。朝廷正式的簪花礼仪细化得很，开始是鲜花，有牡丹、芍药、蔷薇、海棠、月季、石榴、栀子等，后来按品级赐花，花的大小多少又按官阶而不同。

南宋诗人杨万里有诗描写过宫廷戴花：

春色何须羯鼓催，君王元日领春回。

牡丹芍药蔷薇朵，都向千官帽上开。

当然也有不喜欢戴花的进士，思想家、文学家司马光就曾拒绝过簪花。

南宋末年因为战乱，皇帝不再逐一给臣下簪花了，花也不再是鲜花，而是如同现在的绢花之类，当然更不是北宋时价格昂贵的"滴粉缕金花"了。内侍将准备好的宫花给皇帝、亲王和宰相戴上，其他人都是自己插戴，然后集体到殿堂中央叩拜谢恩。殿堂一片花团锦簇，在悠扬的乐曲声中，仿佛是一片花的海洋。

谢花仪式结束后，中使分发官家宋理宗的赐诗。

赐状元文天祥以下

道久于心化未成，乐闻尔士对延英。

诚惟不息斯文著，治岂多端在力行。

华国以文由造理，事君务实勿沽名。

得贤功用真无敌，能为皇家立太平。

这首诗已经事先刻在了石碑上，然后拓印在宣纸上统一装裱，最后发给这一科的每位进士。进士们感激涕零，集体叩拜以谢天恩。

按照惯例，新科状元要书写谢宴诗。文天祥写下了流传后世的诗句：

谢赐进士及第

于皇天子自乘龙，三十三年此道中。

悠远直参天地化，升平奚羡帝王功。

但坚圣志持常久，须使生民见泰通。

第一胪传新渥重，报恩惟有厉清忠。

皇帝赐御诗、臣写谢宴诗，都在奏乐中进行。酒过九巡，大家喝过粥吃过油饼小咸菜后，刻板的仪式终于完毕，乐队停止了演奏，预宴官大声宣布闻喜宴结束。

遗憾的是，文天祥未能参加闻喜宴，谢宴诗也是由内侍代缴的，因为父亲突然去世，他请假扶灵回乡了。

咸淳九年文天祥任湖南提刑时，曾经宴请湖南提举董楷，他们是同科进士。文天祥写诗回忆当年共同出席琼林宴时，大家相互劝酒拼一醉的场面。

宴湖南董提举口号

西风八月楚江滨，争看星槎会汉津。

露湿红绫旗影旧，云连翠篡辔华新。

东西杜若洲连月，先后瑞芝堂上春。

回首琼林拼一醉，使还总是凤池人。

第三章

高中者戴花跨马，落榜人投湖自尽；父亲病故，新状元扶灵回乡。

卧听风雷叱，天官赦小臣。
平生无害物，不死复为人。
道德门庭远，君亲念虑新。
自怜蝼蚁辈，岂意动苍旻。

——《病甚梦召至帝所获宥觉而顿愈遂赋》

1

当新科状元文天祥，插花披红，跨马游街，来到"李员外家"旅店时，鼓乐仪仗吹吹打打，好不热闹。父亲文仪晚间吃了湖蟹，胃肠有些不适，还是在文璧的搀扶下来到街上，他要给报喜的人员赏钱。也许是先让文璧给仪仗队报喜的人员逐个塞喜钱，自己又亲自给围观的人群撒了几贯铜钱。用力过猛，他已大汗淋漓，气喘吁吁了，然而还是硬撑着，欢笑着，看看高头大马上英俊的儿子，他心里激动不已，这可是自己一辈子的心愿，也是列祖列宗的荣耀。

打马游街要转遍大半个京城，终点是状元楼，不过当年的临安城确实太大了，一百多万人，是世界第一大都市，当年的元宵节夜里，就有"四十里灯光不绝"的描绘。报喜的仪仗队走过拱桥，单单去京城的十三个城门转转，一天时间也不够用。主要在天街上巡游一圈，这是一条贯穿全城的主要街道，也是临安城最繁华的地区。

旅店老板好像比当事人还高兴，也更开心，因为住在他的旅店的考生，不但出了进士，更叫绝的是状元探花都住他的楼上！他决定明天就改名叫作状元楼，晚上就请新科状元题字写匾。他还准备修建一面白粉墙的大照壁，专门让高中的进士题壁留诗，这可是宋朝多年留下的习俗。他让人买来两挂五丈长鞭，让伙计高高挑起燃放，鞭炮声锣鼓声响彻都城的半条街！

文仪送走报喜队伍后，看看天色还早，就让文壁先上楼去，自己从旅店西侧门出去散步。江南水乡，水塘沟渠密布，城市水网也不例外。店的西墙外就是一个大水塘，周围种植着香樟树和梧桐树，几棵歪脖柳树低垂水面，景色秀丽，是文仪散步常去的地方。看着塘边花丛中的蝴蝶翩翩飞舞、看着水塘中的鸭鹅悠然戏耍、看着远处有人持竿垂钓，他一时诗兴大发起来，正在寻词觅字之时，忽然听到"扑通"一声落水的声音！他循声看去，不远处有人投水了！水面漂浮着一顶方巾，方巾下冒出串串水泡。

"救人啊！"文仪来不及脱掉鞋子，他不管水深水浅，便猛地跳下了水塘。

幸好投水人不在水塘中央，喝了几口水就拼命挣扎。文仪趁势抓住他的胳膊拖到岸边，几个钓鱼的人赶紧过来帮忙，让他趴在一块太湖石上控水。此人不一会儿就清醒过来，睁开一对无神的小眼睛，"哇哇"地大声哭了起来。

文仪周身湿透，浑身打战，一边脱靴子倒水，一边询问："你不是考生丁月讷吗？为什么想不开？"

"名落孙山，无颜见江东父老……"

"那也不必选择此路啊！"也许受了凉，文仪打了几个喷嚏，他继续说道："我儿文壁也榜上无名，回去再努力，还有下一科嘛！"

"我举贡已经不易，中进士恐怕无望了。"丁月讷呜咽起来，"不如早早了断此生，免得乡人耻笑。"

"此言差矣，人生的路很长，不要鼠目寸光，留得青山在，不怕没柴烧！"文仪站起身来，在钓鱼人的帮助下，挽扶着丁月讷回了旅店，还不住地教导他："命大于天，其他都是小事，不要想不开。"

文仪跟跟跄跄地返回包房，文璧见父亲浑身湿透，大惊失色，当知道了缘由后，赶快替他脱去又湿又脏的衣服，擦净了身子，换上干衣，让他盖好被子睡下。又立马让店家熬了一碗红糖鲜姜水，给父亲发汗去寒。

落榜生投塘自杀！这成了京城一大新闻，有好事者来旅店窥探，听说自杀者和状元、探花同住一家旅店，更是一传百、百传千，成为勾栏瓦舍的一段话题，这家旅店想不出名都不行！

如果当年就有自媒体爆料，经过网络传播后，"李员外家"旅店的点击量，一定会达到天文数字。

文仪见义勇为、舍身救人的壮举当然也令人敬佩，同店的考生，中与不中者都来拜会慰问，中国文人最敬仰的就是人品节操。可社会呢？好事不出门，坏事传千里！来看救人者的人不多，来看投水者的人一天比一天多！丁月讷只好卷起铺盖，匆忙打道回府了。

中国人最不缺嫉妒的狗才，就是这位丁月讷，知恩不报反而处处与文天祥作对。若干年后，他引狼入室，卖身求荣，以投降蒙古人，成为民族的罪人！不过这是后话了。

2

文仪刚着凉时满不在乎，觉得只是落水受了点风寒而已，头颈疼痛，怕冷无汗，周身乏力，心想发发汗就没事了，可别影响了状元儿子。老先生其实并不老，他才42岁，是个读书人，学问十分渊博，虽一生未做官，但对经史百家无不精研，甚至天文、地理、医药、占卜之书也广泛涉猎。尤其对当时著名医生许叔微崇拜有加，经常翻阅他撰写的《伤寒九十论》，这是我国第一部病案专著，也有成功的经验，有失误的教训。文仪自己认为是伤寒表证，属于太阳病，翻翻书，自己开了张桂枝汤的药方，让店里伙计照方抓药，在店里煎汤治疗起来。

这两天来慰问的人络绎不绝，文仪实在应接不暇，感到疲惫不堪周身乏力，夜里就发起烧来，呕吐腹泻，烦躁不安。文天祥兄弟俩急坏了，店家进门说，不远处有位彭通伯先生医术不错，于是文璧立刻前去请医就诊。幸好行医卖药的卫和堂离得不太远，不到一个时辰彭先生就赶到了旅店。

彭通伯年近五旬，听说文仪吃过湖蟹又喝过污水的病史后，试过脑门温度，张嘴看过黄腻舌苔，寸关尺脉象急数，见大便带黏液，认为胃肠运化功能失调所致。辨证为湿热证，开葛根芩连汤煎服。

文仪患病期间，正是新科进士们最忙碌的时刻，尤其是身为状元的文天祥，要准备参加规模空前的琼林宴，要去贡院祭孔拜师，要与同榜进士聚会交流，更重要的是准备写一首流传后世的谢宴诗吧，虽然赏钱拿到不少，可家不在京城，总要置办行头在公共场所露面吧？谁知道这节骨眼上父亲病倒，幸好有弟弟在父亲身边尽孝，日夜照料伺候。弟弟虽然落榜心中不快，当哥哥的也只能安慰鼓励，等三年后再重整旗鼓。说起来，文天祥的脾气也与父亲合不到一块，彼此都太倔强，多亏文璧性格温顺，不急不躁，深得父亲心意，这让文天祥放心不少。

游街回来后，文天祥在父亲床前仔细描绘了官家的龙颜，讲述了龙庭礼仪的隆重，皇宫建筑的宏伟，病中的文仪听了频频点头，感到心满意足，深为儿子感到骄傲和自豪。不过他的热度一直不退，腹痛腹泻加重，整天感觉口渴心烦。

店主知道文仪是状元的父亲，特别关心照看。他送来一些藕节，说前朝宋孝宗吃了湖蟹中毒，御医都束手无策，是用偏方藕节治好的。文璧谢过店主好意，但不敢滥用尝试。

彭先生又来看病，见症状时重时轻，腹泻不止，偶带血便，四肢疼痛，脉搏滑数。于是更改诊断为痢疾，药方改为白头翁汤，另加了双花、地榆和葛根。

文仪又服了两剂药，结果不但体温不降，反而昏睡起来，醒了就说渴得要命，水喝了不少，尿却不多，而且黄得吓人，一阵阵心慌得厉害。

彭通伯见他舌质绛红，脉搏浮大，说是痢疾吧？并没有多少脓血便，倒像是少阴失阳的证候，开方时举棋不定了。

文天祥和弟弟心乱如麻，不知如何是好，因为父亲一向健康，很少患病倒下，这次因为救人，病得实在意外。医生彭通伯也慌了手脚，这可是状元的父亲，治好了美名远扬，治不好遗臭万年，他希望另换一位医生治疗，便推荐了名老医生施冠儒。

施老先生 70 多岁，请来会诊时，正逢文仪抽搐不断，他赶快用银针施救，望闻问切之后对彭通伯说：此病是疫毒痢，虽然血便并不多，但是比普通的痢疾还要凶险。疫毒之邪阻滞肠中，大肠传导失职，气血阻滞。用白头翁汤加减治疗是不错，但现在病人昏迷抽搐，热毒入营，肝风内动了，应加紫雪丹祛风，加大黄消导攻下。

开了药方后，施冠儒悄悄告诉彭通伯："这病很棘手，我也没有治好的把握。"

施先生再来就诊时，文仪身沉无神，嗜睡无语，呼吸急迫，偶尔狂躁，四肢厥冷抽搐，脉微弱。

施先生摇头说："无阳也，用四逆汤试试吧，预后不良！"

当归四逆汤是，当归、桂枝、芍药、通草、吴茱萸、大枣、生附子、生姜片、炙甘草，水煎服，羚羊角粉冲服。

五月二十八日夜间，文仪还是医治无效，在挣扎抽搐之中咽气了。他在闭眼时，钟鼓楼上刚刚响起初更的打更声。临死之前，他紧紧握着文天祥的手，断断续续地说道："吾死，汝惟尽心报国。"

文天祥、文璧痛心疾首，跪在父亲床前号啕大哭起来，罗宰在一旁也陪着伤心流泪，还不住地安慰着文家两兄弟。

中医所说的疫毒痢，就是今天西医所讲的中毒性痢疾，发病快，死亡率高，即便医疗水平提高的现代，也有难以抢救的病例。

斯人已去，痛哭无益，文氏兄弟只能料理后事。文天祥让罗宰替自己去礼部告假。面对突如其来的变故，兄弟二人没有了章程，因为都是20多岁的青年，除了跟父亲读书万卷，高谈阔论以外，从没有面对这种丧葬的大事。幸好探花杨起莘老成厚道，帮忙选购了棺木，指点着如何处理后事。

宋代对殡葬特别重视，尤其朱熹写了《朱子家礼》以后，制定了丧葬的许多步骤，大家都照此行事，不敢越轨。病人一断气叫作"初终"，仅仅安葬前就有十几种事情要做：

第一天先沐浴，设置好停尸床叫"为位"，床上用席子、被褥、枕头铺好，放上大带、黑衣、袍袄、汗衫、袴袜、勒帛、裹肚之类。室外设帷帐，将停尸床放进帐内的浴床西边，沐浴完移停尸床上。遗体病时所穿的内外衣服要全部脱掉，换上准备好的新衣服，但暂时不戴头巾，不穿黑衣和鞋子。往死者口中放置不易腐烂的物品叫作"饭含"，以免嘴巴凹陷影响面部美观，早期含饭食，后来改含玉石。还要设置灵座、制作魂吊、购买铭旌等一系列物品。

店家帮忙将别人送来的礼品一一陈列好，这叫作"袭"，设置祭奠灵堂叫作"奠"。这些工作都要在第一天全部完成。

第二天是小殓，为死者戴好头巾，穿好黑衣和鞋子。

第三天是大殓，先将被子按规定的要求放入棺材，然后放进遗体，再放剪下来的头发、指甲以及牙齿，还要放进生前喜爱的物件。文氏兄弟把父亲的两部著作塞进棺材，使棺内既平实又充满。他们还采纳了老店主的建议，回乡路途遥远，天热尸体难以保存，应多放花椒胡椒在棺内，延长腐败时间。盖棺之后下钉了，兄弟俩哭得昏天黑地，从此就彻底阴阳两隔了。

以上每一步骤都要有家属在旁陪哭，当然也少不了请道士焚香烧纸诵经，每天早晚两次祭奠是少不了的。

整整忙碌了三天，文天祥错过了许多官府安排的仪程，静静守在父亲身边，回忆二十几年来的年年月月、点点滴滴。

文仪生于宋嘉定八年（1215），字士表，号革斋，江西庐陵吉安人。文氏祖籍四川成都，早在西汉时期，其先祖蜀郡太守文翁就以兴办学堂、发展教育而闻名天下，五代后唐时迁移到吉州，是一个文脉深厚的家族，千余年来家学薪火相传，文氏家族培育出了一种以正直、忠义为核心的家风，子子孙孙辈辈传承，以此教化文氏后代。文仪以读书勤敏、学术渊博而闻名乡里，人称君子长者。他喜欢竹子，房前屋后都要种竹，屋悬匾额——竹居，教育文天祥兄弟姊妹，要像竹子一样从小就有节操，生长再高也要虚心向上，竹子宁折不弯，是每个孩子都要学习的一种品德。他虽然一生布衣不曾做官，但嗜书如命，只要有书在手，必定通宵达旦废寝忘食地阅读。碰到好书而又囊中羞涩时，宁肯典当物品也要购买，所以对文天祥弟兄们影响很深。教育者必须以身作则，儿子文辞出众，两兄弟先后中了进士，父亲实在功不可没。

文仪娶妻曾德慈，家住泰和县，是前朝宰相曾布的曾孙女，曾家当年是"一门六进士"，显赫一时，曾布曾经大力支持王安石变法，后世对他褒贬不一。曾布之弟曾巩，位列唐宋八大家，世称"南丰先生"。文仪的岳父曾珏，字天赐，号义阳逸叟，也是位饱学之士，曾经中过进士。文天祥说他姥爷聪明颖悟，有志气不俗气，处事刚正，直来直去，有古代君子风范。书香门第出人才，文曾两家联姻，给文天祥兄弟姊妹带来良好的家庭环境。

文仪有四子：文天祥、文璧、文霆孙、文璋。还有三女：文懿孙、文淑孙、文顺孙。

文仪虽然未出仕当官，却有书生报国的志向，尤其所处偏安时代，先是金国不断蚕食，后有北方蒙古崛起，野心勃勃，让文人们都有一种危机感，他把自己的理想化成期望，全部寄托在对儿孙们的教导上。

文家虽然务农，诗书传家，然而并不富裕，子女的初期教育全靠文仪自己，当然他对孩子要求也特别严厉，白天授课诸子百家，晚上要求念书背诵，在琅琅读书声中也常常听到啪啪的戒尺声，所以子女对他又敬又畏。不过文仪在治学上反对照搬古义，主张推陈出新，他的佩玉刻一个"革"字，就是主张革陈除旧。这一切对文天祥影响很大，"法天不息"就是这种思想的延续。父母之训，从小熏陶，"忠义孝悌"牢牢刻在脑子里，时时溶在血液中，终其一生。

随着孩子们年龄增大，求知欲升高，文仪认为儿子应该聘请更好的老师授课，然而家道中落，经济不再宽裕，于是决定去外乡教书增加收入。他先聘请乡中名儒曾凤来家执教，让文天祥和弟弟文璧拜师，自己却告别了老母妻儿，孤身到200多里路外的赣州古塘村私塾执教去了。

当年江西有13所书院，私塾更多，吉塘陈家塾馆最为出名，受聘老师就是文仪先生。文天祥曾经到那里寻父，受恩于吉塘村陈家的殿升公，并在那里苦读了三年，乡试中了头名秀才后返回家乡。陈家塾馆设在陈氏祠堂旁的"颍川堂"内，据说那里风水好，是个龙虎之地。

吉塘村地处鹭溪河、官村河、吉塘河三江交汇的山包之下，青山绿水，碧竹青松，美不胜收。这里水田一片片、水塘一团团，种稻米、养鹅鸭，漫山遍野的黄竹、松杉、油桐、油茶树，到处是一道道风景线。

村中有眼葫芦井，历史上早已出名，它口小肚大，形似葫芦，有六个出水的泉眼，就是在滴水不降的干旱岁月，仍然从不干枯，水质清澈甘甜。更奇特的是，每天中午太阳直射的时候，井中一片霞光，五彩缤纷，村里人祖辈都讲这是口宝井，吃了这水不但养眼养颜，还能长寿。

文仪在此教书很感惬意，休息时走到村外，看看"落霞与孤鹜齐飞，秋水共长天一色"。溪旁牧童吹短笛，水塘鹅鸭觅游虾。这个地方还有商周遗迹，南朝古墓，形形色色的石雕帮他考古，帮他复习历史。还有许许多多的窑厂，烧制红陶器，宋代的陶瓷业十分发达，闲来无事，他将参观过的地方，都一一记录下来。

文仪是个饱学之士，既能传道授业解惑，又能笔耕著书立说，他著有《宝藏》三十卷、《随意录》二十卷，给文氏家族留下了珍贵的文学遗产。

5

按宋代朝廷官场规定，官员家中直系长辈去世，必须丁忧三年。文天祥因父亲去世，虽然中了状元，官是暂时当不成了，要回家守孝三年。依照孔子的主张，我们每人诞生三年后才能离开父母的怀抱，若无父母则不能成人，所以当父母死去，子女为父母服丧三年是为了回报父母，是人类仁爱的基本表现，这也是历代朝廷官府制定丁忧三年的基本出发点。

文天祥和文璧在父亲去世的第四天就返乡了。六月初一卯时，他们雇了两辆牛车和两匹骡子，运送父亲的灵柩回江西老家庐陵。朝廷派官员带着抚恤金前来送别，罗宰更是哭得上气不接下气，杨起莘、彭止所和其他同科进士，因官场活动不能分身，也都提前相互道别了，各自留下地址后会有期。

江南每年都有梅雨季节，时间在芒种和夏至之间，今年却碰上十年不遇的"早梅雨"，也就是在芒种前就进入了雨季，天气阴冷，湿气很重。当地老百姓说："吃了端午粽，还要冻三冻。"就指这种早来的梅雨天。

梅雨季节天气迷蒙，空气潮湿闷热难受，文天祥兄弟二人的心情像这天气一样，闷得喘不过气来。本来金榜题名是人生大快事之一，而青年丧父又让人悲痛欲绝！上路时兄哭、弟哭、送别的人哭，阴霾的天空也在哭——阴雨连绵。

临安距离老家江西庐陵大约1500里路，进京殿试时还是父子三人同行，那时虽然天冷，可意气风发，挥斥方遒，心是热的；现在回乡只剩下兄弟二人，虽然六月天暖，百花争艳，万象更新，可心是冰凉的。世事变幻，真是难以捉摸啊！

文氏兄弟每天骑着骡子，牛车拉着灵柩香纸家什，向江西方向赶去，晓行夜宿，心情十分沉重。

文仪的灵柩终于在七月二十四日回到了故乡庐陵，路上整整走了54天！

富川镇这两个月变化太大了！五月下旬官府已经到文家送"榜帖"报喜了：文天祥状元及第！随后送来的是《进士名录》。曾夫人命家人扎起牌楼，大红灯笼高高挂起，张灯结彩庆贺儿子一举成名天下知。可没过几天，报丧人带来一封家书，老爷文仪归天了！这真是冰火两重天啊！笑声瞬间变成了哭声，红帐马上改成了白幔。文天祥兄弟到家时，乡间笼罩着悲痛的气氛，家人、乡邻都感到老天爷太不公平了，好人不长寿哇！这么一位满腹才学，善行乡里的好人，为什么40多岁就走了呢？

文天祥和文璧回到家中，与母亲抱头痛哭，小弟文璋以及三个妹妹，也都悲伤欲绝。谈到京城的经历，弟弟妹妹不甚理解。母亲曾德慈收起泪眼，告诫孩子们要记住父亲的平时教诲，好好读书，正直做人，尤其四个年幼的弟弟妹妹，都要向大哥二哥学习，学有所成，光宗耀祖。

按朱子家礼规定，停柩待葬这段时间叫作"殡"，一般三个月，这期间家人每天朝夕焚香哭奠，供品也有特别的讲究，还有闻丧、奔丧、治丧等一系列规矩。

文天祥运送灵柩回家后，作为长子，先和母亲及弟弟妹妹为父选择墓地，当年盛行看风水选坟茔，镜湖相士选择青原山南，闾丘相士选择青原山北，文天祥说自己的师祖江万里就不信风水这一套，最后大家一致意见选择了八十三都佛源，八月十六是黄道吉日，于是开茔挖墓。曾氏为丈夫选了一块漂亮的带有竹子花纹的白色大理石，用来铭刻江万里为文仪写的墓志铭。

"迁柩"指下葬前一天，用灵车载着灵柩入祠堂祭奠，这叫"朝祖"。九月初九重阳节这天，启殡下葬在天色刚亮时举行，子女在相士引导下哭哭啼啼地跟随灵柩前往墓地，亲友们设路祭烧香大撒冥币，一路大鼓唢呐、大锣小锣齐奏乐，鞭炮响，纸灰飞，到了墓地集体跪拜，然后下棺培土，直至堆成坟茔依然哭声不绝。厚葬是古代葬礼的主要特点。下葬过程中，除去烧香烧纸外，还要烧其他"冥器"，就是纸车、纸马、纸碗、纸碟、纸瓶、纸盂……南宋时的民间，为适应这种风气和需求，社会上甚至产生了"凿钱为业"的新职业，专门生产这种冥器。

庐陵县知县刘汝砺亲自参加了葬礼。为了表彰文天祥，还在这个月在县学刚刚建了"进士第一堂"。

6

父亲的葬礼过后，丁忧的文天祥在墓地旁盖了三间草屋，周围种满了竹子，门楣挂上父亲亲笔题写的"竹居"木匾，屋内一幅《牧牛图》，还有一副颜体的对联：

一等人忠臣孝子，
两件事读书耕田。

文天祥独自搬来居住，秉承父亲的遗志，天天读书写字，修身养性。他每日闻鸡起舞，在院子里练拳练剑。他的这柄龙泉宝剑是父亲文仪留下的。

有一年的冬季，一群浙江龙泉逃荒的难民路过富川，一位花甲老者又冷又饿，患病在身，竟倒在了文家的门口！文仪赶忙将老人搀扶到家中，让妻子为他熬了一碗糖姜水，并让他躺在自己的床榻上，给他盖上一床棉被，床下还为他生了一盆炭火，接着端来热气腾腾的饭菜。这位老人双腿关节肿胀，文仪为他请来郎中，诊断是风湿痹症。又为他去药铺买药治疗，还让他喝上自己配制的药酒，老人非常感动！

第四天，老人能下地了，他坚决要走！要去寻找走散的孙子。文仪阻拦不住，便让他穿上自己的棉袜，披上自己的斗篷，送他上路。谁知他走到村口时，又转身回来了。老人向文仪拜了三拜，又从行李卷中取出一把宝剑，说是一柄龙泉剑，是祖传的遗物，为了答谢文家的救命之恩，一定要赠送给文仪留作纪念。文仪无论如何不肯接受，老人硬塞给了文仪后便转身走了！

文仪去世之后，这龙泉宝剑就成了文天祥的心爱之物。战争年代，他

文天祥别传

虽然不是武将，可练剑不仅能杀敌，也可防身，于是他经常剑不离身了。

宝祐六年，文天祥在家丁忧，同科进士彭止所突然来访。原来他出使安南国，回老家吉水县阜田镇路过富川，前来拜访同榜同年。从未出国的文天祥十分高兴，备酒款待，更希望了解一下异国风情。

彭止所赠送了从安南带回来的礼物——蚺蛇胆，这种蟒蛇体型巨大，能食羊、鹿，蛇胆入药，能治痢疾。他说当年若有此物，文仪伯父就不至于早亡了。文天祥谢过后，回赠了一个官窑的笔洗。宋代的五大名窑是汝窑、官窑、钧窑、哥窑、定窑。宋朝的瓷器工业是世界上第一个商业化工业，领先欧洲500年。

越南自古就一分为二，那时南边是占城国，北边是安南国，也称交趾。它们与大理国一样，都属于大宋的藩属国。蒙古为了消灭南宋，在宝祐元年（1253），也就是文天祥考中秀才那一年，进行了一次中国战争史上著名的远征。忽必烈指挥蒙古骑兵，挥师数千里南下，沿途招抚了吐蕃的首领、喇嘛，西南多位酋长投降归附，过大渡河，抵金沙江，用皮筏渡江，即历史上有名的"元跨革囊"，到达丽江，轻而易举地攻占了大理国都城。第二年，建国318年的大理国灭亡了。

文天祥说："消灭大理国，蒙古鞑子醉翁之意不在酒，这是在围猎我们大宋朝。"

"对！在蒙古高原，50只草原狼，就是这样围捕3000只黄羊的。"彭止所回答说，"大理国的人，早就纷纷沿江南下了，好多人去了安南和占城。"

文天祥问："你们去安南有何使命？"

彭止所答："你在家丁忧不知消息，去年秋天，兀良合台率蒙古三万大军水陆并进，直捣安南国都，结果大败而归。"

"是吗？快给我讲讲！"文天祥兴奋得满脸红光。

"蒙古鞑子不适应南方气候，尤其瘟疫流行；陈国峻将军有勇有谋，用丛林战对付野战骑兵；要命的一手是截断了蒙军的粮草供应。"彭止所

——分析了那场战争。

"你分析得太对了！还有咱宗主国的文明影响，咱汉文化的不屈不挠！"文天祥赞赏地说道。

彭止所点头称是，继续讲："我们此去，一是庆贺表彰，二是取经为我朝所用。礼贤是我朝的一贯做法。"

文天祥说："我们中华民族的仁、义、礼、智、信，光照九州四海，就是再强大的敌人，用刀剑也难以征服我们中国人！"

彭止所十分同意他的观点，他在安南时听到官员们讲起宋孝宗年间，占城朝贡的历史。对大宋国的仁义道德，佩服得五体投地。

那是宋乾道三年（1167），占城的邹亚娜发动政变，杀死了国王自立为王，弑君上位的邹亚娜急需宗主国的承认，立即派使者到南宋朝贡，但由于时间仓促，贡品数量一时凑不齐。正在无计可施之时，几艘满载货物的大食国商船，准备到宋朝进行贸易，恰好途经占城。邹亚娜下令洗劫了这几艘商船，将抢来的赃物作为贡品献给宋朝，并将大食国商人囚禁起来。其中仅乳香就有 12 万斤，还有 8000 多斤的象牙。按宋朝惯例，对藩属国的贡品一律按照"一分收取，九分抽买"的方法，即将贡品的十分之一献给皇帝，另外十分之九由宋朝出资购买，钱再返归藩属国。大食国逃走的乌师点到临安告御状，宋孝宗得知详情后，拒绝召见占城使者，也不接受他们的贡品。将十分之九的贡品，由泉州市舶司出资买下，钱币返还给大食国商人了。宋孝宗还下诏占城国的邹亚娜，命令立即释放被囚的大食国人，并从此不再和不仁不义的占城官方来往了。

宋朝礼仪之邦，文明信誉传遍天下，东边的日本、高丽，南边的安南、占城、暹罗、爪哇、苏门答腊等国，都特别崇尚中华文化。海上丝绸之路，更将华夏文化在全球进一步发扬光大！

文天祥别传

第四章

既黑又丑的"灰姑"竟成了六官之主；她的经历就是一出精彩的连续剧！

丈夫至白首，钟鼎重功名。未有朱门中，而无丝竹声。与主共富贵，不见主苦辛。名姝从何来？婉娈出神京。京人薄生男，生女即不贫。东家从王侯，西家事公卿。吾行天下多，朱紫稀晨星。大都不一一，甚者旷数城。如何世上福，冉冉归娉婷。乃知长安市，家家生贵人。

——《名姝吟》

1

唐代的白居易在《长恨歌》中写了他的感慨："遂令天下父母心，不重生男重生女。"文天祥在他的《名姝吟》中，曾写过"京人薄生男，生女即不贫"。看来，中国历代并非都是重男轻女。

西汉以来，中国一共出现过42位太皇太后，其中有三位是丑女，第一位是东晋的李陵容，这位"昆仑奴"，据说是非洲人的后裔，高个、黑皮、卷发，但能生孩子，是个生育机器。第二位是大辽的萧耨斤，虽然她"黝面、狼视"，可人家出身是契丹的"后族"，家族显赫。第三位是南宋的谢道清，也是最丑的一位，但也是最有能力最出名的一位。

谢道清祖籍台州临海，生于宋宁宗三年（1197），生下来的时候就很丑，史书记载："肌若炭，翳遮瞳"，也就是说皮肤黑得像木炭，眼睛患角膜云翳，不仅面容肢体不美，而且看东西视物不清。她的父亲名谢渠伯，因为家道中落，她每天都要操持家务，还要亲自到桥头溪边淘米洗菜。据说她身上还长有疥疮，不敢卷袖，进宫时宫人问她什么原因？她托词答道：凤爪不露。

谢道清的祖父谢深甫，在宋宁宗时也曾做过宰相，因为力挺杨桂枝做皇后，立下了功劳。杨桂枝何许人也？她是民间的一位歌手，十岁时选进宫中为太后唱歌，这样的宫女，甚至不知道自己的真实姓名叫什么，但她不仅美貌无双，而且歌声动人，感动了太后，也俘虏了皇帝。她苦苦熬了二十年，终于被封为平乐郡夫人，后来又凭借太后和大臣的鼎力支持，她一举打败竞争对手曹夫人，坐上了六宫之首的皇后宝座！不容易啊！要知道，那时宋宁宗才 27 岁，可杨桂枝已经 33 岁了。有的宫女老死宫中可能都见不到皇帝一面，她却麻雀变成凤凰，是位真正的传奇人物！

当年，谢深甫认为杨桂枝既然"涉史书，懂古今，性警敏"，说明有母仪天下的贤惠之才，他便联络老臣抵制了挺曹夫人的韩侂胄，这在韩侂胄一言九鼎的时代，难度可想而知！杨桂枝当上皇后紧接着又当上了皇太后，但她一直没有忘记谢深甫。听说谢家没落了，平民出身的杨太后感同身受。她把老宰相的孙女接到宫中，一边让她学习，一边派人调教，日久生情。她认为谢道清处事乖巧，眼光远大，和自己当年一模一样，是个少有的后宫管理人才。宋理宗即位的初期，由杨太后主政，虽然皇帝处处听命于母后，但对杨太后身边的这个丑女，却从不多看一眼，杨太后对她的赞誉也从未灌入耳中，只有一个好眼睛的谢道清，皮肤又黑不溜秋，怎能让皇帝正眼瞧上呢？唯一留下的印象就是"丑陋"。

宋理宗要选皇后了，听说太后推荐的竟是谢道清这位丑女，他坚决不同意！可杨太后讲，皇后是六宫之主，是帮助你理政，帮你治理后宫的贤内助，不是普通女子能够胜任的。这女子知书达理，端庄贤良，人虽丑些，可是个不可多得的人才。宋理宗还是不同意，背地里还给谢道清起了个外号，叫她"灰姑"。

宋理宗经常跟左右随从讲："这个'灰姑'太丑，普通人家都不会娶她当媳妇！凭什么给我做皇后？"

可在太后面前，他却不敢明目张胆地对抗，仍然唯唯诺诺，一副顺从的样子。因为他刚刚当上皇帝，还不是根红苗正的正宗皇二代，许多人甚至怀疑他是个冒牌货！所以理宗的腰杆子不硬。

杨太后45岁寿辰那天，在慈宁宫设宴祝寿，太后有意让宫人把皇帝灌醉，然后将他安排在偏殿歇息。夜幕降临，杨太后让宫女在偏殿燃起了熏香，是南唐李后主李煜曾经点过的"梅花香"，香气袭人扑鼻。又让刚刚沐浴的谢道清，抹上隋炀帝临幸时用过的"夜酣香"，让她悄悄躺到宋理宗身旁。理宗这时酒撩情欲，香气扑鼻，春心荡漾，还以为在西王母的瑶池之中哩！便情不自禁地与谢道清办了床上的好事。

理宗一觉醒来，发现身边睡着的竟是"灰姑"，立刻明白了母后的诡计！生米已经煮成熟饭了，他只好把"灰姑"带回自己的宫中。

杨太后对皇帝说："陛下可先选她入宫考察一番。你要美丽漂亮的女子伴驾，我没有什么好说的，天下什么样的女子都尽你挑选嘛，可皇后这块料，我是看好她了！"

理宗说："我承认她品行很好，也有学问，可她长的那模样，看起来又老又丑，将来如何统领六宫？"

杨太后听了，微微一笑，说："后宫之主，不靠模样，要靠智慧。先帝封我为后时，我已经快40了，先帝难道是看重我的美貌吗？"

宋理宗觉得太后讲得很有道理，于是只好答应下来。就是这样，谢道清17岁就进了理宗的后宫，封为通义郡夫人，绍定三年九月册封为贵妃。然而理宗还是不甘心，他加快了选美步伐，终于选了个大美人，就是天台的贾氏。她是制置使贾涉的女儿，生得水灵，长得漂亮，她的天姿国色让宋理宗爱得死去活来，形影不离。入宫时封为文安郡夫人，绍定四年封为才人，隔年封为贵妃，一下子跳了四级！理宗一心一意希望让贾贵妃当皇后，从此再没碰过谢道清一次。

正式选皇后的时刻到了，宋理宗的目标很明确，皇后就是贾氏！可杨太后的目标更是不可更改！皇后之位非谢道清莫属！

杨太后说："不立谢道清这真皇后，难道还立个假（贾）皇后？"

丞相史弥远站在杨太后一边，这两位可是让理宗当上皇帝的恩主，加上大臣们也都随声附和，宋理宗只能屈从，谁让自己喜欢的美女姓"假"呢！

谢道清于绍定三年十二月册封为皇后，不到20岁就一步登天了。

既然说到谢道清，就不能不先说说宋理宗。

宋理宗原名赵与莒，是赵匡胤之子赵德昭的九世孙，过继给宋宁宗改名赵昀，赵昀即位后称宋理宗，是南宋的第五位皇帝。

有人怀疑他这个皇帝是冒牌货，究竟是怎么回事呢？原来南宋的皇帝个个精子不良，后代不旺，可能嫔妃太多，房事不节，结果一代不如一代。"靖康之变"后，宋徽宗和宋钦宗两个皇帝被押去金国的五国城了！赵构建立了南宋，可他仅有的一个儿子又夭折了，将来谁来继位？只好在宋太祖赵匡胤的后代中选继承人了，结果他选了赵德芳的后人赵伯琮，也就是后来的宋孝宗赵昚，当年赵匡胤死后本应他儿子赵德昭继位，不料不知是不是因"金匮之盟"和"烛光斧影"，却让其弟赵光义当上了皇帝！不知为什么，赵德昭不久便也自杀了！现在好了，皇位又传到了赵光胤这一支，真是人算不如天算啊！

宋孝宗执政27年，60岁那年他学习宋高宗，也把皇位禅让给他的第三个儿子，也就是后来的宋光宗，自己当了太上皇图清闲去了！历史对他评价甚高，认为他是南宋最好的皇帝。

宋孝宗去世时，宋光宗以患病为理由不肯主持丧礼！大臣们与高宗的吴皇后发动了政变，让他禅让给儿子。于是宋宁宗继位，光宗也当了太上皇！

宁宗和他父亲宋光宗一样，都是个窝囊的皇帝，前有韩侂胄专政，后有史弥远专权，每天面对大量奏折要批复，他仅仅只写一个"可"字！所以坊间盛传这个皇帝是智障，是位"可"皇帝！宋宁宗虽然有八个儿子，却一个跟着一个夭折，最后还剩一个荣王定为太子，可是在嘉定十二年的腊月，这位景献太子还是因病去世了。

嘉定十四年（1221）六月，宁宗把弟弟沂王赵抦的儿子赵贵和立为皇子，改名赵竑。

皇子赵竑对史弥远的所作所为非常不满，史弥远对此也有所觉察。他听说赵竑喜欢弹琴，就送了一个善于鼓琴的美姬给赵竑，让她窥探赵竑的言行。赵竑缺乏政治头脑，竟然非常宠爱这个与自己有着同样爱好的女子，甚至将她视为知己！这种引狼入室的愚蠢之举，为其日后的悲剧埋下了伏笔。史弥远对赵竑的一举一动都了如指掌，他是想防患未然，为自己的日后铺路。

赵竑曾把史弥远和杨皇后所做的不法之事记录下来，他还跟他的女知己说："史弥远应该发配八千里！"他还指着地图上的琼崖一带说："我登基以后，一定要把史弥远流放到那里！"他甚至私下里称史弥远为"新恩"，意思是今后要把史弥远流放到新州或恩州！

赵竑的老师真德秀曾规劝过赵竑，要他韬光养晦，孝敬杨皇后，善待史弥远，不可锋芒太露，否则会很危险！但赵竑很难接受，于是埋下了祸根。

宁宗病重时，史弥远献金丹百粒，宁宗服用后不久就驾崩了！

史弥远毒杀宋宁宗的嫌疑相当大，所以历史上称他是宋朝四大奸相之一。

宁宗死后，谁来继承皇位？宁宗的杨皇后的态度至关重要，没有她的同意，新皇帝就得不到承认。史弥远派杨皇后的侄子杨谷、杨石前去说服杨皇后，提出了自己的人选，并得到了她的支持。史弥远立即遣宫使去接皇子进宫，临行前他命令说："现在宣的是沂靖惠王府的皇子赵昀，不是万岁巷的皇子赵竑，如果接错了，你们都要掉脑袋！"

就这样，沂王府的赵昀就继位了。

宋理宗即位时，假托遗诏，授赵竑开府仪同三司，就是个不值钱的虚衔，封济阳郡王，判宁国府。不久，又下诏进封赵竑为济王，赐第湖州！将赵竑赶出了京师。可怜他不久就被史弥远派去的亲信毒死了！并定下罪名，永世不得翻身！

赵与莒的父亲赵珒是个小官吏，在他七岁时父亲去世，母亲全氏带着他和弟弟赵与芮回娘家，在造酒的舅舅家生活，寄人篱下，十分困难。直到赵与莒16岁时突然转运。丞相史弥远派幕僚余天赐给理宗选继承人时，那天在绍兴正逢大雨，他恰巧在全家避雨歇息，得知赵与莒兄弟俩是赵匡胤之子赵德昭之后，大喜过望，又觉得弟兄俩言行得体，于是向史弥远推荐。史丞相接二人进京考察了一段时间，感觉十分满意，于是留下赵与莒，安排老师一对一培育。嘉定十四年（1221）改了名字叫贵诚，先继承沂王的亲王位，后又改名赵昀，被宋宁宗收为养子。宋宁宗死后，他被史弥远和杨皇后推上了皇位，即宋理宗。没想到这位属鼠的皇帝，一当就当了40多年，还真够牛的了！

他弟弟赵与芮虽然没当上南宋的皇帝，可他的儿子后来也成了南宋的第六位皇帝。因为宋理宗唯一的儿子早早死了，他也没有接班人，只能让侄子接班继位，他就是宋度宗。好事都让这家的弟兄俩摊上了。这就叫命运好不好，只有天知道！

宋理宗继位后就大权旁落，他没有什么社会背景，全由拉他上台的史弥远主政，自己只是个傀儡而已。绍定六年（1233）史弥远丞相死了，被晾在一边八年多的宋理宗，力图中兴宋室，于是施行了许多改革措施：清理了史家的余党，整顿了官员的腐败，加强了官员的监督，清算了朝廷的各级财政，上上下下颇得人心，历史上称作"端平更化"。尤其他多年崇尚理学，早年执政有点成绩，因为在他任内灭了金国，报了"靖康之变"的大仇。然而"端平入洛"失败后，他借口皇后太丑，整日沉迷于女色，朝中又听命于贾似道，也埋下宋朝灭亡的祸根。

宋理宗这皇帝当了40年，谢道清功不可没。无论管理后宫，还是垂帘前殿，都表现出了她的杰出才能。当初杨太后的选择的确没有错，宋理宗的最终决定也确实有道理。

谢道清入主六宫也真不容易，皇帝丈夫从不让她侍寝，空有妻子的名分，就连"灰姑"这个名字，再也没人叫了。但谢道清有自知之明，幸运之神对她已经很眷顾了，昨日的"丑小鸭"已经变成了"白天鹅"，还有什么可求的？本本分分做好自己的六宫之主，她应该心满意足了。

理宗在宫中走马灯似的更换女人，宫女太监们偶尔来给皇后打小报告，谢道清斥责他们多嘴多舌！甚至掌嘴用刑，结果太监宫女都不再多言。有时被皇帝宠幸的贾贵妃也来告状，诉说理宗朝三暮四，喜新厌旧，希望皇后要管好六宫的宫女奴才。谢道清只是好言劝慰，其实她也并非幸灾乐祸，因为她知道，像贾贵妃这样的天姿国色都拢不住皇帝的心，自己还何必吃醋呢？不过听说皇帝天天吃喝玩乐，不理朝政，她反而劝说贾贵妃要时刻提醒官家，不要忘了皇帝的天职，不要忘了仅剩的半壁江山！自己也在见太后和皇帝的时候，从侧面婉转地提醒官家，不要多熬夜、不要伤身子、不要频繁吃春药、不要过分重文轻武！

谢道清知书达理，把后宫打理得井井有条，尤其尊重把她扶上皇后宝座的杨太后，死心塌地听命于她，杨太后也对她深信不疑。

本来宋理宗的来路不正，不是杨太后的亲生儿子，母子有些隔阂。开始时太后"垂帘听政"，宋理宗小心听命，其实他早已经计划好，那就是让后权和相权争斗，最后强化自己的皇权。毕竟史弥远掌权多年，朝中官员"史党"最多，而且都在重要部门任职，宋理宗又明里暗里偏袒与他，"后党"势力逐渐败落下去。

宝庆元年，在"垂帘听政"七个月后，一次宫廷宴会上，理宗主动给母后放烟火助兴，不料一支烟火直奔杨太后而来，一惊一吓让杨太后感到了恐惧，宋理宗马上带领满朝文武前来谢罪。"烟花事件"事发蹊跷，因为早有官员对太后垂帘不满，认为皇帝已经不是小孩子，应该还政给皇帝。这一事件让杨太后日夜不安，于是听从大臣的劝说，暂时退居后宫，暗中掌控朝廷。

虽然杨太后退去后宫，可仍然不想放权。20岁的理宗顺水推舟，朝中大小事情全靠后党和相党说了算，自然矛盾不断、争吵不休。理宗是史弥远从小把他从民间带出来的，他能当皇帝，第一个要感激的人就是史弥远。朝堂之上两派相互争斗，宋理宗听从谢道清的建议，小事糊涂，大事谁也不得罪，杨太后那边由谢道清沟通，史弥远这边由官家亲自找丞相商量，所以多年来朝廷还算稳定。官家对谢皇后算不上喜爱，但却敬重有加。与此同时，宋理宗也有了大把时间斗蟋蟀，沉迷女色，夜夜笙歌燕舞，天天纸醉金迷。据说，他后宫光有夫人名号的女子就有千人，记不住名字，就编了号码！

杨太后结束垂帘听政七年，在1232年去世，第二年史弥远也驾鹤西去。宋理宗终于可以自作主张了！他先狠狠地清理了后党和史党留下的爪牙余孽，将他们发配到天涯海角，远离朝廷。然后破格提拔了一批有为的年轻官员，大刀阔斧地整顿朝政。他积极改变自己的傀儡形象，希望做个南宋的中兴皇帝。

3

南宋的切肤之痛就是"靖康之耻"，两个皇帝成了金国的俘虏，半壁江山已经丢失。南宋的几个皇帝都把金国当作死敌，但是几次北伐都无功而返。原因在哪里？明眼人都知道，宋高宗最怕二帝返国，若二帝回到南宋，他这个皇帝就是多余的了！直到宋孝宗当权后，迫于朝野压力，才不得不给抗金英雄岳飞平反昭雪，然而把杀害岳家父子的责任全推到秦桧等人头上，找了四个替罪羊，就是岳王庙前跪着的三男一女：秦桧、王氏、张俊、万俟卨。

平反不彻底，没有清算冤假错案的最高制造者，所以求和派的隐患一直存在，以史为鉴，经常重复。

宋理宗掌权后机会终于来了，金国的宣宗继位后，朝廷腐败，民不聊生，北方蒙古国逐渐强大，因有"金蒙世仇"，蒙古不断向南侵略。本来金国希望与南宋结盟，共同防御北方狼，还讲了一大堆"唇亡齿寒"的道理，可宋理宗并不理会，他认为这是报仇复国的大好机会，于是与蒙古结盟，矛头直指大金国。

1232年南宋与蒙古联手进攻金国迁都后的汴京，金哀宗逃到蔡州，第二年宋蒙再次联手，攻破了开封，1234年金国灭亡！自杀的金哀宗尸体被分成两截，当南宋人把金国皇帝尸体带回太庙祭祖时，宋理宗感到无比骄傲和自豪，他没有愧对列祖列宗！是他，雪了"靖康之耻"。是他，给宋朝带来中兴之光。不过，在这次解放战争中，南宋冲锋陷阵的士兵发现，应战的金国士兵中，许多竟是当年的北宋人！

宋蒙联手灭金时，并未就灭金后河南的归属做出明确规定。金亡以后，蒙军北撤，河南空虚。端平元年（1234）五月，理宗任命赵葵为主帅，全子才为先锋，赵范节制江淮军马以为策应，正式下诏出兵河南。不久，全子才收复南京应天府。随后向东京开封进发，七月五日，宋军进驻开封。全子才占领开封后，后方没有及时运来粮草，以致全子才无法继续进军，贻误了战机。半个月后，赵葵又兵分两路，在粮饷不继的情况下继续向西京洛阳进军。宋军到达洛阳，遭到蒙军伏击，损失惨重，狼狈撤回。留守东京的赵葵、全子才看到战机已失，加上粮饷不继，率军南归。其他地区的宋军也全线败退，宋理宗君臣恢复故土的希望，像肥皂泡一样又一次破灭了！

"端平入洛"的失败，使南宋损失惨重，十余万精兵死于战火，粮食损失百万斛，投入的大量物资付诸流水，南宋国力受到严重的削弱。更重要的是，"端平入洛"使蒙古找到了进攻南宋的借口，宋蒙战争自此全面爆发。

朝野上下对于出兵河南的失败及由此带来的严重后果议论纷纷，面对这种局面，宋理宗赵昀也不得不下了《罪己诏》，检讨自己的过失，说"责治太速，知人不明"，找个借口下了台阶，安定人心而已。

4

端平三年夏，临安城高温，疾病流行。宋理宗被妃子们灌了好多进贡来的糖霜水，不料血糖太高，一病不起。本来宋理宗这个皇帝就当得名不正言不顺，朝野多有异议，现在下了《罪己诏》，议论更多了，一是能力有限，二是沉迷女色。有些大臣想学史弥远，另选赵竑的儿子继位，因为皇帝的宝座本来应是人家的嘛！

当年宋理宗即位时，把本来定好的继承人赵竑发往湖州去了，朝野普遍不满。就在宝庆元年，湖州百姓潘壬、潘丙兄弟俩，联合从兄潘甫和山东"忠义军"首领李全，密谋立赵竑为皇帝，没料到事情败露，被史弥远派兵镇压下去。"湖州之变"让宋理宗和史弥远心有余悸，于是来了个斩草除根，健健康康的赵竑父子，不知为什么就不明不白地一命呜呼了！

汪之道与几位大臣密谋，准备让没有儿子的宋理宗退位做太上皇，他就可以"挟天子以令诸侯"了。

尚未在朝中任职的贾似道得此消息后，立即告诉了同父异母的姐姐贾贵妃！贾贵妃大惊失色，她抢先告诉了谢道清皇后。谢道清这些年已经摸清了朝内外的权力脉络，她让贾氏姐弟不动声色，稳住政变的主要角色汪之道。她私底下让太监们悄悄散布谣言：官家病危！然后颁发圣旨，召汪之道等人到床前托孤。

汪之道大喜过望，匆匆进宫见驾，以为就要政变成功了，不料谢道清早已埋伏好御林军，一声令下，将他们一举拿下！押到大理寺问罪。

大逆不道者入狱砍头了，病中的宋理宗还在卧床服药呢，他什么都不知道！

平叛政变，快刀斩乱麻，从此理宗就更加信任丑皇后"灰姑"了，贾氏姐弟也对她佩服有加。贾贵妃知道谢道清没有床笫竞争力，所以对她反而更加信赖，让皇后帮助弟弟贾似道入朝为官。宋理宗和谢皇后当然投桃报李，贾似道立了大功，自然应该晋升，何况他还是国舅爷呢！

这段公案，直到恭帝上台，谢太后主持朝政时才告一段落。因为这都是汪之道等人的阴谋，与赵竑后人没有丝毫关系，在臣僚们的建议下又恢复了赵竑的名号，选宗子为其继承香火，这也是谢道清在主持正义，当然，这是后话了。

5

谢道清皇后享受不到儿女私情的愉悦，就把全部精力用在后宫管理上。她心胸大度，目光长远，帮助理宗处理朝廷大事。建议官家奖励有功之臣，减轻百姓赋税，因为她来自民间，了解下层，这一点与来自民间的皇帝丈夫倒有些共同语言，宋理宗的"端平更化"自然也有她的功劳。

当年的皇宫建在杭州城南的凤凰山东麓，南为丽正门、北为和宁门、东为东华门、西为西华门。丽正门内正殿是大庆殿，也是大朝会的场所，一殿多用，朝廷根据不同的内容，可临时更改名称，进士唱名时，就改成集英殿了。北门内有后殿、端诚殿、垂拱殿，这些都属于外朝建筑。内朝殿宇就更多了，有君臣议事的宣德殿，讲学读书的崇政殿，太子的东宫等。皇帝多住福宁殿、勤政殿，吃饭在嘉明殿。皇后住华殿、慈元殿、和宁殿等，皇太后住在坤宁殿。内外大殿，铜瓦朱户，雕龙刻凤，一派皇家气概，一点不亚于当年的北宋汴梁。

难怪人们都讲"暖风吹得游人醉，直把杭州作汴州"了！理宗久居宫中，自然乐不思蜀。

谢道清虽然心胸开阔，不温不火，可女人的心总有那么点不甘。34岁的贾贵妃死后，本以为官家能多注意一下自己，没想到又来了一个阎贵妃，这是太监董宋臣招进宫的。她很快就超过了贾贵妃。阎贵妃比贾贵妃还要专横跋扈，根本不把丑皇后放在眼里！

有一天，君臣后妃们一起看傀儡戏，宫女端上燕窝粥，阎贵妃不顾礼仪，抢先饮用起来。

谢道清见了，不满地讲了一句："真没有规矩！"

阎贵妃顶嘴说："什么规矩？"

"上下尊卑。"皇后回她。

"规矩谁定的？看戏又不是在朝堂！"

"祖宗定下的。官家还没用，你凭什么抢用？"

"官家还没反对，是你还没有用吧？"

一旁的丞相丁大全，赶紧打圆场说道："中庸，中庸。"

阎贵妃说："哈哈，一对丑八怪！"

宋理宗大概也感觉过分，连忙安抚谢道清说："睁一只眼闭一只眼算了。"

谢道清一听，再也按捺不住怒火："我本来就只有一只眼，官家不用这样帮她说话！"

谢道清气呼呼地站起来，拔腿就离开了福宁殿，身后传来阎贵妃的一阵得意的笑声。

6

朝廷安定，百姓乐业。宋理宗整日寻欢作乐，他原来宠幸着贾贵妃，一是她美貌无双，温柔可人，再者是为他生了个周汉公主，理宗当作掌上明珠。因为儿子早亡，就剩这么个独苗苗了。现在又来了个阎贵妃，她更美更娇更可人，他所以任其胡作非为。

谢道清在后宫干什么？她不争风不吃醋，平日消遣就是琴棋书画。她和志同道合的嫔妃们写诗填词，常和琴师们弹琴谱曲，安排好时间训练宫女们唱歌跳舞。宋代那时戏曲盛行，开始在勾栏瓦舍表演，后来就进宫演唱，我国现存最早的剧本，就是南宋的《东海黄公》。

古琴是我国最古老的弹拨乐器，地位崇高，位列"琴棋书画"之首，孔子把它列为六艺之一，是每个文人必修的功课。宋代是我国音乐史上十分重要的发展阶段，有丰富多彩的"词体歌曲"，有萌芽的戏曲说唱，尤其是有交响意味的古琴音乐，最先在宫廷之中演奏，著名的琴师当然也聚集于此，其中汪元量就经常为官家和皇后演奏。

汪元量又名水云子，天天研究唐末曹柔的《减字谱》，弹琴的手法特别高超，如《莺啼序·宫中新进黄莺》就能弹出黄莺的伶俐；《汉宫春·春苑赏牡丹》就能弹出牡丹的娇媚，他弹《长相思》一曲，其中的歌词"阿哥儿，阿姑儿，两个天生一对儿"，通俗活泼，带着一种民间的欢乐情绪。

谢道清经常邀请汪元量进宫弹琴，兴致上来情不自禁，她会忘了自己的皇后身份，推开汪元量，自己坐下弹起琴来，一边弹，一边唱起老曲《步月》：

明月当清空，流光满西墀。

振衣独徐行，耿耿长相随。

我心如明月，万古无成亏。

偶逐区中名，遂为尘所欺。

弹着弹着，心情烦乱了，她将古琴推到一旁，独自去了后宫苑。汪元量也很知趣，什么也不讲，便悄悄离开皇后的慈元殿。

宫后的花园古称苑，园林建筑更是美不胜收，亭台楼阁，花草树木，春夏秋冬风光无限，是个吟风弄月的好场所，也是后宫嫔妃们最喜欢去的地方。宋人爱花，花满天下，而皇室贵族偏爱兰花、海棠和牡丹，于是宫苑中一年四季繁花似锦。这里是女人的天地，嫔妃们爱好不同，有的喜欢梅花傲雪，有的喜欢杏蕊娇春，有的喜欢梨花带雨，有的喜欢荷花出污，有的喜欢桂花溢香……胸襟开阔的皇后一一满足，下令后宫管事四处搜罗名花，使得苑中百花齐放，引得蜂蝶狂舞，赢得嫔妃一片赞誉。当然最得实惠的还是京郊的种花人，花农们每年都能收入大把的银子。

7

谢道清皇后平时留意国事，明晰时政，佐助宋理宗功不可没。

开庆初年(1259)，蒙古兵渡过长江，团团围住鄂州，军情紧急，朝野震动。董宋臣等建议国都临安东迁四明，文武百官意见不一，宋理宗也举棋不定，焦急万分。谢道清坚决反对，她说这是"动摇民心"的下下之策！如果皇帝走了，百姓没有了主心骨，必然人心惶惶，不打自乱。不迁都反而能稳住军心民心，让蒙古人不至于肆无忌惮。进京尚未做官的文天祥，上书"乞斩董宋臣"没有下文。理宗权衡利弊，听从了皇后的意见，度过了这场内外危机。

景定五年（1264）宋理宗驾崩。他的妃嫔数不胜数，可儿子一个也没有。最后不得不让侄子继位，即宋度宗，尊 54 岁的谢道清为皇太后，协助新帝理政。

老皇帝死了，新皇帝登基。宋朝有个规定，每当储君继位时，他原来住的"潜邸"要交公，普通百姓可以随便进入，室内东西也随意拿走，无论是桌椅板凳，还是琴棋书画，名曰"扫阁"。所以临安人并不感到悲伤，他们拥护新官家，依然口呼万岁，就差到新官家家中吃大户了！

谢道清心里当然悲伤痛苦，虽然丈夫不喜欢她，只给个有名无实的妻子名分，可现在连这名分也变更了，她知道自己的担子有多重。

谢太后辅助宋度宗 11 年，南宋风雨飘摇，战乱不断。咸淳年号又改成德祐元年，她也改称太皇太后了，因为宋度宗死后，她四岁的孙子宋恭宗继位了。65 岁的谢道清不得不垂帘听政，虽说是大臣们多次请求的决定，可她也知道，小皇帝吃喝拉撒睡都还难以自理呢，为了赵家，她只能当仁不让了。

就在这年的六月初一，突然发生了"天狗吃太阳"的日食，谣言四起，人心惶惶。谢道清削去自己的"圣福"尊号，用来顺应天变，安抚民心。

文天祥别传

063

她还亲自裁减了宫中的费用，宫中减员，每月可节约一万贯钱，用于军费开支。

蒙古人的战略部署的最后一步，就是剑指临安，彻底消灭南宋。伯颜他们攻陷襄樊、鄂州后，贾似道鲁港溃败，战绩一塌糊涂，陈宜中上疏请求将他正法。谢道清说："贾似道三朝以来勤劳从政，哪能因为一旦获罪而失去优遇大臣之礼？"于是先削减他的官职，流放边远，最后才依法贬死。

战争急转直下，临安的朝官有的逃走了！谢道清下令在朝堂张榜：

"我国家三百年来，对待士大夫不薄。我与嗣皇帝遭遇国家多难，你们大小臣子们不能出一计以救时艰，京官则弃官逃走，地方官则丢印弃城，逃避艰难，苟且偷生，哪里还像人的作为？又怎么见先帝于地下？天命并未改变，国法尚还存在。凡在官府者，尚书省即发与一份薪水；弃国而逃者，御史台纠察上报。"

根据当时的敌我现状，谢道清秘密安排江万载摄行军中大事，带兵暗中保护益、广二王及部分赵宋皇族和部分宋廷机构撤离临安；又命令陈宜中出使元军军中，约议向元朝称臣。谢道清哭着说道："只要能保存国家，称臣不必计较。"

在回天无力的绝望下，太皇太后为避免生灵涂炭，驳回了文天祥和张世杰临安守卫战的计划，为了防止城破屠城，她做出最后的决定：临安府无血开城，唯一的条件是不屠杀临安百姓！她的无抵抗投降，不仅是为赵家保存了后代，也是为民族不致灭绝之举。这也算是儒家"民为贵，社稷次之，君为轻"的一种体现吧！尊重生命，仁义道德，这就是文明与野蛮的分水岭。

南宋献表投降了，谢道清主持了仪式。

1276年3月，元军把宋恭帝等南宋君臣押往元大都，谢道清正患病在床，由元军监视，暂时留在临安。

八月，谢道清还是被元军从临安押去大都居住，太皇太后降封为寿春郡夫人。又过了七个年头，谢道清74岁那年，悲惨地走完了她的人生之路，归葬于家乡，其墓邻近其父亲的陵寝，这也算作落叶归根了。

中国古代最出名的丑皇后，她演绎的"丑小鸭变白天鹅"的历史大剧，终于谢幕了！

文天祥别传

第五章

原来古代也有"四人帮"！南宋王朝已处于风雨飘摇中了。

　　为子死孝，为臣死忠，死又何妨！自光岳气分，士无全节，君臣义缺，谁负刚肠？骂贼睢阳，爱君许远，留得声名万古香。后来者，无二公之操，百炼之钢。

　　人生翕欻云亡，好烈烈轰轰做一场。使当时卖国，甘心降虏，受人唾骂，安得留芳！古庙幽沉，仪容俨雅，枯木寒鸦几夕阳？邮亭下，有奸雄过此，仔细思量。

——《沁园春·题潮阳张许二公庙》

1

　　大凡是人，心目中都有崇拜的偶像，文天祥也不例外。他小时候崇拜学富五车的姥爷曾珏、父亲文仪；入乡学读书后崇拜家乡先贤祠里的欧阳修、杨邦乂、胡铨、周必大四位贤臣；中了状元入朝做官后，崇拜前朝的抗金英雄岳飞、辛弃疾，忧国忧民的爱国诗人陆游；投笔从戎抗元救国后，他崇拜苏武、颜真卿、张巡、祖逖、许远、孔明等中国历史上所有的抗敌忠良义士，崇敬他们尽忠守节，宁死不屈！

　　有忠必有奸，历来忠奸势不两立。在中国几千年的封建历史中，宦官就是奸佞的代名词，戏剧中都是白脸丑角。

　　宦官，也称太监或内监，是在宫中侍奉皇帝及其家族的人员。封建专制的帝国，都希望父而子、子而孙，一代代不断传位下去，所以皇家最重要的问题就是血统纯洁，以求千秋万代。因此，在宫中当差，绝不能有雄性。

太监就是从小将生殖器官彻底割掉，阉割成不男不女的半性人。然而他们日夜与最有权势的人打交道，是接触到皇宫内外私密最多的人，日久天长，奴才就会窃取权力，私欲就能转化成能力，如果再面厚心黑，那么就最容易祸国殃民了。

中国历史上宦官篡政的不在少数，唐朝的"甘露之变"，就是其中的典型。

唐朝的宦官专权，已成为一种顽疾。他们把持朝廷军政大权，控制后宫，为所欲为！一国之君的皇帝，立废他们说了算，成了被他们摆弄的木偶！

唐大和九年（835），唐文宗为了铲除这一顽疾，与宰相李训、凤翔节度使郑注等人密谋，想一举除掉仇士良、鱼志弘等宦官的势力。李训不但痛恨这些专权的宦官阉人，也想借此建立殊功，于是他撇开郑注，抢先采取了军事行动。

十一月二十一日早朝，李训让左金吾卫大将军韩约向唐文宗奏称：在金吾院内的一棵石榴树上，降下了甘露！冬日有露，大吉大利，这是社稷祥瑞之兆，乞请文宗皇帝前往亲睹。

唐文宗听了龙心大悦，便命左右神策军中尉仇士良、鱼志弘前去看个究竟，自己和百官在含元殿等候。仇士良等宦官到了金吾院时，发现韩约心神不宁，额头有汗珠流下，心中已有怀疑；恰巧一阵风从大门吹进来，露出了幕帘后边埋伏士兵的身影！他心中大惊，知道自己中了埋伏！返身逃回含元殿，命令宦官们将唐文宗塞进了软轿，飞奔进入宫中宣政殿，并关闭了东上阁的大门！

李训知道事情败露，命埋伏的士兵冲进宣政殿，见了宦官就杀，一个不留！

躲在东上阁的仇士良，很快召集了手下千余名神策军进行反击，这是战斗力很强的皇家御林军，绝对听命于仇士良。他们对朝廷文武百官大开杀戒，一口气屠杀了600多位朝臣！使五兵六府空无一人！李训、郑注等人事后也全部被杀！

自此以后，唐文宗差点被废，成了宦官手中的傀儡，朝臣尤其是宰相的权力大大削弱了，而宦官专权长达70余年！

鉴于唐朝宦官专权的教训，宋朝的开国皇帝赵匡胤将"宦官不得干政"作为宋代王室的家法！宋代几百年，除了童贯掌握兵权几十年外，基本未发生宦官掌权的事件。可到了南宋宋理宗这里，太监董宋臣就不安分了。

2

宋理宗在"端平入洛"后便一蹶不振了，他50多岁了，一味追求享乐，沉迷女色，尤其贾贵妃后来患病失去姿色，他便频频选妃，更加无心朝政了。

董宋臣是理宗贴身内侍，从小跟随在官家身边。刚进宫时他并不叫这个名字，他善于逢迎讨好，改名为董宋臣，既要死心塌地做大宋臣子，又要懂得如何做个皇帝信得过的贴身家臣，故而深得宋理宗的欢心。他在宫中修了芙蓉阁，建了香兰亭，引进了傀儡戏，组建了歌姬班，让皇帝享受到了真龙天子独有的乐趣。

有一次，官家要去禁苑观赏荷花，考虑天热不便，董宋臣很会揣摩圣意，立即命人加班加点，一夜之内就修起了一座观荷凉亭！这让官家既高兴又满意。冬天，官家要去梅园欣赏梅花，董宋臣如法炮制，又建造了一座观梅亭。官家责备他乱花钱，董宋臣却诡辩说分文未用，只是把夏天的观荷亭移到这里而已。巧言令色，哄得皇帝高高兴兴，还觉得他能办事，会省钱，是个少有的能人。

能人自然有能力。宋理宗最需要办的事情，不是抵御蒙古铁骑的入侵，而是需要床上的美人。董宋臣投其所好，派人到各州选美。功夫不负有心人，天下美女出苏杭，他果然选到了一位叫阎赛灵的绝代佳人！宋理宗见了，当时眼也直了，口也呆了，如同饿虎扑狼直接扑了上去！

太监董宋臣在一旁侍候着官家行云布雨，云雨过后，董宋臣近身询问主子感受如何？宋理宗大呼妙哉！当即赏赐他百两黄金！董宋臣跪拜谢恩，自此以后，他便更加忠心耿耿地服侍宋理宗了。

阎赛灵初次进宫就封为婉容，淳祐九年九月又封她为贵妃，虽然仅仅比皇后谢道清低一个级别，可她清楚，在皇帝心中，那个"灰姑"就是一个摆设，临幸上床从来没有她的份！自己才是名副其实的后宫第一人！

阎贵妃姿色妖媚，素口蛮腰，迷得宋理宗日夜神魂颠倒，从此再不定时上朝了。他觉得这位美人比当年的贾贵妃还要美艳，自己一时一刻都离不开她了！

阎贵妃因受宠爱，开始骄横专恣起来，不但后宫之主谢道清不放在眼里，就是朝中大臣她也鄙夷不屑，唯一看得上的，就是日日夜夜侍候她和官家的董宋臣了。谢道清知道丈夫又有了新欢，虽然她也前往道贺，但心中觉得无所谓。她在后宫被冷落了几十年，已经习以为常了。尤其贾贵妃在世的时候，她自知无力争宠，放之任之，现在年岁大了，更是放得下，想得开了。她不但想得开，还劝宋理宗把唯一的女儿、贾贵妃留下的六岁的周瑞国公主，交给阎贵妃抚养。这一建议立刻被宋理宗接纳，阎贵妃也满心欢喜，因为自己没有生育，皇后却为自己送来一个活蹦乱跳的女儿，更何况皇后本人也无孩子，能够先想到她阎贵妃，这就是自己的胜利！自此之后，对这一只眼的谢皇后也高看一眼了。

宋理宗黏上了阎贵妃以后，言听计从，宠爱无度，赏赐无数不说，而且变着法子让阎贵妃高兴。阎赛灵晋升贵妃以后，要修建一座功德寺庙，理宗为博得妃子一笑，竟然动用国库，耗费巨资来修建。当时的右丞相兼枢密使赵葵坚决反对，认为这是祸国殃民，不应听信谗言声色犬马！可宋理宗置若罔闻。

这年蒙古国内大旱，牛马十死八九，民不聊生，大批南迁。蒙古定宗贵由刚死，国内混乱不安，正是南宋拨乱反正收复失地的大好时机，可宋理宗不为所动，继续着"守内虚外"政策。因为金国的灭亡，让他吓破了胆。

忠谏不听，忠奸不分，赵葵怒火中烧，对宋理宗失去了信心，于是准备辞官而去。他的曾祖就是当年北宋的"铁面御史"赵忭，刚直不阿的性格遗传下来了。宋理宗不准奏，赵葵连辞四次，最后还是回家画他的"墨梅"去了。当年，他画梅花很有名气，很多人花重金买来收藏传家。

功德寺因为工程浩大，正梁需要参天巨木，结果看好了灵隐寺门前一棵晋代的古松树。灵隐寺主持僧元肇舍命阻拦，他给官家呈上一首诗：

> 不为栽松种茯苓，只缘山色四时青。
>
> 老僧不许移松去，留与青山作画屏。

因为灵隐寺就在京城西湖边上，理宗四时八节都要去灵隐寺焚香祭拜，与寺庙主持元肇相熟。赵葵刚走，和尚又来，官家只好打消砍树的念头。董宋臣知道后，认为又有一个表现自己的机会到了，他派人去了安南，不惜耗费巨资买来上好的樟木，这样一来，上上下下都满意，里里外外都装满了他的腰包。

修建功德寺时，荣王为了讨好阎贵妃，大力征用农民的土地，抢夺民间的木料、财物！稍有不从就大打出手，手下人仗着王府的势力，贵妃的旗号，草菅人命，滥用私刑，死伤了不少民间无辜！浙西提刑胡颖经办此案，他从重判决了荣王府 12 人死刑，并弹劾荣王的纵容之责。

此事涉及阎贵妃，宋理宗心中不快，指责胡颖说："朕听说，爱卿特别喜欢杀人呀！"

胡颖为人正直，刚毅果断，不畏强暴。他从容地回答："臣不敢违背太祖之法，那样对不起陛下，我并不喜欢杀人。"

宋理宗听了无话可说，因为宋太祖立下规矩，朝廷高薪养廉，后妃不得干政。虽然阎贵妃哭着嚷着要宋理宗干涉此案，结果还是竹篮打水一场空！

这座功德寺前前后后修建了三年，富丽堂皇，规模宏大，装饰华贵，超过建了几百年的灵隐寺，百姓愤愤不满，有人书写一对联贴在寺内的大柱上：

> 净慈灵隐三天竺，
>
> 不及阎妃好面皮。

阎贵妃耗费巨资兴建了功德寺，满足了她膨胀的自尊心，从此也使她的权势大大增加，让一些投机钻营的小人看到了门路。宋朝祖宗留下的"后宫不干政"，便成了一句空话。

3

淮西知州丁大全是个卑鄙小人，他出身卑微，而且面貌奇丑可憎，长着一张蓝色的鬼脸，绰号"丁蓝鬼"。他阴险狡猾，贪婪狠毒。就这样一个人却贪财好色。他的妻子是外戚家中的一个婢女，丁大全当然不会满意，听说自己儿子的未婚妻很漂亮，于是抢过来做了他的小妾！淮西总领郑羽家中富有，丁大全见财起意，于是动起歪脑筋，他指使刚刚投靠他的丁月讷，编造谎言弹劾了郑羽，然后无礼抄家，并吞了郑家的全部财产！

丁大全一开始想钻营阎贵妃的门下，可美娇娘不愿见这癞蛤蟆，不得已他又攀上了董宋臣。董宋臣大小通吃！丁大全通过董宋臣搭线，与阎贵妃也拉上了关系。这位丁大全的手段比董宋臣和阎贵妃还要灵便，一个是皇帝最亲信的内侍，一个是皇帝最喜爱的女人，两人一齐讲好话，宋理宗哪有不放心的道理？不几年他就节节高升，先被任命为右司谏，后又升为侍御史。

宋代文官治国，官员有御史监督，宋朝监察御史的官阶品位并不高，正八品起步，但有"职掌监察巡按郡县、屯田、铸钱"等职能，并拥有"监察百官礼仪"的职责，所以职位虽然不高，但是权势却很大，可以经常上朝接触官家。如果心术不正，很容易在官家面前弹劾官员，公报私仇。

苏东坡的"乌台诗案"，就是御史网罗罪名的文字狱。到了南宋，入朝为官的文天祥，就是因为得罪了御史，所以经常被弹劾罢官。

丁大全和另外两个御史台的台臣臭味相投，拉帮结伙，一个叫陈大方，一个叫胡大昌，他们平时不言不语，表面装老实，却被人起了绰号："三不吠犬"。俗话说"咬人的狗，不露齿"，一点儿不假。这样的狗不是不咬，而是看准了再咬！凡是与他们不对眼的人，他们就可随意弹劾，于是招降纳叛了许多同党小人，正直的官员反而人人自危。

丁大全是个野心家，他48岁才中进士，原是宁德县第三把手，人称"丁三爷"，但当时就自命不凡，曾写过一副对联：

> 龙从百丈潭中起，
>
> 雨向九重天上来。

他一当官就想着从龙行雨，现在到了官家身边，一方面要小心翼翼，千方百计获得宋理宗的信赖，另一方面又把右丞相董槐当成绊脚石，想方设法要踢开他。

右丞相董槐是个主张抗战的刚直大臣，一直同意监察御史洪天赐的见解，认为宦官、外戚、小人是败坏天下的三种人，一直要求宋理宗除去"三害"。于是，丁大全和董宋臣就把他当成眼中钉，肉中刺，必除之而后快！弹劾董槐的时候，丁大全指使陈大方和胡大昌，诬蔑董槐结党营私，图谋不轨！谎话多了变真理，历来如此。

宋理宗罢免董槐的圣旨还没下来，丁大全就派百余士兵包围了丞相官邸，明火执仗地绑架了董槐，把他押送出城门，丢弃在城外！就这样，升任右丞相不到一年的董槐，在文天祥殿试后一个月，就被罢官了。罢了老丞相，封了新丞相，新上任的自然是他丁大全了！

丁大全还未上任就如此跋扈，震动了朝野。太学生刘黻、陈宜中、黄镛、林则祖、曾唯、陈宗等六人上书皇帝，揭露丁大全明目张胆的违法乱纪，当时被誉为"六君子事件"。丁大全手段毒辣，他指使台谏官翁应弼和吴衍弹劾六人，将他们罢除学籍，流放边州，同时禁止三学（太学、宗学、武学）学生妄议国政，"莫谈国事"！这在宋代的朝野，镇压学生运动还是很新鲜的事情。

理宗皇帝听之任之、不管不问，任凭刚上任的右丞相丁大全胡作非为。皇帝态度如此，丁大全更加目空一切，肆无忌惮地操纵朝政，宋理宗时期朝政的混乱可想而知。

丁大全任用袁玠作九江制置使。袁玠这个人贪婪而且苛刻，他向当地渔湖土豪收纳税银，因丁大全督促得十分急迫，他就拘捕了一些渔湖的土豪残酷催逼。苛捐杂税终于惹怒了大家，这些渔人竟背弃了大宋，把所有的渔船都用来援助北方入侵的蒙古兵。民心所向给朝廷带来极大的威胁，而丁大全却只管招降纳叛，不管社稷安危。

与文天祥同榜进士、比他大十岁的谢枋得，本来应是第一名状元，因为在殿试中直接抨击丁大全和董宋臣，被改为二甲第一名。但从此与这二人结下梁子，丁大全处处与谢枋得作对，时时不让朝廷重用他！

徐俨夫是淳祐元年的状元，这时任秘书丞、礼部郎中，他本来就瞧不上丁大全的品行为人，现在竟然做了右丞相，感到异常气愤，马上辞官不做，打道回归桃湖故里。虽然家中一贫如洗，可他疾恶如仇，决不向丁大全低头弯腰！他家门上写有一副对联：

> 一任证龟成白鳖，
> 那能拜狗作乌龙。

这副对联是俏皮的讽刺联。"证龟成鳖"是民间俚语，意思是如果大家都这么讲的话，就能够颠倒黑白。"乌龙"是狗名，寓意为我不能与走狗同流合污。只要你丁大全把持着朝政，我徐俨夫饿死也不会出来做官。好一副知识分子的刚直脊梁！徐俨夫与江万里、欧阳守道、文天祥志同道合，自然就和丁大全之流背道而驰了。

同朝也有恪尽职守、大胆言事的监察御史。程元凤就是一个，他才华出众，刚直不阿，曾经官拜右丞相，他推荐德才兼备的官员入朝，但与丁大全针锋相对。他后来不愿与贾似道为伍，也辞官回家去了。

4

宋理宗身边的奸佞小人还有个马天骥，他21岁就进士及第，从签书判官厅公事，升到广州知府兼广东经略安抚使，27年的官场应该说挺有作为，也颇有政绩。他曾借用司马光五条规谏的名义，分条上奏种种社会弊端，言辞中肯。他还以周世宗为喻，恳请官家"奋起更新"，以期富国强兵。

文天祥中状元这年，马天骥入京与阎贵妃、丁大全、董宋臣搞到了一起了，因为贪恋权势，他丢弃了年轻时奋发图强的理念。他自恃有文才，博览群书有功底，成了出名的笔杆子。四个人内外勾结，专擅弄权，把朝廷搞得乌烟瘴气！他这时升为端明殿学士、同签书枢密院事，加封信安郡侯，达到从政的最高职位。马天骥为什么升迁这么快？原来"鸡不撒尿，有条巧道"。

宋理宗只有一个独生女，他视为掌上明珠，封她为周瑞国公主，意为两国的公主。她15岁出嫁前，丁大全帮着选驸马，原计划嫁给新科状元、安徽当涂太平郡的周震炎。但公主见了那位状元不满意，嫌他年龄太大，长得太丑，不肯下嫁。阎贵妃是养母，自然站在公主一边也不同意，这样宋理宗就不能勉强了。谢道清一直与杨太后家走得很近，她说杨太后的侄孙杨镇不但帅气，而且武艺精湛，学问很好，人品极佳。公主跟着母后偷偷相亲后，对这位年轻的武将感到十分满意，于是官家择了女儿大婚的日期。

公主出嫁是大事，马天骥绞尽脑汁，他要送一份与众不同的大礼，不但能博得皇帝的好感，也能让公主、驸马永远记住他。

送礼那天，二三百人浩浩荡荡地将礼物抬进宫来，原来是一百只精致华贵的螺钿柳箱子。所谓螺钿，就是用螺壳、海贝、夜光螺、三角蚌、鲍鱼壳等海中珍贝，再加上金银、翠玉、象牙、珊瑚等稀奇宝物，一起镶嵌在箱子上，因为能发出五光十色的光彩，所以十分名贵和罕见。马天骥对官家说，这些箱子是用来装盛别人送来的礼物。宋理宗听了果然龙颜大悦，立马升他为执政，于是，他瞬间进入了朝廷的高层领导核心了。

5

四人中最肆无忌惮的还是太监董宋臣，他招权纳贿，强取豪夺，网罗小人，无恶不作。朝中许多官员都拜在他的门下，不但百姓喊他"董阎罗"，就是许多官员也都私下这么叫。他把持朝政，呼风唤雨，左右皇帝，骄横朝野，不可一世。

太子舍人姚勉画了一幅高力士给李白脱靴图，他将此画送给理宗，暗暗提醒官家不要重用宦官。董宋臣知道后，不怀好意地对理宗讲："官家，这是姚勉在诋毁圣上啊！"

理宗笑着说："这是在骂你呢，与朕何关？"

董宋臣挑唆说："圣上怎么看不明白，姚勉这是把圣上比作唐明皇，把阎贵妃比作杨玉环，把奴才比作高力士，而他自己比作才高八斗的李白啊！"

理宗听了十分不悦，生气地说道："朕虽然不德，但没有唐明皇那么严重吧？"

停了一会儿理宗又说："前朝的苏轼都说'恋色不迷最为高'，朕难道还不高吗？"

"高，实在是高。"董宋臣赶快巴结地说。

由于董宋臣的煽风点火，宋理宗还是将姚勉罢官了。虽然南宋没有严重的文字狱，没发生苏东坡那样的"乌台诗案"，可还是有"只许州官放火，不许百姓点灯"的案例。关键是要看看涉及的对象是谁。

宋代信仰自由，佛、道、儒多种教派并存，但程朱理学占有重要地位。董宋臣曾经命画家马远按他的要求画了一尊佛像：释迦牟尼佛的怀中坐着老子，旁边的孔子上前问礼。

画好以后，董宋臣又希望画家在上面题字，画家推辞不掉，只好胡乱写道："佛祖盘膝坐，老子斜眼瞧，惟我孔夫子，一旁要笑倒。"这引起朝中众臣大哗，认为是太监对道教儒教极大的不尊，可董宋臣依然我行我素，没有人敢当面说半个不字。

就在董宋臣权势熏天的时候，丁忧三年的文天祥赴京履职了。这时忽必烈率部进攻鄂州，听说胆小如鼠的董宋臣撺掇理宗迁都四明，尚未做官的文天祥，立即写了万言书《己未上皇帝书》，冒着杀头的危险，"乞斩董宋臣以谢宗庙神灵"。

董宋臣恨得咬牙切齿，只是因为害怕惹起众怒，他只好暗暗记下这笔债，准备秋后算总账。

阎、马、丁、董四人一块明里暗里结盟了，他们把持朝纲，结党营私，排除异己，陷害忠良。很多正直的官员心中不满，但反抗没有效果，有的被罢官、有的被流放、有的被判刑坐牢、有的被杀头抄家……有一天，文武大臣们早朝时，忽然看到朝堂大门写了八个大字："阎马叮咚，国势将亡！"

明眼人一看就知道这是指阎贵妃、马天骥、丁大全、董宋臣，一女三男的"四人帮"！他们的滔天罪恶，都记录在中国史册上了。他们的后台，就是最高统治者宋理宗！

有"四人帮"出面理政，宋理宗整日花天酒地，看傀儡戏，听口技，寻欢作乐，夜夜笙歌燕舞。三宫六院已经满足不了他的淫欲，善于逢迎的董宋臣又出馊主意了，元宵佳节那天，他又偷偷招来了临安的名妓唐安安。

唐安安的祖籍是河南祥符，也就是汴梁人。蒙古人南侵，她父兄均被杀害，幼年随逃难的人逃到了江南，被人贩子卖到青楼。唐安安因为长得美丽清秀，老鸨就请名师从小教她诗词歌赋、琴棋书画，待到十五六岁，就出落得亭亭玉立楚楚动人了，她成为临安城里的头牌美姬。她自己说，仅卖唱，不卖身，也有的说她是艺妓（角妓）不是色妓，尚未被梳拢。许多达官贵人、商贾财主都想占有她，可她名气太大了，天子脚下不敢造次。如此出色的交际花，皇帝哪能不知道？我是天子哪能让别人染指？恰逢阎贵妃患病在身，董宋臣投其所好，牵线搭桥，并编造理由告诉六宫之主的谢道清，说是邀请唐安安指导宫女排练歌舞，唐安安便堂而皇之地进入了后宫。

宋理宗见到了唐安安，果然是超凡脱俗，靓丽非凡，如同瑶池的仙女。因为她歌色绝伦，从此留宿宫中，夜夜缠绵。他们俩白天在宫中公开听戏赏花，同进同出，引得众嫔妃们羡慕嫉妒恨，可又奈何不了，因为这是皇帝看上的，也是皇后同意的。唐安安有青春的朝气和过人的才气，所以让夜夜做新郎的皇帝爱得深、恋得久，这可不是任何女子都能做到的。当然也有家花不如野花香的缘故吧。

勾搭妓女是他们赵家的传统，当年宋徽宗就看上名妓李师师，就是那个作画押书署款"天下一人"的赵佶皇帝。他不敢明目张胆地逛妓院，更不敢接进宫中，于是挖了一条地道通过去，经常与李师师偷偷摸摸相会。而宋理宗骇人听闻地大胆，直接把唐安安接进了宫中，堂而皇之风流淫乐。这样的皇帝竟热衷理学，还冠以理宗，怎能不令天下人笑掉大牙？

世上没有不透风的墙，尽管丁大全和董宋臣亲自掌握着御林军，控制了后宫，可内情还是让外边的人知道了。

起居郎牟子才上书了，他劝诫宋理宗"此举坏了陛下三十年自修之操"，三十年好名声毁于一旦！

理宗却让人转告牟子才不得告知他人。明知有损皇帝形象，却又按捺不住私欲，他在处理军国大事上还能有所作为吗？

后人用诗给这两位皇帝做了记录：

宋史高标道学名，风流天子却多情。
安安唐与师师李，尽得承恩入禁城。

文天祥别传

宝祐五年六月，因为言官的弹劾，刚刚任执政八个月的马天骥还是被罢了官，回到原来的洞霞宫，吃他的薪俸去了。有人说他得罪了贾似道，就在他离开京城不久，又被遣送上饶监视居住。马天骥后来回到家乡龙游县，乡人对他还不错，因为他为家乡父老还做了些好事。他募捐修了座通驷桥，便利了交通运输；还在县城大南门外，效法临安挖了一个西湖，实现了乡人的夙愿。马天骥还是很有文才的，回到故乡闭门写词，《城头月》的词牌就是他创立的。他终死在了老家！离世后《宋史》仍然有马天骥列传，他没有被列入奸臣传中。

<h1 style="text-align:center">6</h1>

景定元年，25 岁的文天祥刚到了仙都观任职时，阎贵妃就因为唐安安入宫，连病带气一命呜呼了！"四人帮"的主角一离世，树倒猢狲散，纵观历史都是这样的结局。

其实宋朝早就有"四人帮"啦，他们就是陷害忠良、杀害岳飞父子的秦桧、王氏、张俊和万俟卨，同样一女三男，背后也有人支持，就是当时的最高统治者宋高宗。

开庆元年（1259）九月初四，忽必烈在黄州沙武口渡过长江进攻鄂州，丁大全竟然掩盖了这么重大的军情！把理宗蒙在了鼓里。

贾似道一看机会来了，他把鄂州的危机一一奏报给宋理宗！小舅子的报告让理宗大吃一惊，这可是非同一般的隐匿不报，为了平息众怒，官家不得不下一道《罪己诏》，并且罢免了丁大全的官职。罢官还不能顶罪，也不能平民愤，理宗又把他流放去海岛。在流放途中，大家都对这个祸国殃民的大奸臣恨之入骨，负责押送的官员毕迁，对这干尽坏事的"丁蓝鬼"厌恶至极。

上船后，毕迁说："丁丞相，坐。"

丁大全看看船舱，并没有桌椅板凳，在船上摇摇晃晃站不稳当。刚想发怒，还是忍住了。

毕迁又说："丁大人，请坐。"

丁大全不满地嘟囔着问："坐哪儿？"

毕迁大声喝道："丁蓝鬼，请下坐！"

他指着船舱地板，让丁大全席地而坐。丁大全飞扬跋扈惯了，一人之下万人之上的待遇，哪受过这种气？他两眼通红，蓝脸更丑，如同青面獠牙的魔鬼，气得暴跳起来。他破口大骂："等老子东山再起，让你们一个个跪着见我！"

毕迁是武将出身，他不管三七二十一，上前"啪啪"打了两个大嘴巴，打得丁大全口鼻蹿血！他一边打，还一边喊："让你再起，让你再起！"

士兵们一看押送的官员都动手了，也都围了上来，国仇家恨全变成了拳脚功夫，不一会儿，就打得"丁蓝鬼"成"丁烂肉"了！

就是这样，众人还不解气，最后被毕迁一脚踢下海去，眼睁睁地望着他沉进了大海的波涛之中！这就叫善有善报，恶有恶报，不是不报，时候未到。丁大全到了应该报应的时候了。

这一年,宋理宗本来占卜年号改成"开庆"，应该开门大吉，庆贺新气象，不料蒙古人步步紧逼，围住了鄂州，于是第二年又改成景定年号了。

"四人帮"倒台了三个，剩下的董宋臣惶惶不可终日，再也没有了往日的威风和蛮横了。刚刚接任右丞相的贾似道，一定要赶尽杀绝。他也是心狠手辣的主儿，绝不会留下后患的！董宋臣的罪名无须罗列，大臣们早已经恨得牙根痒痒，然而宋理宗和董宋臣一起长大，日夜相处这么多年，还是眷顾有加，不忍心让这个忠心耿耿的老奴才身首异处。等贾似道因军务去鄂州不在临安时，他悄悄地把董宋臣流放到安吉州！他比理宗早死了几个月，算是他的特大幸运，理宗特追封他为节度使以示恩宠。

南宋的"四人帮"倒台了。外有蒙古人攻城略地，内有朝廷君臣腐败无能，南宋王朝风雨飘摇，离垮塌的日子不远了。

第六章

刚踏上仕途，因一篇《己未上皇帝书》，成了仙都观的祠禄；官家赏赐的那只金碗，成了大龄青年的结婚聘礼。

前路风尘走且僵，我来一日此徜徉。

欧公自是游嵩观，迁叟原非过太行。

始信神仙还有国，不知蛮触是何乡？

世间如此纷纷者，赢得山林作道场。

——《题凝祥观》

1

开庆元年（1259）正月，文天祥和文璧兄弟二人为父亲服孝期满，一同来到临安城。文璧要参加三年一次的殿试，文天祥要补授官职。

文天祥这次与弟弟走的是水路，他们从赣江乘船进鄱阳湖，出湖口取道长江，经过真州，从镇江入运河直达临安。一路赏古迹，拜访朋友，游山玩水，吟诗论文，意气风发，憧憬着将来收复中原，建功立业。

路过镇江，兄弟二人同游了鹤林寺，文天祥诗兴大发：

履齿俱无登尽山，卧游多病远公关。

相思南国故人少，满寺萧萧落叶班。

在镇江，恰好碰到吉安的同乡萧平林。他是宝庆二年的进士，敷文阁学士，诏起为江南西路经略安抚副使兼知吉州军。文天祥与他见面叙旧时，一起谈到蒙古南侵屠城的残暴。还听说大汗蒙哥围攻四川钓鱼城，忽必烈大兵压境湖北鄂州，都快要打到吉州了！不免感到在劫难逃。他们一夜畅谈，谈到了丁大全和董宋臣对朝廷社稷造成的伤害时，都愤慨难平！文天祥很尊重这位前辈，分手时，萧平林口吟七绝相赠，约定后会有期。

文天祥一夜难以入睡，披衣坐起来，和了一首七律酬答：

和萧安抚平林送行韵

得失元来付塞翁，何心桃李问东风。

人皆有喜荣三仕，我尚无文谢五穷。

秘苑固知朋可正，畏途犹恐甲方衷。

欲酬长者殷勤祝，坎止流行学四忠。

文天祥与弟弟文壁谈起未来的仕途艰辛，笑着说："我不求将来多次出仕，因为我有五穷。"

文壁问："何谓五穷？"

文天祥答道："韩愈的《送穷文》中讲穷鬼有五：智穷、学穷、文穷、命穷、交穷。"

文壁："你也要安贫乐道。"

文天祥："我会的。去年我不是拒绝了走丁大全的门路吗？"

"哥哥是什么人？怎么会与'阎马叮咚'为伍？"

"还记得咱家乡的'庐陵四忠'吗？"

"我知道，欧阳修、杨邦乂、胡铨、周必大四人。"

"对！我们小时候常去的乡贤祠，里面供奉的就是那四位先贤。"

夜深了，文天祥毫无睡意，他与弟弟畅谈家国情怀，并发誓要做忠臣孝子，因为这也是他们文家的家风。

到了临安城，仍然住在李员外家旅店里，不过旅店现已经改名状元楼了。店主见了文天祥，高兴得脸上开了花，将兄弟二人安排在最好的客房里，不停地数说着自己三年来生意兴隆；还指着门楣上的牌匾说，这还是文状元三年前的题字哩！

回忆三年前的殿试，文天祥历历在目。在殿试时高中状元，跨马游街，何等风光；也是在这里，父亲病故，自己扶灵回乡，又何其悲哀！这次旧地重游，自己已24岁了，在家守孝三个春秋，空闲时除了诗词歌赋，就是完成父亲的遗愿，帮助两个弟弟攻读，以尽长兄的责任。现在，自己即将踏上仕途，可是异族南侵，天下大乱，朝廷又不争气，不知等待他的是什么？

文璧三年前已经礼部考试过关，已经是奏名进士了，这次等待着殿试廷对。这几个月他不敢有丝毫松懈，日夜孜孜不倦地备考，不像哥哥那样，天天与朋友迎来送往，拜同年，访故友。

文天祥听说罗宰也在京城等待任命，两人见面后特别亲热，互说别后的经历。罗宰谈到文天祥当年对他的帮助，仍然感激不尽；谈到宋军的溃败，疆土的丧失，都是忧心忡忡；谈到"阎马叮咚"当政，更是义愤填膺，情绪十分激动。文天祥决定上书官家，"舍得一身剐"，也要把奸佞小人董宋臣等人拉下马来！

文璧殿试胸有成竹，一举中了进士，本科进士们在期集所（状元局）集合时，性格内向的文璧流下热泪，因为他想到了父亲文仪，如果父亲还活着，该是多么高兴！父亲的努力没有白费，他期望两个儿子都金榜题名，现在，愿望终于实现了。

按照宋朝的惯例，状元当年就授官正九品，三年后再改授秘书省正字，也就是从八品的文官。上一科状元文天祥，因为守孝期满了，补授丞事郎、签书宁海军节度判官厅公事。中进士后是要集体到宫门向皇帝谢恩的，称作"门谢"，"门谢"后才能任命官职。文天祥三年前没有履行这一手续，所以这次必须补上，而且需要回家等待。而他弟弟文璧，直接授迪功郎、签书临安府司户参军，分管临安的户籍和财务。

母亲曾德慈知道二儿子高中，喜欢得合不拢嘴，每日在文仪的灵位面前焚香祷告。一家两个进士及第，可给文家祖宗增光了！文家祠堂从此香火不断，文家宗族无限风光。恩师欧阳守道也十分高兴，他的又一个弟子学而优则仕了！

在欧阳家中，欧阳浚见了文天祥羞羞答答，因为三年守孝期已过，他们就该筹办婚礼了。可文天祥对准岳父讲，结婚不急，虽然已经金榜题名，但官职未授，事业未成，既然已经订婚，婚期还是再延后两年为好。

欧阳守道听了并无异议，虽然侄女早已过了成亲的年龄，可嫁给了状元郎，是欧阳家族的荣耀，何况自己夫妇多病缠身，正需要帮手照顾，便顺水推舟答应下来了。欧阳浚心中虽然有一百个不乐意，却也只能默默接受，她唯一能做的就是为未婚夫制作新衣新鞋，以此表达对文天祥的爱恋之意。

2

文天祥在家丁忧期间，正是蒙古大汗蒙哥起兵亡宋的三年。蒙古人是草原民族，他们靠狩猎为生，单兵作战的狩猎或少数人参加的狩猎，不如大型的集体围猎。他们会设下一个很大的包围圈，整个部族的成员全部参与，把一片草原或者一个山丘包围起来，包围圈逐渐缩小，把猎物赶到一个预定的山谷之中，最后射杀猎物。蒙古人把这种狩猎方式带到战场，形成他们的战略安排，他们常常设下包围圈，小到城市，大到一国。他们对付南宋就是这样，先把周围一圈吃掉后，最后再动南宋腹部这块大蛋糕。

三年来，蒙古远征云南、吐蕃、西南夷、安南，铁蹄所到之处，风卷残云，有的军队望风而逃，有的官吏弃城投降！

　　风雨飘摇中的南宋王朝，苍天也不护佑。宝祐五年十二月戊子（1258年1月13日），历史记录"西湖冰合"，整个西湖冻住了！临安的气温骤然下降，迎来百年不遇的寒冬！北方大地更是冰封千里。后代的科学家给出了结论：从南极脱离下来的澳洲板块是罪魁祸首。印度尼西亚火山爆发，竟是人类历史上最严重的一次火山喷发！紧随其后的是太阳周期性萎缩，大大加重了这种寒冬效应。熔岩蹂躏万物，海啸吞没生命，酸雨破坏收成。结果是农业减产，带来了严冬，也带来了饥荒。北方游牧民族纷纷南下，赶着牛羊越过长城。汉族和游牧民族在生产和生活中，必然产生不可调和的矛盾；南迁的流民一批接着一批，他们扶老携幼，不顾阻拦向南逃亡，这是生命法则在驱使，任何力量都无法抵御。

　　气候的变化和经济的停滞，与社会安定戚戚相关，彼此依存。兵荒马乱的时代，往往都是寒冷的荒年，是社会难以稳定的时期。一场史无前例的"西湖冰合"，它成了点燃战争烽火，毁灭南宋的重要因素。

　　这年九月，忽必烈带兵迫近鄂州，临安城里一片惊恐。文天祥听说太监董宋臣说服宋理宗要迁都四明，怒不可遏，十一月他又给官家写了万言书，除了富国强兵的几条建议外，最主要的一条，就是历数太监董宋臣的罪行，要求斩杀董宋臣！一个尚未做官理政的过期状元，肯定难入官家法眼，文天祥的万言《己未上皇帝书》被宋理宗丢弃到了龙案的一旁！

　　文天祥知道"阎马叮咚"之一的董宋臣不是个善茬，就像他自己所讲："有仓卒等死之虑，无毫发近名之心。"他已经做好最坏的打算，或入狱，或被杀头！他写的万言书呈上之后，竟然泥牛入海无消息，甚至连他最敬佩的左丞相吴潜，也不表示支持。

　　文天祥灰心极了，他并没有去安排的宁海军就职，而是回到了自己的家乡！

　　他炒了朝廷的鱿鱼。幸好先帝赵匡胤有不杀文官的祖训，而宋理宗虽"无君人之才，而犹有君子之度"。再说董宋臣还害怕惹起众怒，没有腾出手来报复文天祥。还有一个关键因素，谢道清皇后坚决反对迁都！

文天祥不想马上成婚，其实还有一层担忧，就是他做好了掉脑袋的准备。董宋臣是什么人？朝野皆知，他上书要求官家斩杀董宋臣，岂不是太岁头上动土？他把此事告知了准岳父，欧阳守道也为他捏着一把汗。

3

文天祥回乡不久，朝廷任命又到：改任镇南军节度判官厅公事。他仍旧不愿意赴任，"阎马叮咚"掌权，他难能有什么作为。他请求祠禄。

什么是"祠禄"？宋朝道教盛行，全国各地建了许多宫观，并且派官员管理，称为祠禄，其实就是领一份俸禄，吃干饷不管什么事，一般安排退职或罢职的官员，是个闲差。当时规定官员可以在 70 岁退休，并享有一定的照顾，和现在的离休干部一样，因而一批无所作为的官员，大都提前申请致仕（退休）的要求，以便安享晚年。不过刚入仕途者都不会选祠禄这个差事，文天祥是个先例。朝廷出钱养着一批闲官，反正宋代国富，税收天下第一。这一次遂了文天祥所愿，安排他去建昌军做仙都观的主管，管理道士香火去了。这是他仕途上所任的第一个官职。

文天祥为什么对仙都观感兴趣不再辞官了呢？原来这里有被誉为"天下第一楷书"的颜真卿碑亭，他写的《唐抚州南城县麻姑山仙坛记》，全文九百余字，笔力刚健浑厚，开阔雄伟，布局充实，大气磅礴，历代闻名。

颜真卿是唐朝进士，因得罪权臣杨国忠被贬。"安史之乱"时率义军抵抗叛军，青史留名。后来被派遣去招降叛将李希烈时被关押起来，他大义凛然，痛骂李希烈叛唐投敌的卑鄙行为，结果被杀害！死后谥号"文忠"。

颜真卿曾在唐朝大历三年任过抚州刺史，是文天祥十分仰慕的一位有气节的古人。他十分喜爱他的颜体《祭侄文稿》，这是颜真卿追祭他的从侄颜季明的草稿，23 行 234 个字。文稿追述他的堂兄颜杲卿父子在"安史之乱"中舍生取义，杀身成仁的可歌可泣事迹：

当年弹尽粮绝，常山失守，常山太守颜杲卿全家被俘虏，他誓死不降，被押到洛阳。安禄山将他捆绑在木柱上，当面用刀子一块一块地割肉，颜杲卿怒骂安禄山，被先斩断一足，然后钩断其舌头，最后凌迟而死！

颜杲卿的儿子、侄子一族三十余人全部砍头！场面惨不忍睹。

两年后颜真卿寻找其兄被肢解的尸骨，只找到侄子颜季明的头颅。面对爱侄的头骨，颜真卿内心万分悲痛，挥笔疾书了《祭侄赠赞善大夫季明文》一文，此稿是在极度悲愤情绪下书写的，哪管笔墨工拙横竖，落笔如刃，力透纸背！虽然多处涂改，这也正是颜真卿的真情实感。他无法抑制自己的国恨家仇，手在颤抖，心在滴血！这篇文稿在我国书法史中可谓空前绝后，甚至誉满海内外。

文天祥十分敬佩颜真卿的正气傲骨，他曾多次以"言事得罪"，58岁第五次贬官，就移贬吉州别驾来到文天祥的故乡。颜真卿在这里给两儿子写信《与绪汝书》，告诫他们应该坚持原则，不要见风使舵当历史的罪人；希望儿子理解他，人不应该放弃自己的责任！文天祥特别喜爱颜体的气势充沛，凝练浑厚，经常临摹颜真卿的书法。他在仙都观任职，既可以提高自己的书法水平，又不用操心累肺忙于公事，无案牍之劳形，还有不菲的俸禄可拿，何乐而不为？

仙都观的主要建筑有三清宫和元君宝殿。唐朝开元年间道士邓紫阳，主持在麻姑山上修建了这座仙都观。殿内供奉着麻姑神像，她一手托仙桃寿酒，寓意献寿；一手撒米成丹，赐福人间。

麻姑最早的传说是在晋代道士葛洪的《神仙传》，说她哥哥王远是个学通五经的高人，入山修道，能知过去未来，后来在平都山飞升成仙。妹妹麻姑，有说她美若天仙的，有说她一脸麻子的，长着长长的指甲，也跟随哥哥"脱蝉"成仙。

《列仙全传》却是另一个说法：麻姑是北赵十六国有名的残暴将军"麻秋"之女，麻秋在麻城建筑城墙时，役使百姓昼夜不停地施工，每天只有等到鸡叫时才让休息。麻姑同情施工的百姓，自学口技学鸡叫，使服役的百姓们能够早早休息。"半夜鸡叫"后来被她父亲发现，一顿暴打，麻姑逃到仙姑洞中修道去了。她最后得到王母娘娘的指点，从桥上升天成仙。每逢王母娘娘寿辰之时，麻姑都要在绛珠河畔用灵芝酿酒，奉献给王母，据说这就是"麻姑献寿"的来历。

颜真卿根据神话传说，写下这篇《麻姑仙坛记》，生动描述了麻姑山的景色，文中提到了谢灵运，还提到了道士邓紫阳。他最后感慨地讲："非夫地气殊异，江山炳灵，则曷由纂懿流光，若斯之盛者矣？"因为人杰地灵，所以才能传承流光，有这盛世景象。

4

文天祥初进仙都观元君宝殿，映入眼帘的是一副柱联：

> 雪瀑天垂羽盖瑶觞临七夕，
> 丹霞岭峙金龙玉简镇千秋。

在三清宫的廊柱上，一副副对联张扬着道教的教义，警示着做人的根本，有一副写的是：

> 天地无私，为善自然获福，
> 圣贤有教，修身可以齐家。

文天祥对《易经》多有研究，对道教的哲理，他在殿试廷对的万言书中曾做过论述：

> 一生二，二生三，三生万物，
> 地法天，天法道，道法自然。

道教认为，道是在万象之先已经存在，一是种气，是万物根本的那个元气，有此元气，万物才能化生，生命是道在世间的具体体现。地遵循天，天遵循道，而道则遵循着自然。世间万物的起源、变幻，都是自然而已。这是放之四海而皆准的大智慧。

"道法自然"，说起来容易，做起来却很难。文天祥曾经请教仙都观的主持朱山月：全真教派的宗旨是什么？

朱山月讲："丘处机是全真七子中的掌门领袖，当年大宋、金国、蒙古都希望他出山，他都一一谢绝。成吉思汗的第三封邀请信发到了山东莱州，丘处机决定会一会这个杀人魔王，希望能制止他的疯狂杀戮。"

文天祥问："听说路上走了两年？"

"对！他在阿富汗追上成吉思汗。"道士接着说，"成吉思汗设盛宴接待这位 73 岁的'老神仙'。"

文天祥发话："丘处机借机传道了？"

朱山月回答："对！丘处机讲了全真教的宗旨是'保全真性'，'明心见性，苦己利人，二者双全，是谓全真。'"

"成吉思汗问老神仙有没有长生不老药？"朱山月接着说。

"丘处机怎样回答？"

"很干脆！没有！但是有养生之道。"

"丘处机的养生之道是什么？"文天祥看来比成吉思汗还要着急知道答案。

"'清心寡欲'四个字。"

"成吉思汗正在西征的战场上杀人，他能清心寡欲？"文天祥反问。

"对！成吉思汗也是这么说的。"朱山月回答，"成吉思汗问老神仙要长寿的药方。"

"成吉思汗杀人如麻，视生命如草芥，自己反倒希望长生不老！"文天祥气不打一处来。

"丘处机说贫道不是小医，是大医。小医医病，大医医国。"

"说得好！成吉思汗其实有疯狂的嗜杀病！"

朱山月接着讲："丘处机告诉成吉思汗的治国之策，也是四个字——敬天爱民。"

文天祥敬佩地说："全真教的宗旨！"

朱山月继续说："成吉思汗讲他一直敬奉着长生天，一直把人民当作孩子，把将士当成兄弟，身先士卒，敬天爱民还不够吗？"

文天祥说："杀生就是不敬天！"

"你说的和丘处机说的一样，丘处机也劝诫成吉思汗'不嗜杀！'"朱山月讲起来，好像身临其境，"所谓天道，好生而恶杀，古代轩辕黄帝就是因为不嗜杀，所以才万寿无疆。"

文天祥又问："成吉思汗能听进去？是不是对牛弹琴？"

"丘处机也看出来了，一次劝解是不行的。他说陛下要修行，要牢记八字真言。"

"哪八个字？"文天祥追问。

"丘处机讲'外修阴德，内固精神'。"朱山月一字一顿地讲。

文天祥点头说："这不但是给成吉思汗讲的，八字真言对每个人都适用！"

文天祥在仙都观任职期间，成吉思汗的孙子忽必烈已成为皇帝了，建年号为中统；南宋的丞相吴潜被罢了官；贾似道还朝当了丞相。

文天祥不可能置身事外。他天天研究老子的《道德经》："大道废，有仁义；智慧出，有大伪；六亲不和，有孝慈；国家纷乱，有忠臣。故失道而后德，失德而后仁，失仁而后义，失义而后礼。"他在观中，天天悟道。

在一年零八个月的祠禄官任上，文天祥有大把的时间。他父亲文仪曾写了一幅《题洞岩观》，被观中的道士临摹下来，后来朱山月道士又把它装裱成立轴，送还给了文天祥。文天祥睹物思人，写了一篇《敬书先人题洞岩观遗墨后》，敬佩父亲淡泊超俗，神情简旷。但也为父亲没能过上"逍遥林下"的日子，而感到难过和内疚。

每天早晨，文天祥都在"法道自然"照壁前面打太极拳，晚间在山涧瀑布下练龙泉剑。每日与道士品茶下棋，畅谈《道德经》，闲暇之时，习字写文章。自己感到得其所哉，不亦乐乎。

九月九日重阳节，他游览了《集灵观》，回来后又有感而发，写了一诗：

小洞烟霞国，重阳风雨秋。
欧公嵩狱步，朱子武夷舟。
香火真吾职，觥筹且此游。
龙山马台事，糠秕旧王侯。

文天祥秋游麻源华子岗，他登上山岗，心旷神怡，天宇高旷，宠辱皆忘。这时的他竟有出世的想法，年纪轻轻，出仕和出世相互矛盾，这就是战乱时势造成的，初出茅庐的有为青年，大约都有这种复杂经历。

5

景定二年十月，朝廷的诏令终于来了：命任秘书省正字。

随诏书送来的，还有一未封的信札，上面只有十个字：

师宪　恭贺天祥履任新职

文天祥大吃一惊，"师宪"是当朝左丞相贾似道的字，悦生是他的号。他明白了，自己任新职，是贾似道向理宗推荐的！这是文天祥正式做官，听说这位左丞相曾在鄂州之战中大胜忽必烈，让蒙军损伤了10万人马！还听说，他是南宋的王安石，敢作敢为，这正是文天祥所期待的官。

文天祥写了《谢丞相》《谢皮枢密龙荣》《谢何枢密梦然》《谢江

枢密万里》《上丞相》等一系列感谢书信札。这时贾似道刚刚当上丞相，他也需要网罗一批朝野的精英为他所用。文天祥也对他抱有很大期望，不过他上书说，"公尔忘私、国尔忘家"，表明自己秉公为国，不会趋炎附势。

景定三年四月，文天祥兼任景献太子府教授。五月，任殿试复校考官，并晋升为校书郎。这一年是科考之年，27岁的文天祥被任命为复考官，而且是殿试的复考官！这次殿试考中的几百名进士中，有一位是文天祥白鹭洲书院的同窗好友邓光荐，他们是志同道合的文友，也是文天祥死后整理他诗词文章的主要写手。另一位就更传奇了，他是王国望，是文天祥在乡学读书时的老师。现在位置转换，师生对调，学生批阅老师的考卷了！而且是全国的顶级考试，皇帝面前的殿试。当打开试卷，唱名是王国望时，文天祥都惊呆了，考生竟是自己的老师，世上之事真让人不可捉摸。

文天祥兼任景献太子府教授时，给太子赵禥讲课，博学的状元有经天纬地的才能，讲授"四书五经"信手拈来。他引经据典，耳提面命，把满腔的抱负都一点一滴讲述出来，因为这是南宋未来的皇帝，宋朝的未来要靠他来支撑。文天祥深得宋理宗的赏识，不但在朝中赞赏，而且还赐他一只金碗！这可是莫大的殊荣，浩大的皇恩！初入仕途的年轻官员，一般是不可能有这种奖赏的，因为他还未到三十而立之年呢！

景定四年正月，文天祥升任著作左郎；二月，兼任刑部郎官。原来那些官职都是文官，刑部郎官是要和刑事打交道的，只有在办案之中，才能发挥出个人的智慧和能力。

文天祥在京城做官，表面看来很风光，实际感到很孤独、很苦闷，为什么呢？文天祥高山景行，豪放不羁，官场中志同道合者少，趋炎附势者多。江万里是自己的楷模，可自己还未到京城就被贾似道排挤走了；弟弟文璧与自己最要好，可是他被派到瑞州为官去了；丞相吴潜是正直敢言的清官，结果也被贾似道害死了；支持吴潜的牟子才和刘应龙，也被先后逐出了京城。文天祥对贾似道有了新的认识！

正在此时，宋理宗又让太监董宋臣回朝了，不但继续当了太监总管，而且分管景献太子府，成了文天祥的顶头上司！文天祥怒不可遏，忠奸势不两立，立即上书反对，这次和上次一样，朝廷仍然没有反应。

文天祥当即决定：再次炒了自己的鱿鱼，八月辞官回家去了！

6

回到故乡庐陵，文天祥的母亲一面安慰儿子，劝慰不必在官场奔波，种好家中的薄田，过好自己的日子最重要；一面张罗着儿子的婚事。宋代男子16岁到30岁，女子14岁到20岁就要准备婚姻，文天祥已经28岁，已是个大龄青年。

文天祥不再拒绝，再不结婚确确实实对不住欧阳姑娘了。

宋代的结婚礼仪已经由朱熹的朱子家礼定下了，历朝历代基本照此办理。文天祥的父亲文仪和老师欧阳守道早早把儿女亲事定下来了。纳彩、纳吉、纳征、迎亲四个程序基本走完，仅剩最后迎亲了。若不是因为守孝三年的缘故，恐怕他的孩子都可能会背《三字经》了！

纳彩是提亲，纳吉是占卜男女双方的生辰八字，纳征也叫作纳币，是男方给女方的聘礼。当年定亲时，文天祥还是一个白丁，文仪也没给欧阳家多少"会子"聘礼，现在不同了，大小是个官员了，所以在男方选定婚期（请期）的时候，又补给了一个金碗做聘礼。文天祥将宋理宗赐他的那只金碗拿了出来。这是文天祥自己的决定，母亲和兄弟姊妹们都坚决不同意，因为每天供奉在文仪灵位前的这只金碗，不单是财富的代表，也是皇帝赐予荣誉的象征，更是慰藉文仪在天之灵的回报。可文天祥并不这么看，他认为凭着自己的能力，一只小小的金碗算什么？他还会更好地为国为民尽职尽责，那么官家的赏赐还会少吗？可这么多年来恩师欧阳守道一直穷困潦倒，生活艰辛，而欧阳浚为了他文天祥默默不语，也过着困苦的生活，自己内心感到十分愧疚，这个金碗是对他们的一种安慰和回报。

宋朝的迎亲之礼也很烦琐，先是在迎娶前三天"催妆"，就是给女方送去新娘妆扮的"花、帔、冠、粉"等物品。前一天女方再到男方家布置新房，摆出陪嫁物品叫作"铺房"，这些都是管家或丫鬟动手做的。结婚当天，新郎和所派的迎亲队伍，抬着花瓶、花烛、椅凳、裙箱、衣匣、洗漱用具等，在吹鼓手的吹吹打打声中前去迎亲。迎亲队伍到达后，女方要发花红，要款待酒席。新娘告别了家庙，等到规定好的吉时方可登轿。坐上花轿可就有罪遭了，抬轿的汉子们左右摇摆，上下颠簸，头晕脑胀，昏天黑地，有频频呕吐的，有大小便失禁的，如果不大把撒钱给轿夫，轿夫们绝不轻饶新娘子！

迎亲队伍来到新郎家门，婚礼进入高潮，鞭炮声中，有拦门对诗要喜钱的，有撒谷撒豆消灾祈福的。新娘下轿脚不能沾地，要踩毡席跨过地上的马鞍称作"跨鞍"，而新郎则坐上搭在椅子背上的马鞍。这种"跨鞍""坐鞍"仪式，估计是从黄河一带引进的，因为南方马少牛多，水牛又上不了台面，怎么能想得出来这种规矩？

新郎新娘进入新房，先进行"坐床富贵"仪式，男右女左坐在床边，然后新郎用"牵巾"，也就是红绸挽成的同心结，倒退着牵着新娘去拜堂。双方亲友用秤杆挑开新娘的盖头，一拜天地，二拜高堂，夫妻对拜。行礼完毕，新娘再倒退着牵新郎回洞房去，洞房花烛夜开始了。

闹房这一程序各个朝代都有不同，各地风俗自然也都不一样，官员学子自然会文明一些。

虽然文天祥的父亲已经不在了，可祖母和母亲还在，婚事办得风风光光，热热闹闹，整个庐陵富田乡都沸腾起来了。

人生的四大喜事，就是南宋人总结出来的，文天祥都一一完成了，然而人生之路坎坷漫长，不都是美好，尤其生活在蒙古人阴霾之下的南宋，天空的乌云渐渐聚浓，预示着一场狂风暴雨即将来临了！

第七章

斩了杀人真凶，判了失职官员，上任两个月就被罢免了官职！

寓形落落大块间，嘘吸一气自往还。

桑弧未了男子事，何能局促甘囚山。

昔年此日作初度，宾客如云剧欢舞。

今年避影却闭门，捧觞自寿白头母。

——《生日和谢爱山长句》

1

贾似道想利用文天祥的胆识和魄力，笼络他为自己效力，于是任命他为瑞州知州。这是 28 岁的文天祥首次出任地方官。他法天不息，改革政治的主张，正好从州县做起。

瑞州 (江西省高安县)，三年前曾被忽必烈的元军攻占，元军像一群丧失了人性的疯子，杀人放火，洗劫一空，"庚申兵火""瑞之文物煨烬十九"！也就是说全城的文物全烧光了！是一种史无前例的大劫难！

文天祥就任时，城郭萧条，满目疮痍，几乎成了一座空城！

在其位谋其政。他按自己的政见行事，身体力行，这是文天祥做官的宗旨。为让百姓休养生息，他大刀阔斧地进行治理。一年多来，他公布法令，严惩不法之徒，维持了社会安定，还创立"便民库"，即政府拿钱出来，提供百姓借贷和救济之用。他的老师欧阳守道赞扬他"百废俱兴"，瑞州的百姓们拥护他，"久益不忘"。

文天祥亲民的为官之道，从他写的一首"春郊省民憩金沙台"可见一斑：

> 地胜当兹郡，台高接太微。
>
> 观风缘政暇，问瘼恤民饥。
>
> 楚相应难作，王孙去不归。
>
> 春光频动兴，句就彩毫挥。

瑞州的碧落堂，是著名诗人杨万里居住过的一栋房屋，他性格坚强，刚正不阿，在宋孝宗、宋光宗、宋宁宗三朝为官，与陆游、范成大、尤袤齐称南宋四大诗人。他的碧落堂位于碧落山上，被蒙古人破坏得仅剩下残垣断壁！文天祥到任后立即进行修复，还从民间收集了杨万里的锦江尺牍一件，内有杨万里四篇手笔，他命人凿刻复制在一块巨石上，以作永久纪念。在新修的《碧落堂》落成典礼上，欧阳守道还写了一篇《碧落堂记》。文天祥当场吟诵了自己的诗作《题碧落堂》：

> 大厦新成燕雀欢，与君聊此共清闲。
>
> 地居一郡楼台上，人在半空烟雨间。
>
> 修复尽还今宇宙，感伤犹记旧江山。
>
> 近来又报秋风紧，颇觉忧时鬓欲斑。

这首诗作于景定五年九月九日的重阳节，当时的蒙古军队在襄阳、樊城加强了攻势，前线吃紧，事态日趋恶化。诗中的"秋风紧"，就是文天祥忧国忧民的心态。

三贤堂也是瑞州的名胜古迹，是供奉着余靖、苏辙、杨万里三位的祠堂，三人都曾被贬在瑞州任职。余靖是被打成范仲淹一党；苏辙是为救苏轼，被打成元祐党人；杨万里是为抗金名将张浚争取配享文庙被贬。但他们都受到瑞州人的尊重和敬慕，然而蒙古人却一把火将整座三贤堂烧得干干净净！文天祥与前任一起，重新修复了祠堂，也撰写了一篇《瑞州三贤堂记》，颂扬三贤。树立正气，敬重直臣，教化士民，这是文天祥一贯的作风。

碧落山上除了修复碧落堂外，文天祥还新建了一座靖节祠，这是为奉祠陶渊明而建的。瑞州所辖新昌县就有陶渊明的故居。文天祥非常敬仰这位不为五斗米折腰的诗人，十分欣赏诗人的这种风骨。

文天祥尤其喜爱陶渊明的《五柳先生传》，喜爱他的《归去来兮辞》，更喜爱他的《读山海经》：

> 精卫衔微木，将以填沧海。
> 刑天舞干戚，猛志固常在。
> 同物既无虑，化去不复悔。
> 徒设在昔心，良辰讵可待。

在瑞州不到一年，文天祥先后修建了碧落堂三贤堂靖节祠月朗堂秀春亭翠微亭松风亭竹庵等亭堂，瑞州是文化底蕴深厚的地方，其文脉一直影响后世，文天祥承前启后的功绩绝无仅有。

2

瑞州有所"西涧书院"，是刘西涧、刘道原、刘羲仲所建，文天祥曾写诗赞扬他们，并亲自在书院讲学教化士民，树立正气，以尽地方父母官的责任。

在书院为学生讲学，正是文天祥最得意的职责。他抒发自己的忠君报国的理念，解释了什么是"天"、什么是"道"，普及了"法天不息"的改革思想，也批判了重学轻德的不正之风。他要求学子们要立足忠信，诚实为本，这样才能修身、齐家、治国、平天下。

文天祥博览群书，知识渊博。当年他给太子讲课，宋理宗曾御赐金碗嘉奖，他给这帮学生讲课，岂不小菜一碟？不但有问必答，他还把当年自己在白鹭洲书院的学风，带到了西涧书院。他要求书院的山长改革原来的学风，不仅灌输学问，而且允许自由讨论时事，认清国难现状，好男儿随时准备以身报国。

国难当头，文天祥清醒地意识到危在旦夕，全民抗战的重要性必须贯彻上上下下。他认为，朝廷得过且过，偏安一隅，必将自食其果！

在"西涧书院"讲学时，他用坊间的一首讽刺诗作为讲学的开场白：

> 鼙鼓惊天动地来，九州赤子哭哀哀。
> 庙堂不问平戎策，多把金钱媚秀才。

文天祥说，求学不要仅仅想着做官，还要想着为民，想着报国。也不要借议论国事博得空名，应该脚踏实地干实事。不要整天只讲天理道学，不讲国计民生，不讲抗虏救国，灌输一些心灵鸡汤，虽可麻痹大众，但并不能利国利民。

文天祥提倡学生要有个人见解，施行启发式教学，师生之间可以互相问答。

一个学生提问："先生对'愚公移山'有何见解？"

文天祥反问："你的见解如何？"

学生："我认为愚公就是太愚，既然太行山王屋山挡住了去路，你从山北搬到山南不就行了，多么简单？何苦要费尽心思去搬山呢？"

有的人同意这个学生的见解，纷纷表达了各自的观点："还要子子孙孙，无穷无尽地干下去！"

"对呀！搬到渤海边，浪费了人力物力不说，绿水青山没有了，又得堆成两座荒山。"

"一百辈子也挖不完呀！"

"有这时间，有这能力，可以堆金积玉，发家致富，何必非要移山不

文天祥别传

097

可呢？"

"你的想法和我不谋而合。"文天祥说。

有个学生问道："请问，文大人怎么想的？"

文天祥听了，微微一笑，说道："我喜欢'精卫填海'。同样持之以恒，坚持不懈，积年累月就会集腋成裘。"

有位学生听了，有些激动，说道："在波涛汹涌的南海，填起一个个岛礁，精卫是在造福后人啊！"

文天祥点了点头，对这位学生说："你讲得太好了，学以致用，希望你能像精卫一样。"他后来有首诗的结尾就是"精卫是吾魂"。

西涧书院的学生，从来没有这么开心地听过这样的讲课！

3

文天祥在瑞州当州官，弟弟文璧也在瑞州的新昌县当县令，于是把全家接来瑞州一同居住。母亲曾德慈来了，妻子欧阳浚来了，连小弟弟文璋也来了。全家住一起，其乐融融。

不久，文天祥当父亲了！夫人欧阳浚给他生了一个女儿。

在宋代，生育是人生大事，妇女从怀孕到婴儿降生，再一直到满周岁，有着一系列繁杂而隆重的礼仪和习俗。

第一步叫"催生"。临产那月初一，女方父母要送"催生礼"，用银盆盛着粟子秆，盖着锦绣丝帕，插着鲜花、通草，意为"分痛"。还要送孩子的小衣小裤，以及馒头、食品、水果、鸭蛋之类，以利产妇的营养滋补。

第二步叫"三朝礼"。顾名思义，孩子出生第三天，要给孩子"落脐灸囟"。新生儿要洗澡，亲朋好友要送贺礼，主家要摆宴款待宾客，主食是面条，所以当年又称"汤饼会"。

礼仪的第三步叫作"三腊礼"。婴儿出生七天称"一腊"，在"一、二、三腊"期间，娘家和亲友都要送礼，全是猪蹄、猪腰、猪肚之类，为了保养产妇，哺乳婴儿下奶之用。

下一步的礼仪就更隆重了："满月洗儿礼"。满月这天，娘家人要把准备好的金银钱，以及彩缎、果品、食物送去女婿家。亲友到齐，男方长辈将煎好的香糖放入盆中，再放进大枣、葱蒜，亲友不断添加金钱银钗，不停地搅动，称作"添盆"。未婚男女在一旁争抢大枣，保佑自己早生贵子。家长还要给孩子剃发洗浴，头发藏在金银盒匣中，终生保存留作纪念。最后将孩子抱入族中德高望重的长辈家中，这叫"移巢"。

婴儿出生一百天是个关口，叫作"百日"，从古至今家长都会十分重视，古代更不例外。"过百岁"这天，无论贫富贵贱，都会大办酒席，隆重庆贺。

孩子诞生的过程中，最后的礼仪就是"周岁礼"。除了全家以及所有亲朋好友聚餐外，主要活动就是"抓周"。即在房屋的中堂铺好锦席，让孩子端坐中央，周围摆放文房四宝、金银财宝、秤尺刀剪、针线女红、花果食品等，当然也有摆着刀枪剑戟、琴棋书画、绫罗绸缎、算盘、罗盘等物品的。大家一起观察小孩先抓取何物，再看抓取物品的顺序，用来试探孩子的志趣爱好，以此预测孩子将来的前途如何。

作为朱熹的再传弟子，文天祥是谨遵朱子家训的，他一丝不苟地照此办理。

女儿的诞生给文天祥一家带来莫大的欢乐，祖母高兴，母亲高兴，家里添丁有了第四代，曾德慈第一时间就是烧香，向文仪禀报喜讯。她还要向娘家父亲报喜，曾老先生一边高兴，一边提醒女儿要注意的礼数。

文天祥给女儿起名叫定娘，心中十分愉悦。可妻子欧阳浚却愉悦不起来，因为丈夫快三十岁了，还没有儿子，成婚多年，她一直没有生育，曾和丈夫商量过纳妾的事情。"不孝有三，无后为大"，儒家的伦理，宋代盛行上下。现在虽然有了孩子，自己偏偏又生了个女儿，所以整日闷闷不乐。

文天祥安慰她说："第一个是女孩最好，我最喜欢女儿。"

欧阳浚说："你说的是假话。"

"我前几年不是还写过《名姝吟》吗？"说着，文天祥给妻子背诵起两句来：

> ……
> 京人薄生男，生女即不贫。
> 东家从王侯，西家事公卿。
> ……
> 如何世上福，冉冉归娉婷。
> 乃知长安市，家家生贵人。

欧阳浚看到乐呵呵的丈夫这样体贴，心中的阴影也消失得无影无踪了，欢天喜地地喂养起定娘来，因为这是他们的第一个宝贝呀！

欧阳守道听说自己有了外孙女，分别写信给女儿女婿，嘱咐女儿在为人、处事、治家方面不要忘记礼节，还大谈了一通敬老爱幼、勤俭节约、严于律己、宽以待人等家教。给文天祥的书信中，除了贺喜祝愿外，还谈到自家的房屋修缮。

原来欧阳守道一生贫困，两袖清风，不但生活拮据，而且屋漏房塌，无力维修。文天祥经常接济这位正直的老师和岳父。来瑞州前，文天祥让欧阳守道将御赐的金碗典当，换钱修建房屋，欧阳先生不同意，认为这是官家赐予的荣誉，不可当成一般的黄金看待。文天祥答应以后赎回，欧阳守道实在无奈，不得不把金碗送进了当铺，将房屋和园子维修一新，这封信正是向女婿告知此事的。

当文天祥得知欧阳先生已经迁居，十分高兴，立即作诗庆贺：

> 先生挟册当菑畬，不待辛勤有屋庐。
> 宅样只还齐里旧，乡风好似颍川居。
> 镜湖今日贺外监，瀛馆前年虞秘书。
> 天下经纶犹一室，时人尚敢说吾迁！

文璋这年15岁，先在西涧书院读书，文天祥发现这书院与白鹭洲书院差距太大，恰逢自己的老同学聂吉甫赋闲在家，于是便聘请他亲自授课。

文天祥的三弟去世后，父母特别疼爱这个幺儿子，现在父亲又去世了，长兄如父，文天祥和文璧尽其所有，一定让弟弟有出息，以慰藉父亲的在天之灵。后来文璋也有了仕郎的官衔。原来宋朝高薪养廉，官场福利很多，文天祥享受着恩荫孩子的权利，当他30岁还没有儿子的时候，朝廷规定可以由兄弟替代，于是，文璋也能当官吃空饷了。

正当文天祥干得风生水起之时，不料朝廷来了诏书：授予他礼部郎官之职，让他择日进京。

文天祥拒不上任，全家好容易"迎亲就养"生活在一起，刚刚安定下来，又要挪窝！老母奔波不说，妻子操劳不讲，弟弟的学业怎么办？再说年关将近，搬家那么容易吗？不去！即便是在京为官也不去！过好这个年再说。

此时，京城发生了一件大事：宋理宗驾崩！太子赵禥即位，称宋度宗，改年号咸淳元年。

4

一朝天子一朝臣，新皇帝登基，人事调整是必然的。文天祥还未去礼部报到，新的诏令又来了：改任江西提刑。

文天祥当年曾经做过刑部郎官，现在派到地方掌管刑事，对他来说可谓轻车熟路。

新的官家新的任命，不得不去。二月刚上任，就有一位老妇人拦轿子告状，说她的儿子陈银匠死得冤枉，希望新来的青天大老爷为她做主，替她申冤！

文天祥回到署衙，连忙翻阅卷宗，原来是件抢劫杀人案。

宋朝的金银业很发达，这源于社会经济发展，人民生活富裕，也是财富积累的表现。众多的银匠应运而生了，当然，银匠也有技艺高低之分，经营规模大小之别。像宋徽宗的宰相李邦彦，他爹也是一个银匠，可是能培养出长得漂亮，能说会道，还会唱小曲踢足球的"浪子宰相"，却不是一般的小银匠家庭能够办得到的。

陈银匠名叫陈宝来，在临江县城中的金地坊，开了一家银器首饰铺，专门打造银手镯、银耳环、银戒指、银锁之类。他靠手艺吃饭，家中有老母和妻儿，一家四口，过着小康生活，平时与世无争。

一天，陈宝来没有生意便在门口闲坐，正与隔壁卖烧鸡的石大眼聊天。这时，挑担卖炊饼的于麻子也来了，他放下担子歇歇脚，抽抽烟，与二人拉起家常。一个背钱褡子的壮汉来买烧鸡，顺便买了于麻子两个炊饼，看样子像个商人。他将钱褡子放在烧鸡台案上，交钱时，三人看到里面满满全是"交子""会子"，整整一钱褡票子！钱褡子是当年外出的主要行头，粗帆布制作，一前一后搭在肩上，内有口袋，可以装铜钱、铁钱、金银等物。待壮汉走后，陈宝来对石大眼和于麻子说："我们生意这么难做，整天这么劳累，就是缺了人家这么多的本钱啊！"

"交子""会子"，就是中国最早的纸币。

早在北宋宋真宗时，民间就发明了纸制的"交子"，类似现在的银行券，比沉重的铁钱、铜钱方便多了。到了宋仁宗初年（1023），官府发行了"官交子"，有占比例的准备金，发行有限额。这些"交子"可以在市场流通，缴纳赋税，成为以国家信用支持的法币了，这是世界史上最早的纸币，比欧洲早了600多年！南宋初年，朝廷又发行了"官会子"，"会子"和"交子"一样，它的面值也是以铜钱的数量来表示的，但不设准备金，而是以国家信用提供担保，类似汇票和支票。"交子"和"会子"是宋代官府认可的货币。南宋时期官府在杭州设立"行在会子务"，专门管理印制"会子"，先后印造了一千文、两千文、三千文及二百文、三百文、五百文，六种面值的"会子"。"会子"以三年为"界"，到期作废，造新换旧。从1171年到1240年，共发行了十八次"会子"。后来官府规定第十七、十八次的"会子"可以永久流通。纸币逐渐代替了铜钱、铁钱作为主要交换媒介。纸币对南宋商业的高速发展起到了推动作用。

"交子"和"会子"可以兑换铜钱、铁钱和银两，这不但印证了宋代商业与信用的发达，宋代纸币也更成为世界文明的产物。

　　陈银匠与石大眼、于麻子聊过天的第二天早晨，有人在县城北边慧力寺的后山上，发现那个胖胖的商人被杀了！当然他的钱褡子也不见了，发现者当即报了官。赵捕快通过现场的烧鸡和炊饼，顺藤摸瓜找到了卖烧鸡的石大眼，又找到了卖炊饼的于麻子。大堂上，于麻子和石大眼为了撇清关系，立刻扯上陈宝来，一五一十交代了头一天三人的所见，以及每个人说过的话。尤其是陈银匠谈到了钱！

　　一次不经意的聊天，说者无心，听者有意，他无论如何辩解，推司王九旦就是不信。在公堂上，陈宝来说：

　　"那个壮汉有我两个粗大，我怎么能够杀得了他？"

　　"你不会先打晕，再杀害？"

　　"我的凶器在哪里？"陈银匠问。

　　"你家的木棍就是凶器。"

　　"我家木棍好多，现场有吗？"

　　"你肯定藏起来了，我们会找到的！"王推司说。

　　"你说我图财害命，那么多'交子''会子'，你们在我家搜到了吗？"

　　"没搜到就能证明你一定没干？也许你的家人把钱转移了！"

　　"你不交代就锁你家人！"赵捕头插话说。

　　"三个人都在场，为什么只怀疑我一个？"

　　"那两人互相证明，只有你惦记着壮汉的'交子''会子'。"

　　"没有人证物证，如何定我是杀人犯？"

　　"你是狡辩，大刑侍候！"

　　上刑之后，陈宝来被打得皮开肉绽，还是不认账。王九旦把他家的银首饰统统搜来抵为赃物，许多银器都是客户的东西，然而"交子""会子"纸票一张也没有！

　　王推司偷偷对陈宝来说："你只要分给我一半，我保你不死。"

文天祥别传

陈宝来说："我死也拿不出这么多钱来。"

于是又招来一阵毒打，陈银匠昏死过去了。

逮捕他的赵捕头，本来与陈宝来就有过节，他给儿子打长命银锁时，硬说陈银匠赚了他一两银子！陈宝来现在落他的手中，更是百般折磨、刁难。陈宝来的妻子前来探监，不给银子不准见面！因为坐牢久了，家中没有经济来源，原来的银器又全被搜走，陈银匠的老母和妻儿哭天天不应、哭地地不语。

赵捕头趁火打劫，他早就对陈银匠的妻子想入非非，现在机会来了，他谎说能拯救陈宝来出狱，于是趁机骗奸了陈银匠的妻子。

"衙门口，冲南开，有理无钱莫进来！"王推司看看实在榨不出钱来了，赵捕头强奸也达到目的了，于是草草判决上报。

结果是草草"明正典刑"，去年秋后，人头落地。

文天祥听完老人的申述，阅完宗卷，心中怒火中烧。明显的冤假错案。此案没有任何物证，凶器是什么？在哪里？抢劫的"交子""会子"在哪里？人证也仅凭于麻子和石大眼一句话。杀人现场既没有详细记录，仵作验尸也未能提供死亡明确原因。种种破绽，提示这是胡审乱判，典型的草菅人命案！

时间已经过去一年，刑部早已经定案结束，陈银匠也已经被杀了头，要想翻案谈何容易？文天祥是个疾恶如仇的人，也是个一丝不苟的人。当官就要为民做主。他先从受害人调查，那位壮汉是位临县的商人，来临江县做丝绸生意，那天约好交钱签约，不料位于府衙后的丝绸庄老板外出不在，伙计让他第二天再来，第二天就传来了他的死讯！

文天祥问明了钱褡子的大小、颜色和式样，商人的老婆讲得很是详细，白色钱褡子四个角，上面钉着八个"大宋通宝"。文天祥让衙役张贴告示，全县有赏举报。不出三天，一个平时小偷小摸的小毛贼陈长好来报案领赏了。

文天祥立即升堂问案。原来小偷看到丝绸庄的邻居李阿鼠，近来花钱大手大脚，心想他一定发了外财，就去他家偷了一把，结果丁点钱财也没偷着。他钻上李阿鼠的暗阁楼，看到竹子笼里有个钱褡子，毛贼大喜过望，没想到却是个空钱褡子！他空欢喜了一场。钱褡子上八个铜钱缝得很牢，他为避免打草惊蛇，就没有取下来，但是印象特别深刻。

文天祥一听就明白了，他教训小偷别再偷偷摸摸，再犯案定抓不饶。赏了小偷十两银子，马上派人抓捕李阿鼠，并搜捕家中赃物。

李阿鼠本来就是个不务正业的无赖瘪三，到衙门后拒不交代。文天祥堂上审讯很少用刑，全部都是用事实说话。他问李阿鼠：钱褡子是谁的？李阿鼠说是他自己的，文天祥又唤来商人老婆，死者家属证明这就是胖商人家的，石大眼、于麻子也都来一一作证。

狡猾的李阿鼠又说是路边捡到的，他前言不搭后语，完全不能自圆其说。衙役从李阿鼠身上搜出一张"会子"，问他是哪里来的？他讲是干活挣的工钱，文天祥让烧鸡铺的石大眼和卖炊饼的于麻子对证，他俩仔仔细细回忆，与他们俩当时收到的"会子"完全一样，是同一个钱庄的，李阿鼠终于无法抵赖了！

原来，一年前的那天，李阿鼠路过邻居丝绸庄，闲着无聊便进去搭讪。见一商人背着一个厚厚的钱褡子外出，于是尾随到了慈力寺。商人可能来寻朋友借宿，李阿鼠见财起了祸心，此时天黑山中无人，他便捡起一块大石头，从背后向商人狠狠砸去！然后将他拖到寺庙后边，将钱褡子劫为己有。他把这么多的"交子""会子"埋在地下，分文不敢花用，生怕露出破绽来，把空钱褡子也藏到暗阁楼的竹篮子里。结果，审案的官员都是二百五！让银匠陈宝来替他顶了罪，砍了头！李阿鼠这才放心大胆花起钱来。他对这笔不义之财无所顾忌了，大手大脚挥霍了一年，"交子"与"会子"已花得所剩无几。

赃款赃物找到了，真凶抓到了，文天祥的判决是：判处李阿鼠死刑！为胖商人偿命！

文天祥别传

经过审讯，文天祥判处王九旦推司、赵捕头死刑！为陈宝来银匠偿命！因为他们的逼供信，酿成这桩冤假错案。错判的恶果，给陈银匠家庭带来天大的灾难，文天祥判定官府负责赡养陈宝来的母亲，直到送终为止。

迟到的正义还是到了！处决李阿鼠、王九旦和赵捕头那天，全城的百姓奔走相告：宋朝又出了一个包青天！文天祥不但抓到真凶，平反冤狱，而且敢于拿官员开刀，杀一儆百！他大胆纠正官府的错误，让官府承担起连带责任，这种真心实意为老百姓办事的清官，在任何朝代都是凤毛麟角！

然而这样一位百姓爱戴的好官、清官，上任才两个月却又被罢官了。为什么？罪名竟然是"不守孝道"。

5

文天祥的父亲文仪，亲生父亲是文时习，母亲梁氏。因为文时习的弟弟文时用无后，文仪过继给了叔父，于是文时用就成了文天祥的祖父，而梁氏就成了文天祥的伯祖母。文时习死后，梁氏改嫁到刘家，自然也就成了刘家人，与文家的关系不大了。

这年四月，文天祥的伯祖母梁氏去世，他按礼只能是"承心制"，也就是不用穿孝服，参加的丧事从简，只服心丧而已。这本来符合礼教礼仪，可政敌黄万石抓住此事不放，说文天祥与梁氏有血缘关系，是他的亲祖母，说他应该"持齐哀"，不能"承心制"。黄万石还印刷了一万多册《龙溪友议》，攻击文天祥违反礼制，不守孝道。

这个诬蔑文天祥的小册子，散发到了江西、福建、广东等地，起了很坏的影响，对他的名誉造成极大的伤害。文天祥的老师欧阳守道和曾凤忍无可忍，拍案而起，写了《或问》和《祥目》，发文章摆事实讲道理，批驳无耻之徒的恶意中伤。因为梁氏已经改嫁到刘家，按礼制穿孝服的应该是刘氏子孙。后经太常寺派员下来调查，朝廷又允许文天祥"承心制"了。

台臣黄万石还弹劾文天祥不称职，二月上任江西提刑，到四月罢官仅仅过去两个月，哪件事不称职了？肯定是指陈银匠案件。文天祥公道办案，严刑峻法，当官一定要为民做主，冤案平反后还要追究官员的责任，当事者能放过他吗？就是这个黄万石，他曾经是江西安抚副史，很可能就是这件冤假错案的始作俑者，他打击报复文天祥是有针对性的。

这场风波算是过去了，可三人成虎，人言可畏，先是不孝，后是不称职。文天祥最终还是被罢官了。

第八章

起用，罢免，再起用，再罢免；对弈，悟道，操琴，吟诗，也是一种人生境界。

南山之隩北山阳，羽扇轻风共影双。

画桨菰蒲明月笛，青灯蟋蟀白云窗。

半生游子成行债，一夜佳人作别腔。

依钓重来此蓑笠，梅花十里雪空江。

——《宿山中用前韵》

1

咸淳元年（1265）四月，被罢了官的文天祥回到了故乡——江西吉州庐陵县淳化乡福川。

他在家乡的东山上，发现了一处风景绝佳的地方，那里"溪山泉石，四妙毕具，委曲周遭，可十余里"，这里的山水让30岁的文天祥暂时忘掉了烦恼，他清晨骑马上山，晚上踏月归来，完完全全融入了与世无争的大自然中。他在东山南麓山腰处花钱买下一块土地，地皮南北长30丈、东西宽100丈，他决定由自己设计建造一座别具一格的山庄，并将此山更名为文山，新建的房舍就叫作"文山山庄"。

在进山处，他修了牌坊山门，"文山"两个大字，是文天祥的老师欧阳守道的题字。

山门后便是山麓，大片松柏树林郁郁葱葱，林中辟一石径；一条大江横穿山岭之下，河道宽绰，水流清澈。江中还有一绿洲，虽然陆地不大，却生有数株古松。在江边，还修了一条二百丈长的防洪堤，在堤旁建了一座八角亭，命名为"松江亭"；在防洪堤的另一头建了一座六孔桥，命名为"障东桥"，此桥直连西岭。他在空旷处设计了一座主建筑——"天图画"，雕栏玉砌，日升月恒，能会客，能就寝，能读书，能抚琴，能写诗，能弈棋……离"天图画"不远处又修建了庄重肃穆的"道体堂"，专为修身养性之用，里面供奉着儒佛道诸位人物。从这里开始开凿山路向上，365级台阶到达山顶的平台。悬崖边修建了一座四角亭，名为"白石青崖"。下面的河滩命名为"银湾"。

他在诗中记录了这段生活：

日日骑马来山中，归时明月长在地。

但愿山人一百年，一年三百馀番醉。

还有一首诗，寄托了他开辟文山的想法：

宇宙风烟阔，山林日月长。

开滩通燕尾，伐石割羊肠。

盘谷堪居李，庐山偶姓康。

知名总闲事，一醉棹沧浪。

文天祥颇为得意地对他的朋友说：当年朱熹想在故乡武夷山隐居，苦于无钱盖房，不得不最后放弃。大文豪欧阳修晚年在颍州虽然建了房子，可惜那里不是他的故乡。自己能在故乡盖一山庄，已十分知足，希望能够永远在此定居。

宋代士大夫钟情于大自然，希望有座丘山溪壑中的园林建筑，可欣赏村落之景。得意时，那是他们的情感补充；失意时，那里又是他们心灵的归宿。

一年后，文天祥又在"西岭"和对面山峰的"钓雪"之间，架起一座竹竿吊桥，题名为"两峰之间"，把"山、水、路、桥"直接串联起来，各成其景。当然也又出钱买了土地，修建了一些厅堂瓦舍，以供家人居住。

两年中，与文天祥志同道合的朋友也常来文山游览，他们一起在山中搜奇剔怪，给绝妙的风景区逐一取了名字。看到幽闲旷邈的山谷，提名为"阆微"；遇到超伟轩张的矶石空间，便提名"上下四方之宇"；山巅松林名"翠晚"；山峰中白崖裸露称"钓雪"；擎天石柱谓"特立"……这些命名让文天祥感到十分得意，认为命名"足以当之"。

可欣赏了几个月，追求完美的文天祥又不满意了，他感到原来的命名尚不能表达他的思想个性，于是他又逐个改动，并且让石匠雕琢于山石之上。"翠晚"改成"浮岚暖翠"；"钓雪"改成"六月雪"；"特立"改成"至大至刚以直"；"白石青崖"四角亭改名为"拂云亭"。他的"我自我为"的态度，恰恰秉承着他的至公至直的精神。今天的人们分析，文天祥固执、认真、要求完美、追求理想，一定是一个 A 型血的完美主义者。

为了修建文山山庄，"先生酒壶钓具无日不来，夫人步舆轻轩有时而至"。然而，上天好像开了一个玩笑，房屋建成一年四个月后，山下农家烧山耕田，山火蔓延至文天祥的宅院，房舍被付之一炬！他只得筹资重建。

"文山山庄"陆陆续续建了多年，西岭下建了一座"见山堂"，坐在屋内可"窗含西岭"；修了一座"澄虚阁"，他在阁前挖塘种上莲荷，阁后引水成飞瀑，种植了奇花异草，喂养了鹭鸶仙鹤。为了纪念父亲文仪，他又盖了一座"种竹斋"，周围种满翠竹，室内挂满文仪的诗词书法，书架上摆放着文仪的著作。文仪收藏了一部名医陈直的《养老奉亲书》，其中《述齐斋十乐》简述了十种养生方法：读义理书、学法帖字、澄心静坐、益友清谈、小酌半醺、浇花种竹、听琴玩鹤、焚香煎茶、登城观山、寓意弈棋。文天祥陪着母亲，每天都在体验着其中的乐趣。

流连在山清水秀之间的文天祥，也忘不了诗词歌赋的创作，他完成了当年《赠乐轩彭善之》的夙愿：

吾家小黄溪，其间石甚巨，

可写归来辞，可刻盘谷序。

晋唐文章手，谁敢以自负？

异时此重来，烦君作玉等。

文天祥在文山春花秋月的日子里，也正是和底层百姓交往的时日，他把在仙都观写的《贫女吟》，又重新修改，编写成当年的四季歌：

柴门寒自闭，不识赏花心。

春笋翠如玉，为人拈绣针。（春）

竹扇掩红颜，辛苦纫白苎。

人间罗雪香，白苎汗如雨。（夏）

西风两鬓松，凉意吹伶俜。

百巧不救贫，误拜织女星。（秋）

巧梳手欲冰，小鬟为寒怯。

有时衿肘露，颇与雪争洁。（冬）

文天祥在《生日谢朱约山和来韵》的长诗中，最后一句别开生面，连写了五个仄声，为后世文人留下了一段不同诗意的佳话：

丹崖翠壁千万丈，与公上上上上上。

也许是日子安逸，生活稳定；也许是夫妻和谐，男欢女爱，在文山的日子里，光阴似箭，日月如梭。女儿定娘一天天长大，聪明伶俐活泼可爱。闲赋在家的文天祥听从母亲安排，要邀请亲朋好友、左邻右舍，为开工建造山庄举办家宴。他和母亲商量好，乘机接外祖父来文山山庄一起居住。文天祥的大舅曾棐和二舅曾槩已经与父亲分家另过，外祖父曾珏独身居住，恰好需要照顾，这样曾德慈也好近前尽孝老父，让老父颐养天年，一举两得。

文天祥的母亲曾德慈是泰和县梅溪曾珏的女儿。文壁说他母亲生来就有纯真品格，侍奉公婆恪尽孝道，相夫教子非常勤俭，而对自己却十分菲薄。他们的外祖父曾珏，字天赐，号义阳逸叟，是位饱学之士，生来聪明颖悟，诸子百家无不融会贯通，议事刚正，有古君子之风。曾珏也中过进士，虽然倜傥尚义，却不事生产作业，家境并不富裕。曾珏的祖父是北宋宰相曾布，祖母魏玩也喜爱诗词歌赋，和她一直相伴的知音朱淑贞，所作的《断肠词》誉满文坛，当年与李清照并称"词坛双璧"。文天祥的母亲从小生长在书香门第，她的品行自然影响到文家的后代子孙。

曾珏在自己家中过了73岁生日的第二天，由大儿曾棐陪同来到文山山庄，外孙文天祥自然要大摆筵席欢迎。给外祖父补过生日，当地俗称"姥爷宴"。宾客满座，宴席隆重热闹，大都是富川乡邻和自己的文友。

这一天来了一位不速之客，他就是文天祥父亲救过的考生丁月讷。他当年殿试不中，投湖自杀，幸亏文仪救他一命，恩重如山。当年丁月讷得知文老先生去世了，本应哭祭救命恩人，见许许多多新科进士前去祭奠，他名落孙山羞于见面，于是躲了起来。当时正逢丞相丁大全招降纳叛，他们是宗族远亲，所以很快被安插到朝廷的监察院，配合"四人帮"篡权乱政。就在文天祥丁忧的最后一年，丁月讷曾给他牵线搭桥，让他拜到丁大全门下，就可以及早出来做官。不料文天祥不买他的账，因为不齿丁大全的为人，断然拒绝了他的好意，弄得丁月讷灰头土脸，心中十分不快。

丁月讷在朝中知道文天祥已被罢官，当然也了解事情的来龙去脉，他和文天祥交往不深。丁大全倒台后，丁月讷立刻转到贾似道门下，就像朝中的陈宜中一样，他仍然在御史衙门为贾似道所用。听说文天祥在家乡修建了文山山庄，贾似道派他以故人的身份探听消息来了。丁月讷这次来赴姥爷宴，不但带有不菲的寿礼，还带来几位花枝招展的歌妓，用他的话说，以歌舞助兴，为老朋友的山庄贺喜。

宋代的青楼歌妓盛行，"妓"注解为"女乐"，是提供音乐、歌舞、曲艺服务的女子，大多数"卖艺不卖身"，也有少数提供性服务的女乐。

当年临安的妓女分为三等，上等"多能文词，善谈吐，亦平衡人物，应对有度"，来访者有新科进士及膏粱子弟；次等歌妓也是色艺双全，"丝竹管弦，妍歌妙舞，咸精其能"，常应邀到富贵人家的宴席上，或高级勾栏中表演节目，"求欢之者，皆五陵年少及豪贵子弟"；下等歌妓色艺略差，或受雇参加婚嫁仪式，捧镜执烛，导前迎引；或门挂"红栀子灯"，从事色情营生。

宋代还有官妓，入乐籍，任务是在官府的公务接待宴席上歌舞助兴，法律规定不允许官妓提供色情服务。官妓还有一项任务，是在官府经营的酒店中"坐台"，招揽生意，歌舞待客，活跃经济。南宋朝野上下的确是歌舞升平，繁华世界。

在宋代，买婢纳妾蓄养家妓是合法的，但严格规定官员不许嫖娼。既然有此规定，当时的官员几乎都蓄养家妓，这是上流社会的一种风气，也是身份的象征，贤者也不能免。按王安石的解字法，"婢"，左是女字，右是卑字，婢女是地位卑贱的女子，买来为主人服务的；"妾"，上是立字，下为女字，妾是独立的女子，地位低于正室，高于婢女，属于主人的内眷。朝廷规定官员不得与官妓枕席伴宿，违法者打八十大板，或降级，或罢官。买婢女娶小妾不受限制，所以官员多买侍妾，多养家妓，此风到南宋时期愈刮愈烈。

丁月讷在文天祥的文山山庄吃喝玩乐了三天，歌妓自然也歌舞了三天。

然而，他和丁大全一样，也是个卑鄙小人。俗话说"大恩成仇"，一点不假。在姥爷宴上，文天祥酒后大发议论，肆无忌惮，难怪有的官员把他看成狂人，但文天祥我行我素毫不在乎，他不明哲保身，更不尸位素餐。在言谈中，他希望官家要公道执政，官员应该直道敢言，批评朝政毫无顾忌。

在宴会上，有客人询问临安来的丁月讷："听说官家度宗一夜要玩三十余位嫔女，难道不干别的事情了？"

丁月讷笑而不答，却把姥爷宴上听到的议论，都一一记了下来。

后世有关文天祥"声伎满前"的说法，就是因为丁月讷带来歌妓造成的！这让贾似道、黄万石之流攻击文天祥有了把柄，也让文天祥在南宋政坛上处于被动地位。这当然也是后话了。

3

外祖父曾珏的到来，让文天祥多了一个谈心之人。曾珏不求仕途，却对佛教、道教十分迷恋，吃斋念佛是他的必修功课。他在文山山庄的"道体堂"修炼，读经讲经，配药炼丹，期望长生不老，像丘处机那样变成老神仙。文天祥从小就常在外祖父家居住，也受"敬神天大不以为然"的影响，曾珏60岁后不信佛了，文天祥也"吾不学佛"。文天祥钟爱道教，特别是对《易经》有着深入研究的浓厚兴趣。这恐怕也是第一次做官就选择在"仙都观"的缘由吧！

道教典籍谓"以道为事，故曰道士""人行大道，谓之道士"。文天祥一生结交了不少道士，他自己也起有道号"浮休道人"。

宋朝的道教已到了登峰造极的地步，宋徽宗自称"救主道君皇帝"，指定《老子》《庄子》《列子》为太学教材，甚至强制佛教从属于道教，改称释迦牟尼为"大觉金仙"，称佛僧为"德士"，称尼僧为"女德"，改称寺院为"宫观"。宋徽宗企图把儒教、佛教、道教三教合一，构建一个君临其上的王权。

王重阳创立了全真教，道教修行的最高目标就是"得道成仙"。道教成仙有两个方法，一是口服灵丹妙药，于是有了道家的炼丹术，这是外丹的作用；一是修炼身心统一，修心养性是强调内丹的作用。

随着道教的盛行，宋朝当年卜卦、算命之术也广为流行，而且吉州周边有许多道教的名山祖庭，像庐山、麻姑山、紫瑶山、阁皂山等。这里的江湖术士活动特别活跃，他们经常来文山拜访曾珏老夫子并听他讲道；慕名文状元之名前来求教求字的也有不少，当然还有文天祥的许多诗朋文友，他们每日往来，应酬得不亦乐乎。

文天祥曾经为占卜相士写了相当多的诗句，他的1000多首诗中就有65首，例如《琴棋书画四首送赵道士》：

> 不知甲子定何年，题满柴桑日醉眠。
> 意不在言君解否？壁间琴本是无弦。（琴）

> 我爱商山茹紫芝，逍遥胜似橘中时。
> 纷纷玄白方龙战，世事从他一局棋。（棋）

> 蔡邕去后右军死，谁是风流入品题？
> 只少蛟龙大师字，至今风骨在浯溪。（书）

> 欲觅龙眠旧时事，相传此本世间无。
> 黄金不买昭君本，只买严陵归钓图。（画）

在《赠适庵丹士》中，他写了南朝的华阳真人陶通明，对这位"山中宰相"十分推崇，很想学他居住山中：

> 本是儒家子，学为方外事。
> 此身恨兔短，有意求蝉蜕。

犹留鼎馀药，还授人间世。

从君卧山中，共谈弘景秘。

对于江湖相士的说辞，文天祥抱着客观的态度对应，好的不喜、坏的不忧。有一次在妹夫家遇到一位神目相士，说文天祥"骨秀神清，大贵人也，当为一代柱石"。文天祥赠诗云：

道茂数遁甲，长房得役鬼。

风鉴麻衣仙，地理青乌子。

择术患不精，精义本无二。

奇哉梦笔生，熊鱼掩前氏。

他认为以风貌品评人物不可取，鱼和熊掌不能兼得。

他还遇到了一金钩相士，相士说文天祥"官虽极穹，然当受极刑"，因"顶有卷发，此受刑之相，无得免者"。文天祥听了，也不着恼，他确实多次噩梦，梦见无数骷髅在自己的身体前后滚动。

还有的相士算他"遇水则发"，这倒迎合他的爱好，经常游泳，水中弈棋。

4

宋代理学盛行，是男权主义极度膨胀的时期，也是打击妒妻最重的年代。南宋《续资治通鉴长编》中记载过两个官员，因为管不住家中母老虎而被降职的案子。司马光和王安石这两位名人的妻子，都为自己的丈夫买过小妾，因而都获得社会的普遍好评。有了"贤妻"的标杆，欧阳浚也要效仿，因为文天祥没有子嗣，她一直耿耿于怀，多次劝说丈夫纳妾，理由还是不孝有三，无后为大嘛！

欧阳浚唯恐文天祥不同意纳妾，于是和丈夫的朋友朱约山等人商量此事，大家意见一致：瞒着文天祥禀报了老夫人曾德慈。想抱孙子的老太太早有此想法，一拍即合，于是大家立即行动起来，积极物色人选，决定先斩后奏。

临川的颜氏，义山的黄氏，先后被介绍到欧阳浚眼前。她们除了年轻漂亮外，还都识点儿文墨，这让欧阳浚难以取舍。颜氏素口蛮腰，十分貌美；黄氏操琴唱词，声音甘甜。欧阳浚和婆母也不知选哪个为好？最后商量由文天祥定夺。

文天祥听说为他选好了侍妾，先是一愣，待曾德慈讲了儿媳的良苦用心后，他也表示同意，毕竟那是个妻妾成群的年代，更何况文天祥风流倜傥，风华正茂。见过颜氏和黄氏后，他心中都觉得十分满意，于是不再选择，统统收入房中！他为害羞而脸红的颜氏取名"靓妆"，因为晏几道有诗"靓妆眉沁绿，羞脸粉红生"；他为黄氏取名"琼英"，意为带缺口的美玉。为了尊重两位女娇娘，文天祥提出要明媒正娶，同日进门，不分大小先后。

文天祥也有一妻两妾了，这与当年的张先、苏轼等相比，实在算不得什么，张先80岁娶的小妾18岁，一树梨花压海棠。而对30岁的文天祥来说，这是人生的一种经历，是他47年短暂一生中不留遗憾的一段佳话而已。

古今中外的英雄人物，并非都是特殊材料做成的，文天祥也喜欢声色女乐，也是一个有着七情六欲的人，还是一个情感特别丰富，内心特别细腻的才子文人。他说"美人尘土何代无"？正因为追求真善美，所以对毁灭者绝不留情，表现出钢筋铁骨的男子心。

5

传说象是舜的同父异母弟弟，因为懒惰好玩，结果发明了象棋，这是象棋的起源之说。其实在春秋战国时代象棋已经初步成型了。象征战斗的象棋，不同兵种有了将、帅、车、马、砲、兵、卒。一开始的"砲"可能是指抛石机，到宋代因为发明了火药，才改成了"炮"，继而又增加了"士"和"相"做参谋，最后定下32子的中国象棋。各种棋子的走法不同。象棋棋盘据说是韩信在狱中的创造，对弈双方每边32个方格，中间隔有一条楚河汉界。其实是9条平行的竖线和10条平行的横线相交而成，共有90个交叉点，棋子在交叉点上行走。两端底部中间还有米字型的九宫。一个棋盘就是战场，红黑双方在这棋盘上厮杀，通盘筹划，多谋善变，或进攻或撤退，都是用兵之道，是一种有实战意义的兵法游戏。文天祥就特别喜欢下象棋。

两人对弈的象棋，可以完整地记录和阐述，每一着棋用四个字来表示：第一个字是要走动的棋子的名称，如"炮"；第二个字是棋子所在的直线号码，如"二"；第三个字是棋子运动的方向，向前为"进"，向后为"退"，横走为"平"；第四个字是棋子进、退的步数或平走到达直线的号码。如"炮二进三"，就是第二直线上的炮向前走三格。象棋对弈可以定位，于是就能进行盲棋比赛，当然这要求棋手有很强的记忆力。

文天祥是象棋的高手，他从小就跟随父亲文仪下棋，经常和弟弟文璧对弈，这种爱好终其一生。在文山山庄的日子里，他有大把的时间下棋，自撰了四十局象棋图谱，总结记录了遇险制胜的象棋棋艺。他也非常喜爱游泳，所以夏天喜欢与朋友在水中下盲棋，还在河中饮酒、品茗、对弈，乐此不疲。此嗜好与棋友留下不少佳话，一直保留到军中和狱中。

在东山棋坛上，众人公认文天祥棋艺第一，周子善、萧耕山分列第二、三名。刘渊伯和刘定伯只能并列第四了。至于常来文山的刘小村、张景召等人的棋艺更要排后，统统都是文天祥的手下败将！

文天祥不但钟爱象棋，他的围棋也很了得。作为娱乐，他很赞赏王安石的"战罢两奁分白黑，一枰何处有亏成。"他认为："世人空黑白，一色看坡棋。"人生也如同下棋一般。

除了弈棋，文天祥还经常抚琴，宫廷琴师汪元量是他的挚友，时不时前来指点一二。他的操琴本事亦和乐曲一样，已造诣不浅了。不过他大量时间是自我欣赏，或者让黄琼英唱词，自己伴琴。文天祥有一张"蕉雨琴"，弹奏起来琴声悠扬，绕梁三日，弹者专注，听者入神。这张琴被清末"戊戌六君子"之一的谭嗣同收藏了，并撰写了《蕉雨琴记》，以作纪念。谭嗣同很敬仰有骨气的文天祥，后来见过文天祥的"日月星辰砚"，虽然未能收藏，但写了《文信国公日月星辰砚歌》，咏诵其事，赞美其人，秉承其志。

<h1 style="text-align:center">6</h1>

咸淳二年（1266）九月，妻子欧阳浚为文天祥生下儿子文道生，这是文家的长子长孙，四世同堂，喜不自胜。名字自然是饱学之士的曾珏所起，其意是"道生一，一生二，二生三，三生万物"。他们在这兵荒马乱年代之中，对文道生期寄着无限的希望，希望生生不息。曾祖母刘氏，祖母曾德慈，每日去祠堂烧香祭拜，庆贺文家后继有人，准备年底百岁时设宴大庆。婴儿出生百日自古就是个重要日子，百岁也称作"百晬"，是庆贺孩子诞生百日的习俗酒宴。

文道生的百日宴，是与咸淳三年的春节一起度过的，宋代称春节为元旦，朝野都特别重视。除夕夜要祭祖、迎神、贴桃符……这时，文天祥的母亲仍然十分健康，他在《新年》诗中写道：

> 梅花枕上听司晨，起绾金章候拜亲。
> 喜对慈颜看铺馔，发虽疏脱未如银。

也就在这年四月初八，文天祥的如夫人黄琼英又给他生了一个儿子。曾珏认为他是释迦牟尼诞日出生，给他起名文佛生。同父异母的两兄弟，一个叫道生，一个叫佛生，乡间邻里曾经议论说，文家祖坟真的冒青烟了！

文天祥别传

儒释道三教齐全了！

可能文山山庄是块风水宝地，在这里不但男丁兴旺，女娃也一个接一个地出世。咸淳三年年底，欧阳漫生了二女柳娘，颜靓妆生了三女环娘。文天祥的正房偏房，每天都是喜气洋洋，这也冲淡了他仕途的不快，融入天伦之乐中。他决定好好建设他的文山山庄，如陶渊明所描绘的世外桃源一般。

文天祥敬仰的"五柳先生"陶渊明，毕生有三大志趣，那就是读书、饮酒、写文章。他"筑室南山"，以田园为乐园。想想当年罢官闲居上饶的辛弃疾，也是"书咄咄，且休休，一丘一壑也风流"。这种卓然不群的品格恰恰是文天祥的追求。弹琴弈棋，吟诗绘画，饮酒品茗……现在又成了五个儿女的父亲，上有老下有小，增添了多少天伦乐趣！

7

咸淳三年九月，退隐文山的文天祥，忽然被朝廷任命为吏部尚书左司郎官！他接到诏书时就请求辞免，但未获准许，于是不得不在十二月去京城就职。

第二年正月，又让他兼学士院权直兼国史院编修官兼实录院检讨官。谁知当月就被罢官了，而且一撸到底，不讲缘由！

到了这年的冬至，文天祥又被起用为福建提刑，谁知还未上任，又第三次罢官！表面上看前一次罢官是黄镛的弹劾，后一次罢官是陈懋钦的奏免。其实，这些台臣后边都有贾似道的黑手，这位"蟋蟀宰相"在逗他玩，看文天祥是不是听从使唤。

文天祥又回到了文山山庄。他对朝廷已心灰意懒，对官家也不抱希望了。他经常与好友谈论《论语》，"天下有道则见，无道则隐"。国家政治清明，便该出来效力，政局混乱便该隐身匿迹。

他的好友们经常来文山看望他，饮酒下棋，通宵达旦。在他罢官的日子里，萧敬夫、萧焘夫兄弟，胡琴窗等人常来文山陪伴游玩。咸淳四年五月，临川的杜伯扬、义山的萧敬夫应约来文山饮酒。夜里狂风暴雨，天明突发山洪，他们三人一起登山观水。只见洪水如同万马奔腾，惊天动地，江中绿洲淹没河中，巨石滚动，岸边松林倒伏，河堤冲毁，大自然摧枯拉朽所向披靡！

文天祥诗兴大发，他站在山顶上，高声唱诵："风雨移三峡，雷霆擘两山。"

杜伯扬接上："雷霆真自地中出，河汉莫从天上翻。"

萧敬夫也不示弱："八风卷地翻雷穴，万甲从天骤雪鬃。"

这时，老友孙子安也到了。文天祥说："孙老夫子，该你了。"

孙子安拈着胡须说："我被这天上之水冲昏了头脑，精词佳句都被冲走了。"

当天晚上，文天祥写了一篇散文《文山观大水记》，文章气势磅礴，抗争不息，如同动态的画卷，一直流传至今。在文章的结尾，流露出强烈的生命意识和历史意识，给人以沉重的惆怅感、迷茫感和沧桑感。

文天祥别传

第九章

贾似道养的蟋蟀，蹦到了官家的龙须上！钓鱼城抛出的石块，将杀人魔王击落在马下。

病里心如故，闲中事更生。

睡猫随我懒，黠鼠向人鸣。

羽扇看棋坐，黄冠扶杖行。

灯前翻自喜，瘦得此诗清。

——《又赋三首》

1

文天祥入朝为官不到十年，却被三次罢官！俗话说，"朝里有人好做官"，他朝里没有志同道合的人，又因他不屈不挠的性格，这为他树了不少敌人，自然就做不成官，也干不成事了，所以只能打道回府，返回文山。

咸淳五年（1269）三月，文天祥敬仰的江万里、马廷鸾出任左右两丞相，这给日暮西山的南宋朝廷带来一线光亮。物以类聚，人以群分，他们掌权以后，四月份就起用文天祥：差知宁国府。

文天祥认为，自己还是不出山为好，便上书辞免，要求朝廷给自己一个说法。他是状元出身，朝廷的评价也不低，却一次次被弹劾罢官，究竟是什么原因？是是非非应该予以澄清，不然如何能堂堂正正地为官呢？

没有什么说法，也不同意他的请辞！半年后，文天祥不得不去宁国府赴任。

地处宣州的宁国府在历史上很有名气，南朝宣城太守谢朓，世称"小谢"，与谢灵运齐名；北宋诗人梅尧臣的墓地也在双羊山，他对宋诗革新起过重要作用。这里本来是个富庶的鱼米之乡，文天祥到来后却发现，这里已经变成一座荒城，城内陵阳山上著名的叠嶂楼，"檐隙委残籍，屋隅连宿莽。"由于战乱和苛捐杂税，民不聊生，结果"山凋水瘵，人物零落"，山、水、人统统都病入膏肓了。宁国府衰败到几乎没有人烟的地步。

文天祥立即上书官家，要求免除宁国府的赋税，没想到宋度宗破天荒地批准了他的请求，宁国府的百姓有救了！在短短一个月的任职中，文天祥让宣州百姓"顿足起舞"，他离开之后，宣州父老捐钱为他建立了生祠报恩。他离开之前，还留下了五劝五戒的"劝农歌"：

一劝勤耕作，二劝行孝弟，三劝勤教子，四劝常修善，五劝了王租。
一戒莫妄状，二戒莫避役，三戒莫拒追，四戒莫无赖，五戒莫夺路。

文天祥交代给新接任的知府孟之缙，要"朝路相期柳色新"，便又赴京任军器监兼右司的官职了。这当然也是江万里举荐的，他认定文天祥是个难得的治国人才，可当文天祥抵京任职时，江万里却被罢免了左丞相！是什么原因？原来又是贾似道伸出了黑手！指使鲍度弹劾他。因为江万里是个行公道直道的清官，他与贾似道不是一条道上跑的车，分道扬镳是必然的。

江万里被贬去洞霄宫任职，历史记载千人送到郊外，百姓宿在野地，阻挡车辆不忍舍去。两天后又任观文殿学士等职，被辞掉。文天祥作了一首《临歧饯别》：

圣恩优许力求回，把酒临歧饯一杯。
台阁是非远已矣，乾坤俯仰愧何哉！
竟追范蠡归湖去，不管胡儿放马来。
强围尚殷如孔棘，也应定策救时危。

文天祥回到临安后出任监职，免兼右司而兼崇政殿说书、学士院权直、玉牒所检讨官。崇政殿说书的官职，就是说，他有向官家宋度宗进言的机会了。学士院权直，是替官家起草诏书的，虽然"权直"是临时性的，但权力还是挺大的。

宋度宗当太子时，文天祥给他讲过课，还被宋理宗奖励过金碗，现在当皇帝了，又给他讲课，这既说明了文天祥知识渊博，学通古今；又说明他的忠君爱民之心官家不是不了解。文天祥通过讲解"天文系于人文"，希望宋度宗重视人才，他把自己的"公道""直道""法天不息"的观点一一向官家阐述，直言批判秦皇的封建专制。他还借古讽今，认为"安史之乱"生自唐玄宗，而非杨贵妃；宋理宗召妓入宫，也都非君王之道。文天祥指出，社会乱象的病根，就是赵家祖宗守内虚外的专制之法！赵匡胤是陈桥兵变而黄袍加身的，他怕后代有军阀学他造反，给后辈制定了"守内虚外"的方针政策。防卫内部可能出现的隐患，放松外部存在的威胁，其结果是重文轻武，边境空虚。文天祥认为必须抓住社稷的这个病根，脚踏实地进行改革！

文天祥这边是忠心耿耿，诲人不倦，宋度宗那边却是对牛弹琴，依然迷恋后宫。他对贾似道言听计从，尊为"师臣"，因为是贾似道把他扶上皇帝龙椅的，而贾太师最擅长的，也恰恰就是守内虚外之法。

2

贾似道这个人，《宋史》把他列为奸臣，后人都说他是靠裙带关系上台的，其实也并非完全是这么回事。

淳祐九年，抗敌名将孟珙临死前，推荐贾似道做自己的继任者，认为他有能力出镇京湖制置使，而他的异母姐姐贾贵妃两年前已经病故，宋理宗当时专宠的已是阎贵妃了。再说贾似道还帮助谢皇后平叛了一场宫廷政变，他因立功入朝。他入朝后，先是将董宋臣等宦官势力清除朝堂，致使终宋一朝再无宦官干政！接着又打击了谢皇后的侄子，剥夺了外戚及宗室的权力，让他们统统靠边站了！他执政后，还对太学生的科举、授官，有优惠条例，既为国家选拔了人才，当然也为他自己笼络了亲信。

贾似道在宋理宗的朝廷中一步步升为丞相，并非无所作为。他的"公田法"，就是收购官员豪绅超过标准部分的"逾限之田"，将这些土地由朝廷买回成为公田，再由佃户耕种，佃租作为军费开支，这样既抑制了大官僚和大地主的土地逃税，调度了军粮保证了军需，也让社会上物价保持着稳定，粮价得到了平抑，出现了南宋后期经济少有的好转现象。

他除了强制推行均田的"公田法"外，还试图用"打算法"来清理军中的腐败，因为在南宋财政支出中，军费占了90%！边帅武将与朝中官员相互勾结，疯狂贪腐，宋军中层层吃"空饷"！贾似道在清理前线守军的财政问题上，因为操之过急，结果逼反了一些将领，结局适得其反。这两项政策也成为贾似道遭受攻击的最大原因。

宋宁宗嘉定六年（1213）出生的贾似道，因为是父亲的小妾胡氏所生，为嫡母所不容，后来，他的母亲被迫改嫁给了一个石匠。11岁那年他父亲病故，无人管教，他终日在社会上无所事事地游荡，是个地地道道的混混，尤其愿意玩虫蟋蟀，然而他还是有些才气的，科考时他把自己玩蟋蟀的体会写成《促织经》，歪打正着，讨得昏庸贪玩的宋理宗的欢心，他从一个地痞无赖逐渐混到一人之下万人之上的地位，不得不说他创造了一个人生的奇迹。人们送他一个外号，叫"蟋蟀宰相"。他也厚颜无耻地笑纳了！然而贾似道游手好闲、为所欲为的习惯，还是本性难改，并且还带进了官场。

宋理宗死后，飞黄腾达的贾似道尾大不掉，开始飞扬跋扈起来。理宗刚刚下葬，贾似道就忽然"弃官而去"，让宋度宗、谢太后和众大臣知道，朝廷离开他不行！在宋度宗掌权的日子里，贾似道要挟皇帝成了他的家常便饭！他要么"乞归养"，要么又"称病求去"，于是，官家授他为"太师、平章军国重事"，其手中的权力超过了两个宰相！贾似道可以"三日一朝""六日一朝"，甚至可以"入朝不拜"，众臣都称他周公，后又被宋度宗封为魏国公！官家赏赐"葛岭"给他修建富丽堂皇的贾府，他还在府中修建了楼阁亭榭，每天与娼妓、尼姑、宫女游乐在私邸和西湖之中，饮酒、赌博、斗蟋蟀，花天酒地！有一次朝中议政，贾似道的蟋蟀竟然蹦到了官家的胡须上！引得文武百官们不知如何救驾才好！

就在南宋君臣们在西子湖畔醉生梦死的时刻，蒙古大军已经围困襄樊多日！两城危在旦夕，贾似道却将边报抱回自己家中！官家身边有几个宫女透露了襄樊的消息，贾似道竟残忍地杀了她们！

贾似道辞职隐退是假，要挟皇帝抬高自己是真。咸淳六年，贾似道又玩起了这一招："托疾归绍兴，乞致仕"，就是要退休。

这时，恰恰替皇帝草拟诏书的是文天祥，他不像别人写的尽是褒辞挽留，他草拟的第一个批示是不同意贾似道去职！说是"违众心""违朕心"。草拟第二稿时就不客气了，他指出大臣应以国家安危为重，不应以身体原因言退；70岁的，甚至90岁的大臣还在问政，你身为师相，哪能借口称病而告休？

他在草诏上写了"所请宜不允"五个字！也不给贾似道过目，而是直接"进呈御前"！这是违犯内制的！也是公开反对贾似道的！"遂忤贾意"这还了得？贾似道一怒文天祥，不把所拟制书草稿让他过目，二怒"所拟无过褒之辞"，没有赞扬他！于是指使台臣张志立，上奏罢免文天祥！

这就是文天祥第四次罢官的缘由，不但罢了官，他的所有职务全免，连奉祠禄也没有了！

3

"当年只为青山误，直草君王一诏归。"

35岁的文天祥因草拟诏书被罢官后，又回到文山山庄的青山绿水之间。

他将"天图画"修建完毕后，还写了《山中堂屋上梁文》，其中有"弹琴以咏先王之风，高卧自谓羲皇之上"之句。他感到心灰意懒，有"避影深山"之意，"浩浩歌，人生如寄可奈何？"可实际上他忧国忧民的思想感情片刻也没有放下。

"故人书问至，为言北风急。山深人不知，塞马谁得失？挑灯看古史，感泪纵横发。"从他在文山写的诗句中可以看出，他不仅仅是感慨而已，而是夜坐不寐，"终有剑心在，闻鸡坐欲驰"，"簸扬且听箕张口，丈夫壮气须冲斗"，任凭那些小人搬弄口舌、散布谗言、颠倒是非，我仍不忘国难，气概豪迈！

1271 年 11 月蒙古建国，国号"大元"。

忽必烈称帝后，加紧南侵，被围困的襄阳、樊城更加吃紧。已病入膏肓的南宋朝廷已经是"山雨欲来风满楼"了！文天祥虽然在家奉亲课子，因报国无门，仍感"度日如年"。

冬至这天，朝廷终于给他送来了诏书，任命他为湖南运判。可没想到罢免令也接踵而至，他又被台臣陈坚所奏罢官了，这是文天祥第五次被罢官！

宋代的台臣有这么大的权力吗？原来宋代实行"二府三司制"，二府即宰相管的部门叫政府，枢密使管的军政叫枢府。三司是管财政权的，即盐铁司、度支司、户部司。三司地位虽低，权力却大，号称计相。宰相、枢相、计相互不统属，只有皇帝集权一尊。皇帝又设监察司来制约宰相和官员们，监察司的机关叫御史台，御史也叫台臣。当然，还有言谏官，是劝谏皇帝的，可到了宋代便合二为一了，统统用来对付臣僚们！台臣虽说官不大，却可以与宰相同朝议事。按宋代规定，台臣如果上任百日无所弹劾，就要撤职并且罚款，这样台臣们于公于私都要没事找事干。强化皇权的背后，是形成了官本位，也引起了官官勾结的大面积腐败。

文天祥比苏东坡幸运多了，他没有尝到坐大牢的滋味。回到文山山庄后，仍然郁郁闷闷。这一次不像上一次，他已没有欣赏春花秋月的心情了。一天，萧敬夫、萧焘夫兄弟二人带着两坛堆花酒，来到文山山庄。这堆花酒是庐陵的特产，是谷米烧酒，甘醇可口，后人是这样评价此酒的：

"三千进士冠华夏，一壶堆花醉江南。"

文天祥招呼老友们来到江边的"松江亭"，亭外效仿陶渊明，也放了一块巨石，陶公称作"醉石"，酒后可以躺卧。三人边品酒边大发感慨，正如曹孟德当年所说："对酒当歌，人生几何，譬如朝露，去日苦多。"

萧敬夫说："曹孟德是很有豪气的，不像柳永所写，'对酒当歌，强乐还无味。'"

萧焘夫接过话道："'酒入愁肠，化作相思泪。'范仲淹诗中尝到味道了，是酸甜苦辣咸。"

文天祥哈哈大笑起来，他让家人安排菜肴，三人准备一醉方休。

酒过三巡后，面对大江水涨，文天祥对萧敬夫说："李太白有诗云'天若不爱酒，酒星不在天。'你上月写的一首七律，我今天同韵和你一首。"

拍拍春风满面浮，出门一笑大江流。

坐中狂客有醉白，物外闲人惟弈秋。

晴抹雨妆总西子，日开云暝一滁州。

忽传十万军声至，如在浙江亭上游。

4

咸淳八年（1272）六月，文天祥病了！这次病得不轻。先是阵发性寒战，冷得厉害，全身打战，盖几床被子都无用；冷完了就发烧，高温不降，周身火烫；然后就是大汗淋漓，汗出了热也退了。每隔一两天发作一次，或天天如此。这在北方称作"打摆子"，南方称作"瘴疠"，就是现在所说的"疟疾"，分间日疟，即隔一天发作一次；三日疟，隔两天发作一次；恶性疟疾是最厉害的一种，发热没有规律。当年南方亚热带地区称为"瘴疠之地"，恶性疟疾危害甚烈，夏秋季节是高发时间，宋代民间流传"十个九黄瘦，十个男人九大肚"。到"秋瘴"的高发季节，"九月稻尾黄，十户九家卧眠床"。恶性疟疾发病厉害，它的死亡率也很高，但那时候还不知道蚊子是罪魁祸首，更没有屠呦呦的"青蒿素"。

文家请来郎中看病，病症清晰，疟疾诊断没错，先用银针针灸大椎、间使、至阳、血海等穴位，然后开方抓药，青蒿、常山、草果、地榆根之类。开头几天没有多少变化，隔日或者不隔日发病一次，面色苍白，口唇紫绀，不料五天后病情加重，伴有恶心呕吐，腹痛腹泻，甚而惊厥谵语。这可把欧阳夫人吓坏了，她到处寻医问药，天天打卦问卜。用现在的医学知识分析，他患的既不是间日疟，也不是三日疟，而是地地道道的恶性疟疾。

文天祥的老朋友朱约山请来一位医生，是从四川来的钟正甫，此人医术高明，望闻问切之后，理法方药独具一格。除了用葛洪《肘后备急方》介绍的青蒿汁外，他认为病人热重汗多，应该加用石膏、知母；病久正气虚弱，加入党参、何首乌；神昏惊厥，用犀角、僵蚕、钩藤……三服药下肚，文天祥热退了，神清了，从阎王殿又回来了！

配药时没有犀角，怎么办？这可是平肝熄风的主药，朱约山二话不说，将家中祖传的犀牛角酒杯拿来，砸碎了研磨入药，抢救好友文天祥。危难之中见真情，古往今来皆是如此。他曾写过二首诗：

一病忽两月，蓬头夏涉秋。
形羸心自壮，手弱笔仍遒。
昨夜灯如喜，今宵蝶莫愁。
问谁驱五疟，正与五穷谋。

一病四十日，西风草木凉。
依床腰见骨，览镜眼留眶。
倦策吟诗杖，频烧读《易》香。
夜深排果饵，乞巧太医王。

文天祥在这场大病中，遭了罪："多病耳蝉鸣"；白了发，"岁月侵寻见二毛"；形象也改变了，"整冠人共笑，两月不梳头"。可他也体会到家庭的温暖，享受到天伦的乐趣，"病中萧散服黄冠，笑倒群儿指为弹"。

在这段时间里，文天祥无官无差，甚至没有任何俸禄，可他的朋友们个个关怀备至、不离不弃，在他病中不但给予经济帮助，也给予了精神支持，许多人还与他结为生死之交。

文天祥十分感谢钟正甫，赠诗云：

> 炎黄览众草，异种多西州。
> 为君望岷峨，使我泪双流。
> 向来秦越人，朝洛夕邯郸。
> 子持鹊经来，自西亦徂南。
> 江南有羁羽，岂敢怀故营！
> 何当同皇凤，六气和且平。

5

钟正甫是四川重庆人氏，毕生行医，常年游走江湖，躲避战乱。这次治好文天祥的恶性疟疾，让文家上上下下感激涕零，一直留在文山山庄款待，他也喜欢这里的青山绿水，一边继续为文天祥调理康复，一边游山玩水，陪同文天祥下棋聊天。

一日，文天祥的朋友刘其发来文山山庄告别，他要启程前去四川重庆，那里已经是蒙古人占领的地盘了，文天祥特意为他写诗送行：

> 秋风凄已寒，蜀道阻且长。
> 虎狼伏原野，欲济川无梁。
> 客从何处来？云我之西方。
> 萧萧骍驪鸣，熠熠湛卢光。
> 昔时荣华地，今为争战场。

将军扬天戈，壮士发戎行。

江南有羁鸟，悠悠怀故乡。

驾言与子游，云天何茫茫！

　　文天祥邀刘其发和钟正甫一起到"见山堂"饮茶，生病期间，儿子道生、佛生经常不离左右，大女儿定娘更是对父亲悉心照料，牙牙学语的寿娘也成了他的开心果。

　　三杯茶下肚，主客便打开了话匣子。文天祥问道："钟先生，我没有去过四川，听说那里是天府之国。"

　　"一点不错，我朝两大粮仓，一是四川，一是江南。"钟正甫说道。

　　文天祥来了兴趣："北边蒙古人很有战略眼光，拿下大理国，截断了我们的战马来源；攻占了四川，夺了我们的军粮。这样包围圈就越来越小，我朝岌岌可危啊！"

　　"我朝余玠将军早已经看准这一点，他针对蒙古骑兵擅长野战的特点，已采取了筑城守蜀之策。"钟正甫说。

　　"建钓鱼城就是其中之一。"刘其发插话说。

　　钟正甫点了点头，接着说："对！沿嘉陵江、长江两岸山隘要道，他发动了十万民众，修筑了十几座城堡。"

　　刘其发："据险设防，广积粮，兴武备，让所向披靡的蒙古铁骑十分头痛。"

　　大病初愈的文天祥也来了兴致，他说："宝祐五年，蒙哥亲征，宝祐六年夏天进攻四川，年底受阻于钓鱼城。劝降不成，因为合州知府王坚杀了蒙古劝降的使者。"

　　"文山先生记得不错。"

　　"他那年正丁忧在家嘛。"老朋友刘其发记得十分清楚。

　　钟正甫讲："第二年正月，蒙哥分兵进攻钓鱼城周围要塞，使钓鱼城孤悬一隅，但由于防御坚固，军民一心，蒙哥屡攻不克。"

　　"攻城不是蒙古人的强项，他们善于野战。"文天祥分析说。

"四月，敌军绕道西北进攻外城，一度登上城头，最终还是被宋军击退了。"

"蒙军的前锋主帅王德臣也被打死了。"

"对，他们在城外脑顶坪山堡上搭起高架，偷窥城内虚实，不料城内抛石机万炮齐发，王德臣被击落坠地，死于军中。"

"王坚领兵有方，不愧有'四川彪将'的美誉。"文天祥赞美有加。

钟正甫见听讲的人越来越多，他就越讲越来精神。"我宋军还包了一些大饼和鲜鱼并附上挑战书，一起投掷到蒙古军营中。战书上写道：'蒙哥，你可以吃着大饼和鱼肉，再攻十年也休想攻破钓鱼城！'"

刘其发说，我也听别人讲过，这确有其事。

文天祥让家人和子女们都坐下来听讲，这不仅仅是听故事，这是给孩子们进行教育，重视家教是文家的传统。

"夏季蜀中炎热，疾疫流行，北方来的蒙军士气低落。蒙古军围攻钓鱼城半年不克，军心已经动摇了。

"那年七月，大汗蒙哥又组织发动进攻，骑着战马指挥攻打新东门。城内军民负险固守，拼死还击。抛石机抛出的一块石头，将不可一世的'上帝之鞭'蒙哥击坠马下，抬回去不久，就因伤重死去。

"这也是余玠将军修筑钓鱼城的功劳啊！"文天祥感慨地说。

"可我朝官家却听信谗言，疑他拥兵自重，逼他服毒自杀了！"

"呜呼！历代忠臣都难有好结果！"文天祥泪流满面，唏嘘不已。孩子们看到父亲流泪，也都个个受到了感动。

惺惺惜惺惺，儒家思想最高境界就是"文死谏，武死战"，可中国历史上的文武忠烈，却有不少人死在内斗上，岳飞是这样，余玠也是这样，这是朝廷病了，也是社会病了。

蒙古军队的血腥屠杀，让全世界都在战栗，这就是高丽国不战而降的原因所在。然而逃跑也逃不过蒙古人的铁蹄，于是中国人就被迫抵抗，当然对手更野蛮，四川在大屠杀前军民有 1300 多万，大屠杀后，人口竟不足 80 万了!

1259 年 7 月 21 日蒙哥死了,征蜀的大军被迫撤离。进攻荆鄂的忽必烈年底返回蒙古争夺汗位,打到阿拉伯半岛和埃及作战的蒙古大军,也纷纷赶回草原,蒙古汗位之争整整火拼了三年。

钓鱼城——"上帝之鞭折此城",它改变了世界历史:蒙古铁骑未能踏进非洲,南宋王朝又多延长了 20 年。

6

咸淳九年(1273)正月,文天祥的恩师欧阳守道病了。因为文天祥被罢官在家,他第一时间赶去了白鹭洲书院。

欧阳守道山长是倒在讲学的课堂上,被学子们抬回了家中。文天祥夫妇见欧阳守道瘦骨嶙峋、有气无力的样子,十分难过,虽然在文天祥帮助下,旧宅已经翻修,可家中依然一贫如洗,毫无集资,就如《宋史》所述,"卒,家无一钱"。

欧阳守道自幼家贫,自学成才,道德学识闻名乡里。他是淳祐元年的进士,当年的状元徐俨夫握着他的手自愧地说:"吾愧出君上矣,君文未尝不在我上也!"

欧阳守道的廷试对策中有一句话讲:"国事成败在宰相,人才消长在台谏。"然而就是他因为评论国事而被罢了官。他为官清廉,回乡时仅有两箱书籍而已。他任白鹭洲书院山长时,创"巽斋学派",阐明了孟子"正人心、承三圣"之说,尤其对孟子提出的"浩然之气"做了进一步阐述,他认为浩然者人人同有,要养气必先立志,集义才能养气。浩然之气是人的道德精神高度升华,达到一种至大至公、至刚至勇的高尚境界。

文天祥与欧阳守道更有一种特殊的感情,"先生之德,其慈如父母",因为先生不仅看到文天祥的长处,也能指出他的短处。欧阳守道分析三国历史时,曾语重心长地跟他讲过什么是天时、地利、人和?诸葛亮足智多谋,是古往今来少有的龙凤奇才,可最终没能帮助西蜀统一中国!欧阳守道认为"孔明已负金刀志",什么原因呢?是他自满嫉妒,不能容人的性格决定。"事无巨细皆专之。"魏延是个能文能武的将才,刘备十分看重,曾任命他为北伐的远征将军。可诸葛亮却认为他有反骨,处处提防。诸葛亮六出祁山无功而返,魏延曾提建议,自率五千兵马穿越秦岭偷袭长安,前后夹击司马懿的建议明明是正确的,可诸葛亮就是不予采纳,结果在定军山含恨而死!老师以史为鉴,提醒文天祥不要太执拗,有容德乃大,宰相肚里能撑船嘛。

欧阳守道也去过文天祥的文山山庄,青山绿水虽然美,可蒙军压境哪有什么世外桃源?他说文天祥"投身闹市思山林,欲归未归长苦心"。而文天祥这时感到"桑弧未了男子事,何能局促甘囚山?"他也感到在"山中度日如年"了。

欧阳守道是在家中去世的。文天祥夫妇悲痛欲绝,出资购买棺椁墓地,披麻戴孝大殡送葬。欧阳守道的学生弟子们也都参加了葬礼。文天祥一直视欧阳守道为"一世宗师",所以老师的思想、人格、气节也影响了他的一生。

欧阳守道去世后,文天祥写祭文纪念自己的恩师:"其与人也,如和风之著物,如醇醴之醉人……其为人也,发于诚心,摧山岳,沮金石,虽谤兴毁来,而不悔其所为。"并且赋诗《挽巽斋先生欧阳大著》,在诗中他赞颂欧阳守道治学严谨,道德高尚,盛称他见识高远,却不为国用,寄托了自己的无尽哀思。

第十章

奉命镇压了农民起义，以其首领头颅向上司报了战功，是功是过？

传鼓发船去，我秦君向湘。

持鳌思太白，占鹊问东方。

世味秋云薄，交情江水长。

相期天路晓，阵马度风樯。

——《用韵谢诸客和章》

1

咸淳九年（1273）正月，文天祥被任命为湖南提刑，他结束了两年的
山居生活。

五月初一到达衡阳就任。他十分钦佩的宰相江万里，此时已被贬到长
沙（潭州），任湖南安抚大使。衡阳离长沙不到四百里路，文天祥上任不久，
便去拜见这位76岁的先贤。

两人相见甚欢，但提到襄阳、樊城的失守，又对时局深深担忧。他们
虽是两代人，却是一个脾气。江万里语重心长地说："吾老矣！观天时人
事当有变。吾阅人多矣，世道之责，其在君乎，君其勉之。"老成练达的
前宰相慧眼识珠，他认为在风雨飘摇的朝廷中，唯有文天祥是中流砥柱，
可力挽狂澜。

然而此时的文天祥仅仅是个地方官，他能做的也仅是提刑官权限之内
的事，但他历来在其位谋其政，施政兢兢业业，丝毫不含糊。

提刑是"提点刑狱公事"的简称，相当于现在一个省的检察长、公安

厅长、省高级法院院长、省军分区司令等几个身份的综合，直接对朝廷中央负责，地方上没有直接的隶属部门。提刑负责监察州县地方的刑狱、诉讼案件，督察、审核所辖州县官府审理上报的案件，对他们判案拖延时日、不能如期捕获案犯的渎职行为进行弹劾。他们还负责审理疑难案件，平反冤假错案，接受百姓上诉等。就像写《洗冤集录》中的宋慈提刑官一样。除此以外，维持地方治安也是提刑官的重要职责，包括剿捕盗贼，镇压造反者。

大宋刑律很严格也是很科学的，很值得后人研究。逮捕、审讯、判决分别由尉司、推司、法司三个部门执行，不能越权。一般性案件都在县级审理，县尉就是公安局长，他只能抓人不能定罪。审讯机构要审两次，一审验明正身，核定证据，记录口供，称作推勘。审讯特别重视二审，称作录问，重证据轻口供，如果是死刑案，必须要有官员集体询问，称作聚录。二审的推司还必须向被告宣布有权喊冤！最后的判决机关定谳有四道程序：一曰检法，即找出适用的法律；二曰拟判，即另一人写出判词；三曰审核，即同级官员组成的合议庭；四曰判决书，由长官签署。

宋朝的司法程序中，推勘、录问和检法的官员彼此绝对不可见面，如果见面各打八十大板！被告不服判决者，三年之内可以上诉，临刑时如果喊冤，就要派人另外审理，人犯有五次翻案的权利。怪不得有人说过，"宋是现代的拂晓时辰"。

当然规定归规定，就像朝廷有二府三司制度，贾似道照样独断专行，谁也奈何不了他。陈银匠案也是无视王法的例子，权大于法是中国历代的通病。

文天祥上任后，大刀阔斧处理了一批案件。

"湖南宪司咸淳九年隆冬疏决批牌判"，就是把湖南州县积压下来的案件统统予以处理，不使继续再拖下去。判文指出"凡情轻当放释者，从所委官逐名点对，取判施行"，马上释放！对身强力壮不残的，也不让他们坐牢了，与其让他们在狱中等死，不如将他们"驱于极边"，"发往荆、蜀、淮海"，去跟蒙古兵作战，"死中求生"，给他们一条生路。

"断配典吏侯必隆判"，就是制裁违犯法纪的官员。文天祥对他们决不姑息养奸。侯必隆是个十分狡猾的官员，他"自称无他情弊"，但竟敢在呈押之时，套取花押；于行移之后，伪造公文。弄虚作假目的是为了索取贿赂，于是判决："侯必隆决脊杖十五，刺配千里州军。……五日押发。"对犯有大错但不是犯罪的官员，竟然被发配到千里之外，文天祥的判决也真够狠的了！

"平反杨小三死事判"，这是对平民百姓的一次公正平反。杨小三被施念一、颜小三、罗小六三人群殴致死，原判是"谋杀"，那样的话三人都要被除以极刑！文天祥接任后，"看颇不入，不能无疑"。后经查明杨小三是被"殴至死"，彼此原无深仇大恨，不在"谋杀之列"，于是根据三个凶手的不同情况重新改判。颜小三、罗小六二人"各决脊杖二十，刺配广南远恶州军"。施念一虽是主谋，但下手不重，不需要偿命。"决脊杖七十，刺配千里州军。"他们三人各捡了一条生命，从阎王殿活生生拖了回来！没有文天祥的话，草菅人命就是铁板钉钉了。

文天祥在湖南提刑任职期间，依法求实，大公无私，直言敢做。既为平民做主，平反了冤假错案，又惩治了不法官员，受到各界赞扬。

在宋代，民风好讼，喜欢打官司。江南一带，"诉讼日不下二百"。遇事讲理尊法，靠诉讼解决问题，这是文明的进步，于是在宋代也衍生出了讼学，大量讼师出现。吴钩先生在他的《宋》书写道：这"构成了中国古典司法传统走向近代转型的机制，当时中国司法领先于西欧诸国"。尤其出现"民告官"后，为了保证这类诉案得到公正裁决，朝廷规定：诉状必须交给上一级审理，不得交给被控告的衙门，也就是政府不能同时既被告又当仲裁官。这是民主的萌芽！公道的理念！如果不是外族入侵，宋代早已踏进现代世界的门槛了。

2

西晋和宋朝，是中国历史上仅有的两个没有爆发过全国性农民起义的王朝。仅有的几次较大规模的起义，如李顺、王小波起义，宋江起义，方腊起义，钟相、杨幺起义等都不曾超过一二个省的范围。由于没有大规模的国内战争，造成了经济飞速发展，工商业极度繁荣，生产力水平不断提高。到了南宋，经济文化发达，科技成果丰硕，人民生活水平相对较高，没有田的农民可以打工或做佃农，官府税收针对拥有大量土地的大地主，朝廷还出钱救济失去土地的农民，不到吃不上饭的地步，百姓不会选择造反这条不归之路。当然，局部的小范围的造反还是有的，咸淳九年的秦孟四就是其一。

秦孟四开始在广西一带率众活动，后来又在湖南出没，一年之中转战了25个郡县。文天祥曾文字记录他："杀死知县，杀伤县尉主学，卷去县印，屠民居，掳妇女，掠去财物。"记录客观，"所至攫剽财物之外，出其余以散之贫者"。

这时元军已经攻破襄樊，而秦孟四也攻破了永州南部的永明。在此内忧外患之际，巩固后方是最重要的大事。

江万里要求文天祥协助"平秦寇"。文天祥是提刑官，平定叛乱他责无旁贷。当年的四月初九，文天祥率千余官兵攻克了秦孟四占领的龙虎关，后驻扎在永明县城的锦堂、桃川、上甘棠一带两个多月，当时军粮十分短缺，需要从道州转运，时任道州太守徐宗斗，为"供亿军粮，日夜操劳"，不幸病卒于任上。文天祥痛哭失声，写了祭文《祭徐道州宗斗》，称他是为国操劳恪尽职守，忧国忧民，人物精英。文天祥性格耿直，爱憎分明，又喜欢写诗作文，所以留给后代许多翔实的历史资料。

八月，文天祥又对秦孟四进行了围剿。虽然他认为他们造反是"出不得已"，应该对他们"一面受招，一面劫杀"，但他特别反对杀降民，抢财物，要求严明军纪。另一方面他也认为秦孟四"罪如丘山"，即使招安也不能接纳。

文天祥离任时未能逮住秦孟四，这成了他的"未了公事"，一直耿耿于怀。后来继任的领兵将校，还是依照他的计策"或诱或逐或擒"的方法，最后终于擒杀了秦孟四。

当年江西赣州和福建汀州是农民起义发生次数最多的地区。汀州的黄从，是位农民起义首领，曾以"伪天子罪"被文天祥镇压下去，并将他斩杀，还将他的首级送到同督府报功。在异族大兵压境的生死存亡时刻，文天祥仍然分兵去镇压农民起义，表明他对造反者决不手下留情！这也是文天祥忠君报国的另一种表现。国难当头应该一致对外，却还是自家兄弟窝里斗，这可能就是中国人的劣根性！

"乱不起于中国，而起于夷狄"，这种说教深深植于宋代士大夫心里，文天祥也不能例外。当然，历史的经验也确实值得注意，文天祥后来的被捕，就是栽在陈懿手里，他好心招安了陈懿"五虎"，给他加官增禄，结果陈懿贼心不死，反复无常，最终还是向元军出卖了文天祥。这是后话。

3

文天祥驻扎上甘棠期间，到理学家周敦颐创办的"濂溪书院"参观。他对周敦颐的《爱莲说》推崇备至，于是挥笔写下"忠孝廉节"四个榜书大字，以抒发他的忠君报国之志。现在"廉节"二字的碑文，及"宋文山手书"手迹，仍然保存在上甘棠，已成为后人凭吊英雄，追思先贤的旅游胜地了。

"忠孝廉节"碑文在湖南共有三处，文天祥在上甘棠这里题写的字最大，岳麓书院碑文是朱熹早年所题，几百年后的文物工作者正在打一场笔墨官司，考证谁是原作者？其中的是是非非，正说明了书法艺术的魅力所在。两宋时期书法名家辈出，北宋有"苏（轼）、黄（庭坚）、米（芾）、蔡（襄）"书法四大家，南宋有"陆（游）、朱（熹）、范（成大）、张（孝祥）"中兴书法四大家。他们的作品都是中华瑰宝，在世界四大博物馆中全都有珍藏，他们的作品让中国文化大放异彩，传播着国人的文化自信。

癸酉十月乙亥，是江万里76岁大寿，文天祥以门人身份，赋诗《寿江古心先生》祝寿。他一直仰慕前贤的道德学问，以老师作为自己的楷模。

在湖南长沙，文天祥还与被贾似道罢官的老友李芾多次相聚，曾作过一首《湘江留别》，记录了两人的友谊：

> 潇湘一夜雨，湖海十年云。
> 相见皆成老，重逢便作分。
> 啼鹃春浩荡，回雁晓殷勤。
> 江阔人方健，月明思对君。

也是在湖南长沙，文天祥游岳麓山，访道林寺。为保存唐朝名流沈传师、裴休、宋之问、杜甫留下的笔札和诗章，寺内曾修建了一座"四绝堂"。曾任潭州知州的周必大，不愿怠慢后来的先贤，又加进了欧阳询的书法和韩愈的诗词，改成"六绝堂"合祀。文天祥有感自己庐陵老乡周必大的所作所为，还写了《道林寺衍六堂记》，追忆当年的这桩美事，也为后世留下了这篇美文。

4

文天祥几经宦海风波，因其性情"自拔于流俗""肮脏难合"，为官场难容，虽然正值壮年，却难有用武之地，感到自己已有老态，他在《白髭行》中写道：

> 忆昔守宣时，白上一二发。
> 去之四五年，一化为七八。
> 今年客衡湘，黑髭已多黄。
> 众黄忽一白，惊见如陵阳。
> 白发已为常，白髭何足怪！

岁月不可歇，雪霜日长大。

世人竞染缁，厌之固足嗤。

谁服芦菔汤，避老亦奚为。

少老如春秋，造物以为侪。

吾方乐吾天，乐天故不忧。

大道理都会讲，但在这动荡的社会里，在这惊心的外敌的马蹄声中，能乐天吗？能无忧吗？37岁的文天祥，只能任凭自己的白发越来越多了。

咸淳九年（1273）冬月，文天祥上书朝廷，说祖母、母亲年老，自己不能身前亲养，是谓不孝，希望调任离家乡近些的地方，"乞便郡侍亲"。

宋度宗通情达理，恩准了他的请求，诏他知赣州，因为那里与吉州近邻，可"奉亲地近"。这一年的正月二十五日，文天祥乘船离开衡阳，过衡山，在湘潭上岸，再取道萍乡到达庐陵。到家时已经是仲春二月了。在家小住十日，他把文山山庄安顿好后，又带着祖母、母亲、妻妾、子女，老老小小20人一起乘船，从赣江逆流而上到达赣州。

赣州以章水、贡水在此合流成赣江而得名。阳春三月，天青江阔，全家团聚，岁月峥嵘，这可能是文天祥此生留下的最美好的一段回忆了。他们途经泰和时，他写了一首《将母赴赣道西昌》五言律诗：

重来鸥阁晓，帆影涨新晴。

依槛云来去，闲帘花送迎。

江湖春汗漫，岁月老峥嵘。

手把忘忧草，爰爰绕太清。

赣州虽然离文天祥老家庐陵很近，可这里却是个蛮荒之地，经常有人落草为寇。文天祥认为"不可以威刑慑，而可以义理动"，因为他通过对赣州气候、风土、习俗的调查，知道这里的"人物伉健"，难用威刑震慑。所谓以义理动，就是"忠孝节义"的礼教教育。文天祥施政十个月，所属十个县"诸县民皆乐业",恰逢这一年又风调雨顺,收成不错,盗贼少了,治安好了,上上下下都对他挺满意。

文天祥在咸淳元年任江西提刑按察使时,衙府就设在赣州。那年他伯祖母梁氏过世,回吉安治丧后并未丁忧,还引起了一场风波。赣州三僚的进士廖应和兄弟三人,邀请他为廖氏族谱作序。夜宿三僚的文天祥当晚做了一梦:一个戴着斗笠背着包袱的老翁,请他为祠中贡献一点心血,可保他成为国家的栋梁之材。

天明后,他详细询问村民,方知这个模样装扮的老翁,是他们三僚风水祖师爷杨筠松。文天祥为廖氏写了谱序后,还真为杨公祠做了贡献。他以易经的卦象,题了八八六十四卦签。因为他本来就对易经精通,再与杨公的风水理论相结合,深奥费解的易经卦象,被他通俗易懂地诠释了。这些卦签成为三僚人的圣物,世世代代在杨公祠里供奉着。

天地悠悠,时光漫漫。700多年后的三僚村,就是公元2019年,已经成为"天下风水第一村"了!全村有400多位风水先生,平均两家半出一名跑风水的人。杨公祠不但香火不断,而且传承有人,风水培训班一年四季培训教学,文天祥的卦签也成为培训的教材,属于看风水的金科玉律。三僚的风水学,今天已誉满港澳台,风靡东南亚。

这是文天祥生前没有想到的!

5

这年的六月,文天祥的祖母刘氏过87岁生日,借此寿宴机会,文天祥把全城71岁以上的老人,包括96岁的翁妪,共计1390位,统统请来了!不但宴请他们,还向他们赠送衣物,搞了一场规模盛大的敬老活动。百善孝为先,不懈追求真善美的文天祥,把前朝范仲淹的"老吾老以及人之老"的理念带到了赣州,敬老爱幼,以老为贵。这也为他掌权执政带来了社会新风尚，对赣州民风起到巨大提升作用。

一千多人的宴会，是笔不小的开支，文天祥的家庭并不富裕，有此经济能力，能负担起敬老活动的花销，说明宋代官员的待遇确实不菲。这时的文天祥，只不过仅仅是南宋的一个中层官员而已。

宋朝官员的工资和福利都是很高的。他们的工资内容丰富充实，令人叹为观止，有正俸、禄粟、职钱、春冬服、茶酒、厨料、薪炭、从人衣粮以及牲畜饲料等。官员的衣食住行，甚至家眷从人的开销，全部由朝廷买单！丞相和枢密使一级的执政大臣，年俸是3600贯钱、1200石粟米、40匹绫、60匹绢、100两冬棉、14400捆柴、7担盐、1600秤炭（1秤=200斤），再加上70个仆人的衣粮。有人对此进行过计算，宋朝的国家级干部的年薪，相当于现在800万到1000万元。大家都熟知包青天，包拯的年薪令人咂舌：1000多万！比现代美国总统的待遇还要高得多！

宋代不仅重视文人墨客的考选，也重视他们的待遇和假日诉求。宋代高薪养廉，一以贯之。朝廷多次提高薪水，官员们的待遇大幅提升不说，官员的假期也非常充裕。公假包括节假、旬假、国忌假、外官上任假、朝假等。私假有婚假、丧假、病假、探亲假、私祭假等。元日、冬至、寒食三节各放假7天；夏至、端午各放假3天和1天，就连皇帝的生日官员都放假。宋代官员们全年假期包括旬假，超过了120天！这么多的假日，给本来生活优厚的士大夫们提供了更多的休闲时光。

6

也就在这一年，雷州知州虞应龙修建了"十贤堂"，以纪念寇准、丁谓、苏轼、苏辙、秦观、王岩叟、章惇、李纲、赵鼎、胡铨，这十位名臣或贬谪雷州，或途经雷州，他们应该为雷州的历史留下笔墨。虞应龙是抗金名相虞允文的曾孙，他敬佩文天祥的为人及学识，派人千里迢迢来赣州，请文天祥书写文章。

英雄所见略同。文天祥也十分敬仰这十位贤人，欣然答应了虞知州，写出了《雷州十贤堂记》和《雷州谯楼记》，记述了宋朝十位贤臣的事迹，并称颂雷州百姓"敬贤如师，疾恶如仇"。

雷州半岛位于南疆边陲，特有的雷府文化，就是敬神尊贤。

四年后的景炎三年正月，元军派大将王用攻打雷州，大败而归。五月，元军琼州安抚使张应科三战皆败。六月，张应科战死城下。后来阿里海牙率大军攻占了雷州，虞应龙不是英雄，没有先祖那样的硬骨头，他投降了元军，并被重用。张世杰曾率数万之众，围攻雷州不下，最后离开了硇洲，北撤崖山而不是南下琼州，他犯了不可挽回的历史大错！

文天祥在赣州虽然办事勤谨，但对局势的恶化，一直忧心忡忡。因为元军已经攻陷了鄂州，鄂州为楚上游，这样一来，京城危在旦夕了。

有一天他登上了郁孤台，联想到自己敬仰的前辈辛弃疾，当年任江西提刑时，也曾驻节赣州，途经造口壁时，辛弃疾曾写过一首《菩萨蛮》：

郁孤台下清江水，中间多少行人泪。西北望长安，可怜无数山。

青山遮不住，毕竟东流去。江晚正愁余，山深闻鹧鸪。

文天祥现在自己的心情，和一百年前抗金英雄辛弃疾的心情，何其相似乃尔！都是空有雄心壮志，却又报国无门。辛弃疾对故国山河的情思，引起了文天祥对万里江山的感慨，他的《题郁孤台》这样写道：

城郭春声阔，楼台昼影迟。

并天浮雪界，盖海出云旗。

风雨十年梦，江湖万里思。

依阑时北顾，空翠湿朝曦。

第十一章

鲁港兵败，贾似道被人活活锤死！太皇太后哀诏，文天祥奋起勤王。

> 漠漠愁云海戍迷，十年何事望京师？
> 李陵罪在偷生日，苏武功成未死时。
> 铁石心存无镜变，君臣义重与天期。
> 纵饶夜久胡尘黑，百炼丹心涅不缁。
>
> ——《题苏武忠节图》

1

忽必烈算是一个有抱负有才略的君主，影响他成长的人，就是汉化较深的母亲——庄圣太后。忽必烈很重视汉族的知识分子，对他们奉行"修身、齐家、治国、平天下"，十分热衷，并大量吸纳人才，成为自己的智囊团。

咸淳三年（1267），文天祥被罢官隐居文山时，贾似道施行"打算法"整肃军政，结果逼反了潼川安抚使刘整，他以泸州等15州30万户叛降了蒙古人！此事轰动了朝野。堡垒确实最容易从内部攻破！刘整向忽必烈建议："攻蜀不若攻襄，无襄则无淮，无淮则江南可唾手可得。"

这种战略深受忽必烈赏识，第二年，刘整就被忽必烈任命为都元帅，随同征南都元帅阿术进攻襄阳、樊城。忽必烈采纳了刘整的建议，下诏："教水军七万人，造战舰五千艘。"建立起了庞大的水军，以备渡江攻宋。

襄阳和樊城隔汉水相望，北岸樊城，南岸襄阳，要取襄阳必破樊城。

咸淳五年春，蒙古军队围攻樊城时，京湖都统张世杰带兵抵抗，结果打了败仗！七月，朝廷派沿江制置副使夏贵增援，仍然被蒙军阿术打败！南宋著名的将领孟珙，30年前曾经在襄樊打败过蒙古军队，在南宋军民中享有极高的声望，于是朝廷让孟珙的部将李庭芝出任京湖制置使，由他领兵抗蒙军，给南宋带来了胜利的希望。

谁知道贾似道派来他的亲信范文虎领兵，为争军功，他牵制李庭芝不得进军。十二月初，京湖战区的最高统帅吕文德病逝，由他的弟弟吕文焕接替统兵抗敌。吕文焕并非无名之辈，襄阳虽然被数年包围，但汉水北岸的樊城起到进出口作用，吕文焕用铁锁链锁住汉水，使蒙古水军不能通过，宋军等于掌握了制河权。但蒙古大军一直包围着襄樊，增兵10万以上，他们不达目的誓不罢休。

咸淳七年六月，范文虎率领步骑兵和两淮舟师10万增援襄樊，在鹿门准备与蒙军决战。蒙帅阿术采取夹江战术，分东西两阵，结果大败宋军。范文虎贪生怕死，乘夜色逃跑了，被蒙古人夺去战船100余艘。蒙军继而又击溃了夏贵的兵马，再缴获数百条战船。

这年十一月，已经是蒙古帝国大汗的孛儿只斤·忽必烈，将国号"大蒙古国"，改为"大元"，建立了元朝，他成了元朝的元世祖。"元"的含义来自《易经》，乾元——天地万物的起源，或称"原始力"。元朝从此用传统的中国方式记载历史，官方认可的编年史延续至今。

咸淳八年（1272）三月，刘整、阿里海牙统领的元军攻破了樊城的外围城，宋军2000余人全部战死！樊城岌岌可危，襄阳城中断了粮食，也中断了物资，而殿前副指挥使范文虎仍然不听李庭芝的调遣。驻扎郢州的李庭芝为解襄樊之围，他得知襄阳西北有条清泥河流入汉水，于是制造轻舟百艘，招募3000民兵组成敢死队。五月，由都统张顺、张贵率领，顺流而下，突破重围直达襄阳城中。战斗中张顺身中四枪六箭，英勇战死，死不瞑目！援军提升了城中军民抗战的士气。张贵八月份派人出城，与范文虎约定在龙尾洲会师夹击元军，不料范文虎在会师前夕后撤了30里，致使张贵孤军作战，全军覆没！张贵受伤十处，被俘后英勇殉职！

这年年底，元军重兵攻打樊城，他们首先毁掉与襄阳相连的桥梁，计划各个击破。忽必烈先是运来带轮的壕轿车，推入城壕，将折叠式壕桥张开，接通护城河两岸。后又让炮兵运来了"回回炮"，这是当年金国发明的攻城利器，也称作"配重式杠杆抛石机"，它能抛掷巨大的石头弹和火药，威力巨大，轰塌了樊城角楼。

其实火药是宋朝的发明，靖康元年李纲就曾用霹雳炮击退过金兵。可襄樊被围困了多年，物资匮乏，别说造火药，连军民吃饭都成了头等大事。咸淳九年正月，元军部队攻进樊城，守将范天顺自缢身亡；率军民誓死抵抗的统制牛富，负伤后投火自尽！元军破城后大开杀戒，城中军民几乎被全部杀光，血流成河！

樊城陷落，襄阳城孤立无援，而且城中弹尽粮绝。忽必烈成立的水军和炮兵发挥了作用，"回回炮"百炮齐发，震天动地，既为步兵攻城扫平了障碍，又起到巨大的威慑作用。吕文焕看到身边将领有的牺牲了，有的逃跑了，眼见大势已去，于是他也献城投降了元朝。

蒙古人原来是马上打天下，南宋江湖水网难以驰骋，元朝水军的建立，是宋元战争中的战略转变。在襄樊战役中，元朝投入的战舰1330艘次，水军15万人次，就这样还拼打了六年多。宋军的许多将领都出自吕家门下，吕文焕抗元六年最终还是投降了，这对抗敌的士气产生了很大的负面影响。

襄阳樊城陷落，长江门户洞开，给事中陈宜中上书朝廷，要求斩首逃跑的范文虎。陈宜中是当年的廷试榜眼，也是当年抗议"四人帮"丁大全的太学生"六君子"之一，属于南宋学生运动的领袖。

范文虎是按贾似道的指使行事，还是他的女婿，贾似道自然要包庇他，所以只把他贬到安庆府了事，他后来还是投降了元朝，并被任命为两浙大都督，引领元兵攻打南宋首都临安。这样的人，怎么会死心塌地为宋朝卖命呢？

对于贾似道招降纳叛，太府寺丞陈仲微上书朝廷，斥责贾似道欺君误国，结果被逐出了朝堂！

京湖制置使汪立信提出"充实江防，战守并用"的献策，认为现有兵力可"七十余万"，而元兵新军旧军加到一起不过20万人，宋军完全可战可守。因为汪立信的左眼稍微小了一些，有点不对称，贾似道不但不采用他的建议，还骂他"瞎贼，狂言敢尔"！命人弹劾他，并罢了他的官。

2

咸淳十年（1274）七月，35岁的宋度宗赵禥驾崩！

按宫廷的规矩，晚上受到皇帝翻牌恩宠的妃子，翌日早晨应向皇帝请安。据说每日请安的嫔妾超过30个！如此荒淫无度不早早玩死才怪呢！不过做了十年皇帝他也够本了，本来宋理宗就不是正宗，他这个侄子更是天上掉馅饼，白捡了个皇位！现在局势恶化，朝不保夕，甩手西去倒是天大的好事，再也不用提心吊胆地过日子了！不过，这可难坏了皇太后谢道清，谁来继承皇位呢？

宋度宗有7个儿子，死了4个，活着的还有3个。部分大臣主张立长子、淑妃杨氏所生的赵昰，今年6岁；贾似道主张立嫡子、全皇后所生的4岁赵㬎。修容俞氏所生的赵昺3岁，不够上位的资格。谢道清便支持了贾似道的意见，立赵㬎为皇帝，即宋恭帝，年号德祐元年。

新皇帝即位，谢道清晋升为太皇太后，封赵昰为吉王，封赵昺为信王。孤儿寡母几代人，不知道哪一天，这摇摇欲坠的王朝大厦就"呼啦"一声倒塌下来！

在南宋改朝换代之际，北边元军乘机南下！元帅伯颜率军向鄂州杀来。伯颜的曾祖父是成吉思汗的开国功臣，他从小随父西征，积累了丰富的实战经验，掌握了适用的军事理论，成了为忽必烈屡建奇功的肱股之臣。元军攻下襄樊后，忽必烈让伯颜挂帅，与阿术会师于襄阳，然后分兵两路直取鄂州。伯颜、阿术一路，以吕文焕为先锋，由襄阳经汉水进攻郢州；博罗欢一路，以刘整为先锋，经淮西取扬州。

郢州有新旧二城夹汉水而立，张世杰守备十分坚固，千艘战舰，锁住大江。伯颜不得不放弃郢州，顺江而下到达沙洋城，守将王虎臣、王大用坚决抵抗，决不投降，最后被"金汁炮"攻下，所谓"金汁"就是加热的粪汁内加入毒药。元军继而攻到新城，守将都统边居谊仍然坚决抵抗，还差点射死投降的吕文焕！城破时，三千官兵无一投降！边居谊全家自焚，视死如归，可歌可泣。

元军乘势东下围攻汉阳，前来增援鄂州的沿江制置副使夏贵，调动阳逻堡西沙芜口的守军增援汉阳，不料中了伯颜之计，丢了沙芜口这个过江口岸。阳逻堡在长江北岸，"欲守此江必守此堡"，伯颜派人到阳逻堡招降，守将王达拒不投降，元军千船齐进，却三日不克。伯颜于是暂缓进攻，让阿术渡江到南岸，宋荆鄂都统程鹏飞败走，白送了元军1000多艘战船。夏贵听说阿术已经渡江，大惊失色，带着300条战船掉头向东逃跑了。另一位从江陵来救鄂州的京湖宣抚使朱祀孙，听说夏贵逃去江陵，于是也连夜逃回。江陵破城后，他服毒未死，于是也投降元军。汉阳的王仪献城降元。大敌当前，与文天祥同榜的鄂州郡守李雷应竟被台臣罢免。十二月，代理主政的张宴然投降了元兵，兵败的程鹏飞也跟着举起了白旗！

鄂州是战略要地，"为楚上流"，伯颜取得此地十分得意，他命阿里海牙率四万兵丁戍守，自己与阿术统领大军，二月直逼京都临安，虎狼之师马上就要窜进南宋的都城了。

3

得胜的元军沿长江东下，南宋朝野上下惊恐万分，纷纷要求贾似道率兵抵抗，因为忽必烈挥师灭宋的檄文，就是打着声讨贾似道的旗号，说他有"无君之罪""立幼而顾位""贪乐聚宝珍"，尤其是扣留蒙古使者郝经多年。回顾历史，贾似道是靠 15 年前的"鄂州大捷"出名的，他也是靠这一资本，一步步爬上高位的。

那是开庆元年（1259），忽必烈亲征鄂州，宋理宗派贾似道指挥鄂州保卫战。贾似道不负圣恩，确实发挥了自己的才能，他奋战守城，让忽必烈没有办法！后来，得到了吕文德的援兵支持，贾似道在鄂州站稳了脚跟。这时鄂州地区发生了瘟疫，蒙古兵不适应江南气候，正在歇兵待战时刻，蒙古大汗蒙哥又死于钓鱼城，为了争夺汗位，忽必烈准备班师撤退。恰恰也在此刻，贾似道派亲信宋京到忽必烈帐中求和，条件是"愿割长江为界，岁奉银绢匹两各二十万"，这正中忽必烈下怀！他一面答应议和，一面返回漠北，去争夺汗位。蒙古人撤兵了！

贾似道乘北军撤退之机，让人追打几个殿后的士兵，便大言不惭地谎报"诸路大捷"。为了沽名钓誉，标榜所谓的丰功伟绩，贾似道还指使门客撰写文章，名曰《福华编》，为自己的"援鄂之功"歌功颂德。贾似道把功劳全记在自己账上，瞒着官家宋理宗，从此"鄂州大捷"就成了贾似道最大的政治资本！

忽必烈即位蒙古大汗后，任命郝经为国信使，来找贾似道，要求兑现他的承诺。他私自割地赔款求和，是欺君瞒上的不赦大罪，哪敢公开？于是贾似道命令手下扣押了郝经，在江苏真州（仪征）一扣就是十几年，忽必烈也一直在寻找郝经。

中国汉代有个苏武牧羊的故事。苏武出使匈奴被扣留，因为不投降而被发到北海去放羊，多年音讯全无。后来汉朝的使者探听到真实消息，他面见匈奴单于，说汉朝皇帝在上林苑射中一只大雁，雁足上绑着一封书信，写明苏武在北海牧羊！单于大惊，只好释放被扣留 19 年的苏武。

郝经也学习苏武的办法，在帛上书写："霜落风高恣所如，归期回首是春初。上林天子援弓缴，穷海累臣有帛书。"书信系在大雁足上放飞，在开封一带被猎雁者得到此书，献给元世祖忽必烈，方知郝经的下落在南宋的真州。

苏武牧羊中的"鸿雁传书"是虚构的，可这一成语却流传千年，鸿雁也成为信使的象征。据说郝经的鸿雁传书却是真实故事，不过真州不是荒凉的北海，十几年应该打探到他已经被囚的消息。

"鸿雁传书"打一中国地名，谜底就是高邮，江苏高邮离郝经囚禁的仪征不过二百里路，"鸿雁传书"不知还能否演绎出更多的故事来？

4

伯颜大兵压境，在满朝大臣及太学生的要求下，谢道清太皇太后命令贾似道领兵出征。贾似道最惧怕刘整，听说刘整被江万载的义军射伤，已经在北方暴死了，这才不得已出师。他招募了 13 万精兵，2500 艘战船，出发时装载着无数金帛辎重，甚至还带着妻妾，沿江绵延了百余里！贾似道到达芜湖时，与鄂州的败将夏贵会合，他命孙虎臣统领步骑前军七万，屯驻在池州下游的丁家洲两岸，命夏贵仍率战舰横列长江中，自己则领后军屯驻在鲁港。"鄂州大捷"的战果还能重演吗？

夏贵给贾似道送去一张纸条，纸条上写着："宋历三百二十年。"

什么意思？言下之意就是国势将尽，宋朝历时 320 年了，应该亡国了！贾似道心照不宣，点头默许，这样的将相能勇往直前地御敌抗战吗？

贾似道贪生怕死，又拿出和谈故伎重演，频频与已经投降元军的吕师夔联系，并仍然派那个宋京出面，向伯颜阿术议和。

伯颜说："宋人无信！"要贾似道亲自到场。其实两人心底都知道，这次战役你死我活，根本没有和谈的余地。当年宋元之战的武装，已经到了冷兵器时代最高级的时期，兵士的甲胄护胸护背，铁甲用强弩都难射穿。江海两用战船，长 8 丈阔 2 丈，载重数 10 万斤，安桨 42 支，载兵 200 多人！顶层高杆悬有巨石，船速快，机动灵活。船的每层周边都有射孔，安放"溜筒"，相当于现代的肩扛火箭筒，可点燃火药线发射火药弹。

丁家洲的决战实在惨烈,炮火横飞,元军江南江北两面夹击,加上"回回炮"又发挥了威力。可宋军将帅各怀鬼胎,当先锋姜才与元军接战打得正激烈之时,孙虎臣却挟妾逃跑了!贾似道大怒,处罚了逃回鲁港的孙虎臣。惯于临阵脱逃的夏贵,也不待交战就逃之夭夭,兵熊熊一个,将熊熊一窝!宋军一败涂地,龟缩在鲁港的贾似道一看不妙,也与败将孙虎臣乘孤舟逃往扬州去了!元军又一次大开杀戒,宋军死伤无数,血水染红了长江!尸体横流,惨不忍睹。

元军沿江东下,建康守臣赵潜逃走了,接着镇江知府洪起畏也逃了,这位曾轰动一时,写过"家在临安,职守京口。北骑若来,有死不走"的大臣,今天已变成"不降则走"的逃兵了!镇江统制官石祖忠和从临安来的丁月讷一起献城投降元军!

蒙古的使者郝经被释放,他被扣押了16年。其实郝经也不是个无名之辈,他效忠蒙古,提出著名的《班师议》,为忽必烈上位起了很大作用。他著有《续后汉书》《陵川集》,他的书法艺术思想在后代书法领域评价很高。历史竟然重演,北国和江南都有鸿雁传书的典故,都留下了忠臣不二的佳话。后来文天祥曾路过真州,就是当年扣押郝经的地方,苗再成请他在一幅《苏武忠节图》上题字,文天祥一直钦佩苏武的气节,赋诗写道:"忠贞已向生前定,老节须从死后休。"岂不知真州关押的郝经,也是一位忠臣,只不过各为其主罢了。

鲁港全军覆没,南宋水陆主力丧失殆尽,朝廷上下内外众怒沸腾,纷纷上书,要求清算贾似道,斩杀这个误国的权臣!

贾似道还以为自己仍然一言九鼎,准备让朝廷向海上迁都,不料太皇太后谢道清拒绝迁都,她为人仁义慈悲,念贾似道"勤劳三朝"不杀他,仅罢免了他平章军国的官职,放任循州安置团练副使,贬到福建漳州去了。

贾似道临走时家已被抄,"田产园宅,尽数籍没,以充军饷"。他贪污收罗了不少历代名家字画,有崔白的《寒雀图》、展子虔的《游春图》、赵昌的《写生蛱蝶图》等，今天人们在故宫博物院参观时，见图上都留有当时贾似道被抄没的印记，这位反面教员对后代也有深刻的教育作用。

贾似道的生日是八月八日，这一天也是他被发配的日子。贾似道推行"打算法"时得罪过福王赵与芮，福王安排任满回京的会稽县尉郑虎臣为监押官，他知道贾似道与郑家结有深仇。郑虎臣名为护送，实为押解，他率一队宋军出了临安城，向漳州出发了。

贾似道仍然大摆当年太师的排场，带着美女仆人数十人，还有私自藏匿没被抄走的金银珠宝，很是扬扬得意。郑虎臣见状大怒，命人将他的财宝夺去，又将美女和仆人全部赶走！还在贾似道坐的车上插一竹竿，上书"奉旨监押安置循州误国奸臣贾似道"，然后让士兵们一路唱着歌，一路羞辱贾似道：

"丁家洲上一声锣，惊走当年贾八哥。寄语满朝谄佞者，周公今变作周婆。"

一行人到达漳州时，有人上奏朝廷，揭发抄家时贾似道家有违禁御物，理当问斩！

他们到了漳州木棉庵，圣旨还未到。郑虎臣劝贾似道自杀以谢罪天下，并逼他服了冰片！可贾似道仅仅腹痛腹泻，他说道："太皇许我不死，有诏即死。"

郑虎臣听了，大怒说道："我为天下杀此贼，虽死何憾？"于是掏出早已备下的铁锤，猛地朝贾似道砸了下去！他边砸边数落贾似道的累累罪行！士兵们也抢过铁锤，你一锤、我一锤地砸了下去，将这个飞扬跋扈、擅权误国15年的贾似道，砸成了一摊烂泥！

郑虎臣怒杀贾似道的故事，被演绎成话本《木绵庵郑虎臣报冤》，被收入三言二刻的《喻世明言》中了。

文天祥别传

153

5

十二月二十日，垂帘听政的谢道清太皇太后颁发了《哀痛诏》：

先帝倾崩，嗣君冲幼，吾至衰耄，勉御帘帷。曾日月之几何，凛渊冰之是惧。愤兹丑虏，闯我长江，乘隙抵巇，诱逆犯顺。古未有纯是夷虏之世，今何至泯然天地之经。慨国步之阽危，皆吾德之浅薄。天心仁爱，示以星文而不悟；地道变盈，警以水患而不思。田里有愁叹之声，而莫之省忧；介胄有饥寒之色，而莫之抚慰。非不受言也，而玩为文具；非不恤下也，而壅于上闻。靖言思之，出涕滂若。三百余年之德泽，入人也深；百千万姓之生灵，祈天之佑。爰下哀痛之诏，庶回危急之机。尚赖文经武纬之臣，食君之禄，不避其难；忠肝义胆之士，敌王所忾，以献其功。有国而后有家，胥保而相胥告。体上天福华之意，起诸路勤王之师，勉策勋名，不吝爵赏。故兹诏谕，想宜知悉。

第二年的正月十三日，文天祥才接到了《哀痛诏》。他痛哭流泪，泣不成声，同时也接到了给他的专旨："文天祥江西提刑，照已降旨挥，疾速起发勤王义士，前赴行在。"

文天祥在朝廷眼里仍是个提刑官，但精忠报国责无旁贷，这是他一贯的宗旨。忠不忠看行动，他于正月十六日即"移檄诸路，聚兵积粮"，部署勤王杀敌了。

宋代的"募兵制"其实优点很多，可因为赵匡胤本人就是"枪杆子里面出政权"的样板，所以他当了皇帝后，早早地夺了武将们的兵权，希望赵家子子孙孙传下去，因而历代官家重文轻武，好的制度反而传承不下去了。原来实行招募饥民为兵的养兵制度，还鼓励营伍子弟接替父兄当兵，或以罪犯充军，兵源缺乏时也抓民为军。一经应募，终身为伍。北宋规定，诸路募兵由长吏或都监施行，以"兵样"或"木挺"为标准，选壮健者充禁军，其短弱者充厢军。新兵入伍，即在脸部或手臂上刺字，以标明军号，故招募又称招刺。宋代士兵家属可随住军营，并无养家糊口的后顾之忧。

宋军还实行拣选制度，每年春秋按上、中、下三等标准进行训练考核，壮健有武技者，可由厢军升为禁军，武技出众者给予奖赏，还可补官晋升。武技不及格的下等者，马军降为步军，又不及格的降为厢军。老弱者不能晋升的，或削除军籍，或降充"剩员"，或供军中杂役。禁军、厢军以及乡军，一般60岁退役，其衣粮供给减半。宋代阵亡军士家眷有抚恤，伤残也有安置的规定，是个利国利民的募兵制度。不过宋末官场腐败，尤其武官贪腐严重，这些制度也形同虚设，大大走样了。

由于蒙古兵的烧杀抢劫，血腥残暴，江南百姓面临死亡走投无路，于是，文天祥振臂一呼，许多人立即响应，杀敌报国。朝廷授文天祥为右文殿修撰、枢密院副都承旨、江西安抚副使兼知赣州等官职。不久又升为江西安抚使兼江西提刑。

勤王起兵，有两个最大的难题，一是兵源，二是军饷。文天祥有了朝廷任命的官职，尤其枢密院是军事指挥首脑机关，这样带兵打仗就名正言顺。有官职自然也就有了饷银经费，虽然他也"尽倾家赀"，让母亲由弟弟文璧去"迎养"，可他能有多少家产？几万人的军费可不是小数目。至于兵源，全靠家乡的父老乡亲，靠信赖文天祥人品的亲朋好友招募，有农民、窑工、缝工、乡绅、志士、僧人、绿林好汉等，《文丞相督府忠义传》上写了赣州起兵最初的23人，都是文天祥生死与共的兄弟朋友，他们是：

王辅佐，老将军，初为勤王军总统，病故。

方兴，广东始兴人，任统制，是勤王军继任总统。

金应，书吏，追随文天祥多年，后病死通州。

张云，吉州敢勇军将领，率部夜袭元营，天明江边饮水，被元军冲击溺死。

张汴，蜀人，秘阁修撰，广东提举，督府参谋，知无不为，空坑死于乱兵。

刘洙（小村），文天祥的乡邻，宣教郎，为督帐亲卫，号称"刘监军"，自己专领一军，号召宁都六姓，江西义士数千人勤王。空坑被俘，与二子同时遇害。

彭震龙，永新县县令，文天祥的二妹夫，性跌宕，喜功名。率"义冈营"及少数民族共同起事，后被叛徒出卖县城陷落，巷战中受伤，被捕后腰斩。

萧敬夫、萧焘夫兄弟，两位诗人都是文天祥挚友、门客，兄弟二人俱战死。

萧明哲，吉州贡士，督府监军，性刚毅有胆识，明大节。文天祥派往吉州泰和县野陂里"连结诸寨"，发动山寨义士抗元。后被捕骂不绝口而就义。

邹沨，吉水人，任江东西处置副使，同督府参军。行府失助于是有空坑之败。潮阳五坡岭殿后，见文天祥被捕，自杀身亡。

刘子俊，带行军器监簿，同督府机宜，五坡岭被捕诡称是文天祥，油烹而死。

肖资，吉水人，书吏，文天祥心腹，记录很多珍贵资料，保管督府印，病亡。

陈继周、陈逢父父子，策划起兵方略，发动赣州豪杰和溪峒少数民族参加勤王义军。后在安南军南栅门袭击元军时，父子不幸俱战死。

胡文可、胡文静兄弟，野陂里社溪人，散尽家财招募义勇，抗元被捕就义。

何时，抚州乐安人，文天祥丙辰同科进士，曾任兴国县知县，是有才有德的人，辅佐文天祥军政财务，病卒。

朱华，广军将领，五牧之战后，护送二王去了浙江、福建继续抗元。

尹玉，宁都人，赣州三寨巡检，素来骁勇善战，五牧之战，壮烈牺牲。

麻士龙，赣军将领，率军支援常州，在虞桥与元军激战，壮烈牺牲。

刘伯文，吉水人，武进士出身。

何见山，幕客。

文天祥又采纳了太学生王炎午的意见，知道淮人善战，于是招募有战斗经验的淮卒，让他们训练江西、广东的义军。这支新军四月一日正式成立，到文天祥奉诏入卫京师时，已带领有五万"江右（江西）、湖南、淮、广诸项军马"，其中赣州一万、吉州三万、淮东三千、浙东四千、粤北湖南及少数民族三千，"所统纯是百姓"，这是一支他呕心沥血组织起来的抗元新军。

这时也有朋友好心劝阻，认为乌合之众难成气候，面对蒙古屠夫，如同羊入虎口！文天祥心中十分明白，诗中也承认不自量力，然而他以身赴难，不顾生死，是希望天下忠义之士能闻风而起，以期保全社稷。

6

鲁港的溃败，造成宋军的悲观畏战情绪。

元军乘势东进，沿江制置使、建康守臣赵溍逃跑后，太平、和州、无为的守将也相继投降，宁国、隆兴、涟州等地也纷纷陷落。三月二日伯颜进驻建康（今南京），这里是临安的门户，京城已经无险可守了。

另一队元军攻陷了饶州，因病住在饶州的老宰相江万里不愿受辱，投湖身亡。他的弟弟江万顷被俘后，因骂贼不投降，也被肢解殉节，一门忠烈，宁死不屈。

元军阿里海牙围攻潭州，湖南安抚使兼知州李芾守城三个月，伤亡惨重仍不投降，反而放箭射中了阿里海牙。城破后，李芾让部将沈忠杀死自己和全家，沈忠又杀了妻子，最后自刎殉国！潭州城中的志士百姓坚决不当亡国奴，有投湖的、有自焚的、有服毒的、有上吊的，遗体竟然填满了水井！

岳麓书院的几百名学生，英勇抗敌，全部战死！

在宋元拼杀的战场上，虽有望风而逃怕死投降的，许多英勇抵抗者却浩气长存！元军进攻扬州时，李庭芝、姜才就坚守城池，决不投降。姜才肩背中箭，拔下后仍然挥刀杀敌，逼元军节节后退。常州第一次沦陷后，刘师勇勇敢善战，拼杀元军，直至又重新收复！

南宋军民的浴血奋战，加之江南夏季的梅雨季节，使北方元军大大受挫，一些已经投降的州城开始动摇了。借此天时地利的机会，宋将张世杰开始谋划一场大战役——镇江焦山决战。

对垒的元军由阿术和张弘范统率，张弘范的父亲叫张柔，曾是大金国的著名将领，金国灭亡后投降蒙古。张世杰原是张柔部下，很受赏识，后因犯法投奔到南宋淮军。他后来转到吕文德门下，因为多次立功提拔至黄州武定诸军都统制，又因救援鄂州战功卓著，破例升官十阶。后随贾似道出兵征战，作战勇猛深受重用，升环卫官，任知高邮军。朝廷现在危在旦夕，他也是勤王来了，被任命为保康军承宣使、总都督府军。几个月来，他率军收复了浙西各郡及平江、安吉、广德、溧阳等地，军心大振，他想一鼓作气与元军拼个你死我活。现在对阵的两张曾是旧相识，一个是张柔的儿子，一个是张柔的旧部，他们各为其主，上阵厮杀。

张世杰与部将刘师勇，以及鲁港战败的孙虎臣，六月份调集了大小战船一万余艘，计划在镇江的焦山与元军决一死战。

七月初二决战开打，宋军虽然士气高昂，然而指挥不力，因为由"二丞相（陈宜中、留梦炎）都督军马"，他们坐镇庙堂如何指挥？再说十船为一方，用铁链相连，本想构筑水上防线的做法，正重犯了火烧赤壁的错误，元军阿术用火攻，结果宋军进不了、退不了，要么战死、要么投江，结果一败涂地，死亡万人，溃不成军！元军获宋朝大型战船八十余艘，小型战船七百余艘，从此"宋人不复能军"，朝廷的正规军队不复存在了。

长江天堑无兵可用，陈宜中为了弥补都城的军事空缺，临安城中15岁的孩子也被强行编入部队，这些手无缚鸡之力的孩子，哪能抵住野蛮的蒙古铁蹄？南宋确确实实没有希望了。

7

朝廷废黜了贾似道后，任命王爚、陈宜中为左右丞相兼枢密使，陈宜中是个看风使舵的人，王爚要出征，陈宜中想和谈，两人立场不一样，自然矛盾重重。提拔文天祥的左丞相王爚要他进军临安，嫉贤妒能的右丞相陈宜中要文天祥留屯隆兴（南昌）。文天祥的倔脾气又上来了，你出尔反尔，我坚决不听，一直在吉州驻扎了三个月！

这时，文天祥88岁的祖母刘氏去世，见陈宜中对他处处制约，便要求按礼制"丁忧"，可社稷危亡之时，官家"夺情"起复，就不需要守孝三年了，可还是不让他入朝，原来还是有人从中作梗。

黄万石在江西的官职一直位于文天祥之下，所以频频与他作对。现在文天祥勤王的声势很大，他就诬蔑义军是乌合之众，是"猖狂"，是"儿戏无益"。他还唆使抚州守臣巴必呫和县令赵时秘造谣告黑状，说义军中宁都的连、谢、吴、唐、明、戴六姓在抚州抢劫！文天祥立即上书反驳，有理有据义正词严进行申辩；太学生们也集体发难，上书控告陈宜中阻挠文天祥进京。

受到责难的陈宜中溜号离开了京城。代理丞相留梦炎是陈宜中的好友，他们自然沆瀣一气，他们让黄万石进京，却让文天祥去经略九江，文天祥当然不会服从。大敌当前京城空虚，最终朝廷还是下旨降了诬告者的职，督促文天祥入卫京城，这已经是七月末八月初的事情了。

文天祥率勤王义军进入临安时，当朝右丞相已经是陈宜中，左丞相是留梦炎了，他俩联手排挤掉王爚，目的是走和谈之路，这与坚持抗战的文天祥自然也说不到一块了。朝廷任命文天祥为工部尚书兼都督府参赞军事，让他去管土木工程，这真可笑至极，目的就是为了剥夺他的兵权。

文天祥不理新任命，于是朝廷再次加官，任浙西、江东制置使，兼江西安抚大使、知平江（苏州）府事。见文天祥还是要求辞免，就又加了个荣誉头衔——端明殿学士。这种晋级朝廷是很少有的。

太皇太后直接命文天祥去平江赴任，平江也确实是守卫京师的要地。文天祥利用"陛辞"的机会上奏朝廷，要求斩杀要求投降议和的吕师孟，并提出一系列挽救当前危机的方针政策。他认为宋朝削藩镇引发弊端，建议设置长沙、隆兴、番阳、扬州四镇，加强地方战斗力，四镇同时进攻，进而发动全民抗战。

朝廷能听他的吗？刚刚提升吕师孟为兵部尚书没有几天，又加封他父亲吕文德为和义郡王，为了什么？因为投降元朝的吕文焕是吕师孟的叔叔，现在正出任蒙古大军的先锋官，对吕师孟加官晋爵是"欲赖以求好"，是为和谈做准备的。

元朝右丞相伯颜进军临安了！他分兵三路，参政阿剌罕、四万户总管奥鲁赤领右军，从建康出发经溧阳直奔独松关；中书省事董文炳、万户张弘范领左军，用范文虎做向导，经江阴出江入海攻华亭（今上海）；伯颜与阿塔海率领中军主力，用吕文焕做向导，进攻常州。三支军队杀气腾腾，约好三军在临安会合。运河边的常州告急，告急！陈宜中派将军张全领两千淮兵前去救援。

刚刚领兵到达平江的文天祥，他察看了平江的地形，道路和城防后，他认为如果常州失守，敌军就可顺运河而下，直达平江、秀州和临安。于是，他命令朱华、尹玉、麻士龙三人领三千义军前往支援，指示他们归张全节制。

十月二十六日，张全带着自己的淮兵驻扎横林，他在虞桥设伏，让麻士龙的部队单独与元军作战。虽然义军个个英勇，但毕竟不是正规部队，面对蒙古铁骑，最终寡不敌众，而张全的淮兵却坐视不救，麻士龙壮烈牺牲！

统淮兵的张全撤退到朱华的驻地五牧，此地位于常州东南四十五里，朱华要掘沟渠，设鹿角防御元军，不料张全却莫名其妙地不允许。第二天元军大举进攻，朱华率广东义军英勇抵抗，五牧保卫战从早上一直打到下午，运河东岸的张全却隔岸观火，不但不参战支援，当朱华的士兵从运河西岸向东岸撤退时，义军有泅水者攀登张全的战船，张全竟丧心病狂下令砍断手指！结果许多义军士兵淹死在宋军自己人的手上！

傍晚时分，大批元军主力部队包围了尹玉的五百赣州义军，面对数倍于自己的敌人，尹玉身先士卒，浴血奋战，从黄昏杀到天明，杀敌数十人，最后元军四支长枪交叉架在他的脖子上，用木棍将他活活打死。他率领的五百义士无一投降，仅有四人脱险返回了大本营。

这是文天祥"勤王"组织义军以来的第一次战斗，虽然不是正规军，未经训练的平头百姓首次上战场，但个个斗志昂扬，视死如归，保家卫国，感天动地！在反抗外族的侵略中，南宋人用自己的鲜血，谱写了可歌可泣的篇章。

8

十一月十六日，伯颜下令，攻击常州。守臣王宗洙贪生怕死早早地逃跑了，姚訔知州、陈炤通判、刘师勇都统、王安节副都统各率兵三千，拒不投降。还有护国寺的万安、莫谦之长老，也率五百僧人参战，顽强抵抗入侵之敌。元军统帅伯颜在常州城南督军，命汉奸王良臣驱使城外居民运土建炮台，竟连人带土一起筑垒！甚至将宋朝的百姓炼成油膏！以此火攻常州，惨无人道！

十八日常州最后沦陷，姚訔、陈炤拼命杀敌，最终战死；刘师勇寡不敌众，率八人突围回到平江；王安节被俘，劝降不成被斩身亡，元军称他是过江以来武人忠义第一人！其他守城官兵也全部阵亡！参战的和尚全部战死，现场十分悲壮！

当然元军也付出了高昂的代价，田间到处是元兵的尸体，所以伯颜恼羞成怒，下令屠城：男女老少一个不留！常州全城仅有七人躲在桥下，最终免遭屠杀。

元军在常州灭绝人性的大屠杀，宋史、元史都有明文记载。

文天祥后来在诗中写道：

山河千里在，烟火一家无。

壮甚睢阳守，冤哉马邑屠。

苍天如可问，赤子果何辜？

唇齿提封旧，抚膺三叹吁。

常州已成了鬼城，面对元军的血腥暴行，屠城的惨烈之状，连伯颜都不敢直视。这个伪君子忘记了出师前对忽必烈的许诺。忽必烈曾以北宋名将曹彬激励、戒谕他，要他"不嗜杀，平江南"，要他当自己的曹彬。可伯颜却在进攻临安前，着力打造一种血腥的恐怖气氛，震慑南宋朝廷。恐怖和大规模灭绝反对者，是蒙古人屡试不爽的战术，他让南宋君臣谈虎色变，以便拱手献出江山社稷，从而达到临安不战而降的目的。

伯颜的左军一路无阻，势如破竹，直捣华亭。右军直扑独松关。独松关建在独松岭上，是通向临安的咽喉要道，也是一条最近的捷径。

独松关告急！朝中留梦炎、陈宜中和陈文龙命令文天祥放弃平江，立即增援独松关。平江如果失守，元军顺运河可以直达临安。当时张世杰的军队就在临安，那里离独松关最近，为何舍近求远来调兵？而且令人不解的是换张世杰来守平江！正在文天祥犹豫未决时，第二道命令又来了！文天祥不得不领兵开赴独松关，不料义军还未到达，独松关已经失守了。文天祥前脚刚刚离开平江城，防守平江的通判王举之和都统王邦杰，后脚就开城投降了。文天祥不得不率勤王义军回到四面楚歌的京城临安。

临安陷落指日可待了。文天祥与张世杰挺身而出，为挽救败局进行了商讨，他们认为淮、闽、广等地尚未失守，抗元的兵力文天祥有3万，张世杰有5万，各路兵马共有40万之数，可先让朝廷三宫（太皇太后、皇太后、皇帝）迁移海上，吉、信二王镇守闽、广，军民在临安与元军血战一场，万一获胜，"国事犹有可为"。然而掌权的太皇太后和右丞相陈宜中不许，他们正在紧锣密鼓筹措"求好"议和。就在这时候，左丞相留梦炎偷偷逃回老家衢州去了！大敌当前，南宋的丞相却出逃！

留梦炎极力支持的黄万石，是专与文天祥作对的政敌，他从建昌军带兵逃到隆州，继而逃到抚州，朝廷"诏还隆兴府"，他却投降了元军。他的部下都统米立至死不降，痛骂他是卑鄙无耻的软骨头！大敌当前是战是降？就是鉴别忠奸的试金石！文天祥守平江时，恭帝赏赐他金注碗和金盘盏，就是嘉奖他的报国丹心。

左丞相逃跑，太皇太后任命吴坚顶替他的位置。上朝宣布时，满朝文武仅剩下六个人了，跑的跑、降的降，大难临头各自飞！

太皇太后任命文天祥为枢密院事，这次文天祥没有辞免，因为此官职可以与枢密院使陈宜中接触，能一起商讨军政大事。后来太皇太后又让他兼任临安府尹，他像以往一样拒绝了。他提议赵家人福王赵与芮和沂王赵乃猷担任此职，自己任副手少尹，照常可以辅助他们。

令文天祥心寒的是，他的建议没有一条有人听从！尽管朝廷对他的褒扬是："文而有武，儒而知兵。精忠劲节，贯日月，质神明。"

第十二章

只当了一天丞相，就被扣留在敌营；经历了九死一生，终于看到了大海。

眼看铜驼燕雀羞，东风花柳自皇州。

白云万里易成梦，明月一间都是愁。

男子铁心无地着，故人血泪向天流。

鸡鸣曾脱函关厄，还有当年此客不？

——《求客》

1

"爆竹声中一岁除，春风送暖入屠苏。"

大宋王朝在王安石变法中日益强大，年年新桃换旧符。可到了德祐二年（1276）的春节呢？当日的南宋却没有春风送暖，只有北风的寒气凛冽，因为蒙古人已经打到家门口了！正月十八日，伯颜进军皋亭山，离临安修门仅有 30 里路。

年前年后，朝廷正在实施"求好"行动。谢道清太皇太后和右丞相陈宜中派柳岳、陆秀夫、吕师孟等官员去见伯颜，请求称侄纳币，甚至可以称侄孙！然而你要甘当孙子，人家爷爷却不答应！蒙古人就是要让你彻底投降！

谢道清哭着说道："苟存社稷，称臣非所较也。" 66 岁的老太婆和 5 岁的小皇帝，为了保命，已什么都不计较了。

正月初八，太皇太后派监察御史刘廷瑞奉《称臣表》晋见伯颜，"称臣，上尊号，岁贡银、绢二十五万两匹，乞存境土，以奉蒸尝（祭祀）。"

伯颜心想你还想保存疆土？拉倒吧！他只答应宋方派陈宜中丞相，于十五日去长安镇商签投降条款。

正月十三，天台人杜浒求见文天祥，他"纠合四千人，欲救王室"。

杜浒何许人也？宋宁宗时的丞相杜范之侄，性格刚猛，游侠于京师，不但自己武艺高强，部下个个也非等闲之辈。文天祥大喜过望，这不但说明他的勤王之志代表了民心民意，而且也表明了抗元并非没有希望。然而正月十五陈宜中却要去签降表！文天祥立即前往阻止，帮他分析当前的形势，各州府的官兵都在拼死抵抗，南宋百姓宁为玉碎不为瓦全，上上下下决不当亡国之奴，斩钉截铁地不让他走这条路！陈宜中也不愿担当投降的罪名，他没敢去见伯颜，当然他也是怕去了就回不来了！

你十五日不来见我，十八日我就去见你！伯颜下令进驻皋亭山！南宋朝廷害怕了，连忙派赵吉甫和贾余庆，向伯颜献上传国玉玺，还有宋恭宗赵㬎的降表：

宋国主㬎谨百拜言：㬎眇焉幼冲，遭家多难，权奸贾似道背盟误国，至兴师问罪。㬎非不欲迁避以求苟全，奈天命有归，㬎将焉往！谨奉太皇太后命，削去帝号，以两浙、福建、江东西、湖南、二广、两淮、四川见存州郡，悉上圣朝，为宗社生灵祈哀请命。伏望圣慈垂念，不忍臣三百余年宗社遽至陨绝，曲赐存全，则赵氏子孙，世世有赖，不敢弥忘。

降表虽已经献上，但需要南宋朝廷执政的一把手签字画押，才能生效。右丞相陈宜中是最大的官，他不愿背投降宰相的千古骂名，十八日夜间，他悄悄出了临安城，逃回他的永嘉清澳老家去了！因为逃跑宰相总比投降宰相好听！陈宜中成了留梦炎第二。

十九日上朝，垂帘听政的太皇太后谢道清见不着陈宜中了，她心里一惊，却不得不在大臣面前表现镇静。老迈胆小的左丞相吴坚提出，另任一位右丞相担此大任。众臣一致推举了前状元文天祥。

太皇太后立即下诏:任命文天祥为右丞相兼枢密使,统率天下各路兵马!让他出来维持残局。至于抗战嘛,你文天祥就"慎勿生事"了,议和投降是我谢道清的决定,"乃所以保全吾与嗣君也"。

后人对南宋亡国各有议论,有人认为谢道清投降蒙古,是南宋灭亡的千古罪人。有人说她出身民间,理学根深蒂固,对百姓怜悯有加,为了避免常州屠城重演,她决定临安府无血开城,条件是不屠杀临安百姓。

投降蒙古是为汉族存根留后,不应该否定她的仁义慈悲,可她主要还是为了赵家留后。

孟子说过:"民为贵,社稷次之,君为轻。"孟子的话只是历代统治者的说教而已。皇帝贵为一尊,始终凌驾于万民之上。

2

文天祥首次成为南宋的右丞相,朝廷是为了让他替代陈宜中去与元朝议降的,在他拜相的当天,元军左军统帅董文炳已经兵屯榷木教场,宋朝兵将纷纷前往投降了,连传国玉玺都交出来了,明摆着皇帝已经投降了嘛!文天祥决定辞去右丞相官职,以端明殿学士身份前往元营,表明他无议和、议降的权力。他是幻想"意北尚可以口舌动","舌在纵横击可汗",他想效法诸葛亮舌战群儒,以理服人,去说服伯颜退兵,不行的话再"归而求救国之策"。"若是无人折狂虏,东南哪个是男儿!"

德祐二年正月二十日,太皇太后临朝垂帘,特派右丞相文天祥、左丞相吴坚、同知枢密院事谢堂、安抚使贾余庆、中贵官邓惟善出使元营议和。两国交兵,没有这种身份是进不了元营的,以学士身份出使元营,只是文天祥一厢情愿罢了!

伯颜大营设在皋亭山的明因寺,营内刀枪剑戟四周林列,凶神恶煞杀气腾腾。吴坚、谢堂胆战心惊,贾余庆、邓惟善低头哈腰,唯有文天祥昂首阔步气宇轩昂，大步踏入伯颜的大帐之中。

伯颜首先发问："丞相是来谈投降的事吧？"

文天祥回答："那是前丞相一手经办的，我一概不知。现太皇太后命我为丞相，我还没有就任，先来军前商量。"

伯颜听罢改口说："丞相来商量大事，这很好嘛！"

文天祥直截了当地质问："本朝承帝王正统，衣冠礼乐所在，北朝究竟是想把它作为国家来对待呢？还是要毁掉它的社稷？"

伯颜只好按忽必烈的诏书回答："社稷必不动，百姓必不杀。"

文天祥一听此话，马上义正词严地讲："你们多次与本朝立约，然而多次失信，现在两国丞相亲订盟好，你们应该先退兵，把议和的情报给你们朝廷，待你们的诏令下来，再继续合议。"

这缓兵之计岂能骗过他伯颜？忽必烈交代他的任务就是灭宋，现在大兵压境，皇帝都投降了，可文天祥仍然滔滔不绝地讲："依我所言双方讲和是上策，如果继续打下去，对你们也没有好处。"

伯颜气坏了，原本是来讨论投降之事的，你文天祥却突然变卦，你就不怕杀头吗？

文天祥大义凛然地说："我是宋朝的状元宰相，但欠一死报国，刀锯鼎镬，在所不惧。"

伯颜和元军的将领都被文天祥的气势震撼了，如此铮铮大丈夫，实在令所有人佩服。他的临危不惧、他的视死如归、他的凛然正气，相比同来的另外四个官员，是真真切切的天渊之别！伯颜很明白，其他人可以回去修改降表，万万不能放走文天祥，因为他不仅是勤王领兵的领袖，也是南宋朝野的精神支柱，必须将他扣留在元营！放虎归山则会后患无穷！

二十一日，南宋代表们又按伯颜的要求返回元营，可谁也没想到，昨天的安抚使贾余庆，今天变成了右丞相贾余庆，他领头奉上了改动的降表和太皇太后手诏。降表将"宋国主"改为"臣下"了，一夜之间赵㬎由国

文天祥别传

167

主变为了臣子，也是一夜之间，文丞相的官职也由贾余庆替代了，文天祥仅仅当了一天的丞相，立马就被罢官了！

这一夜，南宋朝廷也十分难熬，谢道清太皇太后和满朝文武大臣们都没有好招，能战能守的文天祥被扣了，张世杰因为失望率军去了宁波，君臣即便想撤退也没有后路了，唯有投降一条道可走！降表你让怎么改就怎么改吧！

伯颜怕宋朝君降臣不降，要求太皇太后写下手诏三省、枢密院的檄文，晓谕天下州郡降附。宋朝的执政者都签署了名字，唯有家铉翁一人拒不签字！他不想在卖国文书上留名，免得自己遗臭万年。

扣留在元营的文天祥，不顾死活与伯颜争斗了一夜，不料贾余庆这么快已将投降文书全部搞定了。他大骂贾余庆卖国求荣，是不齿于人类的狗屎堆！

贾余庆无言答对，偷偷地溜号了！降将吕文焕、吕师孟叔侄上前劝解，文天祥怒火中烧，转而大骂他们是乱臣贼子，背叛华夏，背叛祖宗！

吕文焕辩解说："我守卫襄阳六年不失，弹尽粮绝，朝廷却不救援，怎么能怪我投降？"

文天祥驳斥他说："力穷援绝，你可以死报国。但你却爱身惜妻，全家降敌，成为万世贼臣！"

吕师孟在一旁幸灾乐祸地说："文丞相，你不是曾经上书朝廷要斩杀我吗？"

文天祥痛斥他说："你们叔侄都已投降，我恨不得杀了你们为国除奸！如果你们杀了我，倒是成全了我成为大宋忠臣。"

文天祥言辞犀利，击中要害，伯颜听后吐舌说："文丞相心直口快，男子心！"

伯颜的部下也十分佩服文天祥，他们说："丞相骂得吕家好！"

天地之间有杆秤，是忠是奸？人人看得清。文天祥从小所受教育，就是"忠孝廉节"，小事仁义知礼，大节忠贞不贰。

二月初五，下台的南宋皇帝赵㬎，率领在朝的文武大臣在祥曦殿拜表退位，受降仪式的主角就是元军元帅伯颜。

伯颜以临安为两浙大都督府，命忙古歹、范文虎管理都督府；命张惠、阿剌罕、董文炳、吕文焕等入城，清理宋朝的钱粮，封存府库，收缴了皇家档案，没收了百官诰敕、符印、图册。命郎中孟祺清理登记宋宫的礼乐祭器、册宝、仪仗、图书……迁移亡国之君赵㬎出宫，撤销了官家的御林军，俘虏了嫔妃、内侍、乐师。伯颜虽然也约法三章，甚至命令禁止偷盗和破坏皇室陵墓，但仍然阻止不了蒙古兵入宫奸淫掠夺！史书记载：几百名宫女投湖自尽，皇宫成了魑魅魍魉的世界。后来江南释放总统嘉木杨喇勒智，挖掘了南宋皇陵，抛尸扬骨。

二月初八，伯颜命令右丞相贾余庆、左丞相吴坚、同知枢密院事谢堂、佥书枢密院事家铉翁、同佥书枢密院事刘岊五人为"祈请使"，捧着降表去元大都献给忽必烈。伯颜原来答应年迈患病的吴坚可以不去了，临行却又变卦，逼着他必须乘船北上。

文天祥的两万勤王军被遣散了，伯颜命令他不作为使者也要一路同行北上。抗争是无用的。原来这是贾余庆的主意，他密告伯颜要把文天祥"拘于沙漠"，自己则"使毕即归"，可他却病死于大都。正如文天祥评价他是"凶狡残忍出于天性"。不过令文天祥特别感动的是，杜浒要求随行照顾，还有他的十个帐前官兵。他们是金应、吕武、张庆、王青、邹捷、夏仲、余元庆、李茂、吴亮、肖发。

文天祥是二月初九出发的，他写了《使北》八首七绝，"祈请使"贾、吴、刘、谢、家五人每人一首，其中第六首是写他自己的：

> 初修降表我无名，不是随班拜舞人。
> 谁遣附庸祈请使，要教索虏识忠臣。

文天祥别传

　　"祈请使"所乘的大船沿大运河北行，这一路曾经是文天祥勤王义军与元军厮杀的地方，血迹未干，记忆犹存。文天祥本来不想苟且偷生，准备在故土自杀殉节，家铉翁认为这不是勇者的行为，只要活着就会有报国的机会，所以他和杜浒密谋在谢村逃走，以便招募旧部，东山再起，继续抗元。

　　船行一天，夜泊谢村。不料夜间元军的刘百户率兵丁赶到，将他们转移到另一条船上，严加监视看管。恰恰也在此地，谢堂事先买通了唆都，用大量财宝贿赂了伯颜，让他驾着小船逃回了谢村，他没有跟着众人北上元大都。

　　戒备森严的囚船继续前行。船过平江，这是文天祥曾经驻防的地方，他感慨万千，如果当时拒绝朝命不去独松关，也许还能拖住进攻临安的元军，不至于两地皆失。船过五牧，这里是尹玉、麻士龙牺牲的地方，文天祥想起了最早勤王的战友，心中感觉特别伤感悲凉。

　　船过常州，野蛮的蒙军杀光了常州全城的军民，神号鬼哭的地方触景生情，文天祥夜不能寐，元军的滔天罪行是可忍孰不可忍！

　　船行十天，到了江南运河之畔的镇江（古称京口），与镇江隔江相望就是瓜洲，这里有元朝大将阿术坐镇，文天祥诗中称他为胡儿。元军重兵驻扎瓜州的目的，一是阻止淮军增援临安，配合伯颜进军京城；二是准备消灭扬州的李庭芝和真州的苗再成，扫平南宋不降的州郡。扬州和真州都在长江北岸，较南岸的防守为松，文天祥等12人决定从镇江逆流而上，一起逃跑去真州，那里现在还是宋军的地盘。

　　祈请使们在镇江住了十天。为了实施逃亡计划，文天祥不住府衙而住民房，借住到运河边的乡绅沈颐家中。虽然随身看押他的元军王千户防范严密，"相随上下，不离顷刻"，甚至睡觉都要在一起，可杜浒、余元庆等人还是自由的，他们在悄悄地找人、找船、找机会……

　　杜浒赤胆忠心跟随着文天祥，他知道文天祥一心报国，视死如归，身上藏有冰片和一把匕首，随时准备不成功则成仁！余元庆是真州人，熟悉当地风土人情，他勘查了从住所到江边有十多里路远，发现元军昼夜巡逻，夜间出逃必须有向导引路。真州位于江北，必须乘船而且是逆行才能到达。

真是天无绝人之路，余元庆偶然遇到一位老朋友，碰巧他在给元军管理船只。听说要用船帮文天祥脱险，他不顾生死，一口答应。他不要千两白银作酬谢，不要承宣使官职的许诺，只要文丞相的批帖做个凭证，证明他为宋朝救了一位宰相。如此大功是多少金钱也买不来的！

船有了，向导呢？这就靠多年奔走江湖的杜浒了。杜浒用 300 两银子买通一个养马的老兵，他知道如何穿街过巷，如何避开警戒哨卡。杜浒还与元军管夜禁的刘百户拜了把子，答应宵禁时送来官灯，凭此官灯夜间外出可以通行无阻。

历史上的"宵禁"，宋代已经逐渐取消了，所以出现了繁华的夜市，可元军又恢复起来，并延续到整个元明清。入夜之后实行宵禁，禁钟响起，不准居民出行、饮宴、点灯，违反者轻则处罚，重者拘捕扣押！

二月二十九日午时，元军命令吴坚和文天祥过江去瓜洲集合，从那里启程北上。文天祥托故答应第二天再出发，不然他们就前功尽弃了。

当晚，文天祥和杜浒设宴备酒答谢房东沈颐，并请王千户作陪，劝酒者目的明确，推杯换盏，房东先醉。王千户大概认为监督任务即将结束，便放心开怀畅饮起来，不久也烂醉如泥。机不可失，时不再来，二更时分，文天祥等人换了衣服，化整为零，分批出发。刘百户派小童送来官灯，杜浒提着官灯和老兵在前引路，后边的人鱼贯而行，个个小心翼翼。路上马匹拦道，好似过关隘一般。一行人终于来到长江岸边的甘露寺，这是事先约好停船的地方。然而船不在！原来先上船的两人因怕元军发现，不得不小心将船隐蔽到别处，寻觅者又不能高声呼喊，又是虚惊一场！文天祥在一首《候船难》中，写出他当时已有投江自杀的念头。

12 人全上了这条贩运私盐没有船籍的小船，二水手摇橹划桨逆水行舟，不巧又遇上巡江的元军，幸而碰上江中退潮，敌军大船搁浅，他们的小船

文天祥别传

飞窜逃掉，文天祥侥幸躲过了一劫！

北岸岸边有元军战船停靠，岸上有元军骑兵不时巡逻，因为是逆水而上，逃亡者离岸不敢太远，怕再遇巡江大船，可也不敢离岸太近，怕被岸上的元军发现。12个逃亡者不但心惊肉跳，而且还要帮两个艄公划桨、摇橹、撑篙，有的地方甚至要下船去拉纤。这时东南风来了！不知是不是诸葛孔明出手相助，河神帮忙借来了东风，虽然不是帆船，可风力依然协助他们渐渐接近了真州五里头。

看到真州（真阳）城楼了，逃亡成功了，文天祥又踏上了宋军守卫的国土！

四十義娥落虎狼，今朝骑马入真阳。

山川莫道非吾土，一见衣冠是故乡。

文天祥写了一首《脱京口》长诗，"艰难万状，以诗记之"，描述了他们逃离镇江的"十五难"：定计、谋人、踏路、得船、给北、定变、出门、出巷、出隘、候船、上江、得风、望城、上岸、入城，一个比一个"难"，全程记录了脱险过程，也让后人知道了他面对生死的复杂心情。

4

真州城外寂无人影，一片荒凉没有关防，一行人提心吊胆走到城下，城上发问何人？杜浒放大嗓门叫城："文丞相从镇江走脱，投奔真州来了，快快开门！"

真州知州苗再成亲率将校出城迎接，百姓听说状元丞相文天祥来了，夹道欢迎！"聚观夹道卷红楼，夺得南朝一状头"，他被安排住在清边堂。文天祥虽然仅仅做了一天的丞相，可他勤王义军，精忠报国，大义凛然，无私无畏，早在南宋朝野传开了，尤其那些关心国事，不甘心做亡国奴的官员士民。战争年代即便信息不通畅，可朝廷的投降诏告文书肯定也送到各地了，只是两淮将校守土不降，令文天祥十分感动。更让他激动的是苗再成的"两淮兵力复兴计划"：

先让淮西制置使夏贵出兵江边，佯攻建康，牵制元军；淮东的通州、泰州宋军进攻元军的湾头；高邮、淮安、宝应的宋军攻打元军的杨子桥；淮东制置使李庭芝率大军进攻瓜洲；苗再成与刺史赵孟锦率水军直捣镇江；三路大军同日行动，元军一定顾此失彼难以相救，瓜洲即可收复。如能成功则筹划下一步：淮东军入京口，淮西军入金城，侵占了两浙的元军就没有了退路，宋军就可以生擒伯颜了！

文天祥听了苗再成的复兴计划，十分赞同，这种战略部署正是他梦寐以求的愿望，他立即写信给夏贵、李庭芝，以及朱焕、姜才、蒙亨等州郡守将。

然而这是一场空欢喜，因为他们都不知道，夏贵十天前已经投降了元军；更令他想象不到的是，李庭芝中了元军的反间计，以为文天祥已经投降，不然众兵看押之下，哪能让12个人集体潜逃？李庭芝命令苗再成斩杀文天祥。苗再成将信将疑，他见文天祥没有投降赚城的蛛丝马迹，不忍心加害心中的英雄。他刚让文天祥为李龙眠画的《苏武忠节图》题诗三首，"甘心卖国人何处，曾识苏公义胆不？""纵饶夜久胡尘黑，百炼丹心涅不缁"，他怎么会卖国投敌呢？可大敌当前，军令不得不服从，于是诓骗12人出城，让文天祥他们自己选择出路去吧！

文天祥无奈离开真州，坚定选择去李庭芝所在的扬州，虽然李庭芝要斩杀他，他也要证明自己的清白。他们跟着夜间贩货的"马垛子"行路，天明前赶到了扬州城西门，四更天时，就要打开城门放人进出了。杜浒坚决反对进城，因为李庭芝固执己见，如果死在自己人手上实在不值，还不如死在元军刀下殉节呢！

金应坚决支持进城，他认为李制置使是自己人，不是敌人，是非曲直总会解释清楚！不然还能去哪里？周围全是元军的骑兵。何去何从？文天祥实在拿不定主意。进城，万一被杀，岂不轻如鸿毛；不进，漫无目标，何处继续抗战？正在进退两难的时候，余元庆带来一个卖柴人，此人答应能带他们去高邮，他能尽量避开元军的哨探。

能去高邮就太好了！按照杜浒的建议，从高邮到通州（南通）可以渡海，这样就可到达闽、广二地，就能找到南下的吉王和信王，有二王的抗元大旗，仍然可以恢复沦陷的赵家河山。

5

天未大亮，12 人紧随卖柴人去他家躲避，因为白天很难逃过元兵的哨探。走着走着，突然发现人少了，卖柴人家离城二三十里路，难道有人掉队？清点人数少了 4 人！天色渐亮时，余元庆、李茂、吴亮、肖发不见了！他们携带分藏在他们身上的白银各 150 两左右离队而去。

文天祥十分痛心，他们四人跟随文天祥多年，尤其从镇江到扬州，经历了种种磨难，仍然生死与共，现在却舍他而去了。特别是余元庆，联系走私船靠他，长江岸边潜水寻船靠他，找卖柴人领路去高邮还是靠他，看来他们的的确确对前途失望了，不过连文天祥都在迷茫无主意，也难怪他们经不起考验。

剩下的八人跟随卖柴人继续前行。然而一夜水米未进，加上步行体力消耗，尤其四人离队带来的精神打击，文天祥跌跌撞撞体力不支了。天亮时来到"桂公塘"，他们躲进山坡上的一个土围子里，这是没有房顶的坍塌民房，里面全是牛马粪便。白天他们只好在此休息躲藏，让卖柴人返城买米回来做饭充饥。午后，突听墙外车马嘈杂，人声鼎沸，扒墙缝一瞧，个个大惊失色！原来元军几千人的车队正在不远处行军，甚至能听到马蹄声和箭筒的碰撞声。后来得知，队中有北去的祈请使，还有被押送大都的男女老少及辎重物品，其中的"白须老子"就是家铉翁。八人大气不敢出一点，唯恐被发现就会人头落地！幸好来了一阵狂风暴雨，元军快步赶路，文天祥他们才又躲过这一劫。

又饥又渴的吕武和邹捷下山取水，不料让元军哨兵逮住，他们交出身上的 300 两白银，这才换得了生命。天黑了，卖柴人没回来，文天祥他们又冷又饿，只好下山住进古庙，内有女乞丐，几个砍柴樵夫也随后进庙，他们在这里架锅生火煮饭。文天祥化名刘洙与之攀谈，樵夫们乐善好施，结果不但分享了菜饭，还答应带路去高邮，这让他们惶惶不安的心暂时安定下来了。

八人跟随樵夫在贾家庄休整了一天，买米买肉，吃饱喝足，雇了三个向导、三匹马、三个牵马人，计划黄昏启程奔向高邮。还没等上路，五名扬州的驻军军官赶来，见他们不是本地的，不问缘由就要挥刀砍人，文天祥只好"金钱买命方无语，何必豺狼骂北人"！他们又躲过了一劫。

他们一行夜行 40 多里路，不料在板桥地界因大雾迷路，天明时被湾头元军巡逻兵发现了，他们虽然钻进了竹林，也不敌 20 多名骑兵的搜捕。虞候张庆右眼中箭，颈部挨了两刀，发髻被削掉，血流满面；帐兵王青被逮捕，五花大绑地押走了；仆夫邹捷藏在竹丛中，虽没被发现，可脚被马蹄踩烂；杜浒和金应二人也都被抓住，他们用黄金贿赂元兵才被释放；唯有文天祥和总辖吕武、亲随夏仲躲得严密没被发现，没有受伤。帐兵王青被抓为何不行贿赎身？有钱能使鬼推磨嘛，其他被逮的不都是如此脱身的吗？看来小兵一个，他身上没有分得金银，或许四人逃离后加强了经费监管，他只是愚忠追随着文天祥，结果下场挺可悲！

元兵撤走后，所雇人马散去，不得不另雇六个人，轮流用箩筐抬着文天祥前行。他们天亮时到达高邮城，李庭芝缉拿文天祥的文书就悬挂城门，他们哪敢自投罗网？商量决定，只能雇船驶向泰州，然后由泰州再去通州。

三月初七，船过城子河，河边"积尸盈野"，河中"流尸无数"，20余里不间断！臭气熏天。原来，一个月前的二月初六，元军押着宋朝官员和大批抢劫的辎重北上，其中有奉表求封于元朝的宋工部侍郎柳岳、宋使洪雷震，路过嵇家庄时，嵇耸统制率军民当头狙击元军，还斩杀了投降的柳岳。高邮守军也乘机拦腰袭击，致使元军惨败，尸横遍野。

文天祥路过嵇家庄时，嵇耸敬佩文天祥精忠报国，不但盛情款待他们，还派儿子等一直护送他们到泰州。他在船上连夜写成五律《嵇庄即事》，文天祥对军民的抗战胜利充满了信心。

三月十一日，船到泰州。也是这一天，元将阿塔海、阿剌罕、董文炳押解赵㬎和全太后母子去了元大都，让他们去朝觐忽必烈。南宋已经灭亡，但忽必烈深深知道，帝亡民未亡！王朝兴废的洋洋历史，他的汉族老师向他讲过不少朝代更迭的故事。谢道清太皇太后因病请求不走，只有她允许被暂时留了下来。

逃亡路上的文天祥并不知道这一切，他的目的是去南方，他要寻找吉王和信王，岂不知在临安陷落后，一起南下的二王已经改了名号，吉王已改成了益王，信王已改成了广王。

6

文天祥的计划是由泰州到通州，由通州到海上，再由海路到福建、广东，因为他不知道二王究竟在哪里？

泰州至通州有300里水路，既有元军出没又有强盗抢劫，既有宋军的地盘又有元军的管辖，犬牙交错，特别复杂。

文天祥所乘船只走走停停，一会儿借风扬帆，一会儿停靠挂缆。三月二十四日他到达通州，通州守将杨师亮事先接到情报，说元军在一路捉拿从镇江逃走的文天祥，所以他不相信李庭芝所言，文天祥绝不可能是投降的奸细！他把文天祥迎进城中，接到州衙后热情款待，并且帮助筹办渡海南下。

文天祥两个多月奔波在生死线上，在通州难得享受了亲如兄弟的关爱，获得了官场同僚的理解。这时与他结交20年，一直跟随他的承信郎金应，患热病忧郁病死，年仅42岁。金应性刚知义，在赣州随文天祥勤王，生死不怕，上下相随，金应"汝魂在他乡"，令文天祥"相望泪如倾"。金应的骤然离去，打击了文天祥，也提醒了文天祥，让他总结着以往的点点滴滴，规划着今后的方方面面。

天天面对死亡，文天祥在诗的序言中写了他面临过17次死亡！他决定整理自己写的100多首诗作，留存下来以防不测。他将抄录的诗词收藏起来，以便让后人知道他的志向。

在离开临安的逃亡路上，文天祥全都以诗记事、以诗存史，诗前都有简明小序。文天祥按照时间、地点、人物编辑三卷：出使元营，被扣留在北门外的为一卷；从北门外出发，经过吴门、毗陵，渡过瓜洲，又回京口作一卷；逃出京口，奔往真州、扬州、高邮、泰州、通州为一卷。诗集冠名《指南录》，寓意"臣心一片磁针石，不指南方不肯休"。

这时，从南方传来了好消息：二王在永嘉（温州）建元帅府，拥立益王赵昰为天下兵马都元帅，广王赵昺为副元帅，发布檄文，号召天下勤王，驱除鞑虏，复我中华！

文天祥兴奋不已，他有了前行的目标，有了斗争的信念：

"中兴奋王业，日月光重宣。"
"但令身未死，随力报乾坤。"
"慷慨为烈士，从容为圣贤。"

文天祥从通州的卖鱼湾"浮海南归"，后人在此建了"渡海亭"纪念。通州去永嘉（温州）的海路本不算太远，从长江口以南的南洋直接南下即可，然而元军已经侵占了江口的许多岛屿，海船只能先走江口以北的北洋，绕一个大圈子避开元军，然后再南下去永嘉。文天祥的身边仅剩六人，整整在海上漂了21天才到达目的地。

文天祥第一次看到大海，感到"大哉观乎"！他写了《出海》一诗：

水天一色玉空明，便似乘槎上太清。

我爱东坡南海句，兹游奇绝冠平生。

文天祥不但喜爱苏东坡的诗词，也十分敬仰他的人品风范。苏东坡的政敌欲置他于死地，将他流放到海外儋州，他志高达观，入乡随俗，向当地学子授课，培养了海南的第一位进士，结识了众多黎族同胞，还写下了众多的诗词文章。他曾写过一首《自题金山画像》：

心似已灰之木，身如不系之舟。

问汝平生功业，黄州惠州儋州。

文天祥心目中的功业，就是要驱逐入侵的异族，收复大宋的江山！

大海有独特的神韵，它的冷峻与和顺、辽阔与深奥，是大陆无法比拟的。它安静时水波不兴，风和日丽；咆哮时波涛汹涌，万马奔腾。日夜与蓝色海洋做伴，文天祥感到心胸开阔，气魄非凡。他的"法天不息"，如同大海有一条永不停息的脉搏；他的"精忠报国"，如同大海有一腔奔流不滞的热血。海上之行的壮美，让文天祥更加热爱华夏的山山水水，他决心抗元，收复疆土。大海性格的不屈不挠，更加坚定了他抗敌复国的意志。他望着眼前的汪洋大海，随口吟哦道：

云气东南密，龙腾上碧空。

第十三章

振臂一呼，八方志士响应；小石桥旁边的双烈庙，成了人们顶礼膜拜的偶像。

万里风霜鬓已丝，飘零回首壮心悲。

罗浮山下雪来未，扬子江心月照谁？

只谓虎头非贵相，不图羝乳有归期。

乘潮一到中川寺，暗读中兴第二碑。

——《北归宿中川寺》

1

恭帝德祐二年（1276）五月初一，伯颜与被废的南宋皇帝赵㬎一起来到了元朝京城大都，朝拜元朝皇帝忽必烈。忽必烈授赵㬎检校大司徒，封瀛国公。

316 年的宋朝灭亡了，元朝"得府三十七，州一百二十八，关监二，县七百三十三"。

伯颜元帅班师回朝，忽必烈派文武大臣在城外迎接，并拜他为同知枢密院事，赐银鼠、青鼠官服 20 套。元军有功的将校 123 人，各有封赏。

就在这年的同一天，七岁的益王赵昰，在福州即位，称宋端宗，改元为景炎，册封他的生母杨淑妃为太后，广王赵昺晋封为卫王，"行在"福州改成福安府。"行在、行朝"，即皇帝的所在地，还算不上临时首都。

朝廷又任命陈宜中为左丞相兼枢密使，都督诸路兵马；任命李庭芝为右丞相兼枢密使；张世杰为枢密副使；陆秀夫为端明殿学士、签书枢密院事；陈文龙为参知政事；江万载为殿前禁军都指挥使，并摄行军中事；苏轼后代苏刘义为检校少保、殿前指挥司司马、保康安民讨元使兼广东西策大使。

右丞相李庭芝遵旨来福安拜相，派朱涣守卫扬州。他和姜才领兵七千前往行朝时，刚进泰州城，元军阿术就从后边追了上来！李庭芝走后，朱涣就献扬州投降了，并驱赶李庭芝将士的妻儿来到泰州城下；泰州知州孙泰臣、偏将孙贵、胡惟孝等一见扬州失守，于是也打开城门，投降了元军！李庭芝万万没有料到会是这样！他一头跳进荷花池中，谁知自杀不成，与姜才一起被抓回了扬州。

李庭芝大义凛然，决不投降！被阿术当众斩首！

杀敌闻名战场的姜才被阿术凌迟处死！

这都是朱涣出的主意！他认为，扬州自打仗以来，死的人太多，堆积的尸骸到处都是，这都是李庭芝的罪过。

新皇登基时，文天祥刚到永嘉。

文天祥脱险来到永嘉的消息传开后，他的同僚及义军旧部特别高兴，邹沨、张汴、朱华等人都从福建赶来，一起商讨抗元的大计，周边尚未沦陷州郡的仁人志士也纷纷晋见，愿与文天祥共同抗敌保家。文天祥逃亡路上结交的张和孙、杨师亮、苗再成、稽耸等人也都期待着文天祥的复兴计划，等待着他的召唤。

朝廷以观文殿学士兼侍读的身份，召见文天祥，接到诏书后，他从水路出发，绕道江西，转赴福建，途经吉州老家。文天祥夜宿故乡庐陵青原山静居寺时，写了一首《琴诗》，并以刀刻于琴上，这也是他最后的故乡之行：

松风一榻雨萧萧，万里封疆夜寂寥。

独抚瑶琴悲世虑，君恩犹恐壮怀消。

这时的文天祥还不知道，右丞相李庭芝还未上任就被杀了！新皇帝二十六日在福安召见了文天祥，封他为通议大夫、右丞相兼枢密使，都督诸路兵马。这可能是文天祥面见南宋小皇帝的唯一一次，然而他却辞相不拜，因为他瞧不上左丞相陈宜中临阵逃跑两次，大敌当前却蜗居在家，这种人掌权，只会困守不会进攻。

其实他不知道，在新皇登基之前，陆秀夫曾让陈宜中回朝，陈宜中因丧母回到老家温州，张世杰将他母亲的灵柩抬到船上，陈宜中才不得不出山。文天祥也自知难与张世杰共事，认为此人刚愎自用，胸无大志，拥有重兵，只会专制朝政。目前朝廷的权力全部掌握在陈宜中和张世杰的手中。

文天祥撰写文章说："国方草创，陈宜中尸其事，专制于张世杰。余名宰相，徒取充位，遂不敢拜，议出督。"文天祥不图虚名，不当丞相。朝廷最后任命他为枢密使、同都督诸路军马、经略江西，派他到南剑州（福建南平）开府募兵去了。其实这与他"为官避事平生耻""上下同欲者胜"的理念背道而驰。

南剑州是"八闽屏障"，文天祥在此募兵的消息一传开，爱国人士纷纷前来聚集。榜样的力量是无穷的，朝野都知道文天祥忠君爱国，刚正无私，都愿意在他的旗帜下抗元复宋！

参加南剑州同督府的除了杜浒、吕武、张汴、巩信、赵时赏、赵孟溁以外，还有文天祥的老师曾凤及他的同榜进士陈龙复；太学名士谢杞和许由、李幼节、吴文焕、林栋、林琦等六位闽士；还有林俞、林元甫两名三山名士；以及有江淮人谢翱、廖朝宗、温州人徐榛。

廖朝宗为人精练实干，孜孜奉公，在督府任环卫官，主管督府军器。赵时赏是宋朝宗室，曾任军器太监，做县官时就抗元立功，在督府仍然自带一支部队，独当一面。荆湖宿将巩信，任都统制、江西招谕使，久经沙场，富有谋略。林琦是位武将，勤王投到文天祥麾下，既能带兵又有文才，还曾带领水军在海上抗元。陈龙复为官很有声望，年老任督府参议官。谢翱虽然年轻，却被誉为宋末诗人之冠，他倾全家资产充作军费，招募数百人参军保国，在督府任谘事参议。文天祥将自己珍爱的"玉带生砚"赠送给了他。徐榛勤勉精干，典笔札机密，文天祥让他替代金应的职务。老幕僚张汴主管军府事务。督府的秘书、架阁等官职也都一一各尽所能安排，然后上报朝廷正式任命。后到南剑的乡邻刘洙，继续担任督帐亲卫的旧职。

这一次的聚兵和当年的勤王不一样了，那时文天祥单打独斗，自筹粮饷，这次是朝廷招兵买马，所以规模要大得多，而且官职都由朝廷任命。

既然建了都督府，军事行动的规划就是继续扩军，向北进攻，收复国土，扩大影响。杜浒是台州人，也是文天祥的生死兄弟，被派去台州、温州招兵买马。吕武是太平人，派他去淮东联络，筹饷招兵。陈龙复属于朝廷老臣，是很有影响的人物，安排他去广东积粮聚兵。文天祥筹划南北合击，连兵大举，期望光复南宋失去的旧山河。

抗元的大旗重新举起来了，可元军也早就做好了准备，他们的计划是一举消灭赵昰的小朝廷，统一全中国！元军的新部署是：忙古歹镇守浙东；唆都镇守浙西；阿剌罕、董文炳继续攻占浙、闽未占领的州县；吕师夔、李恒进攻江西；阿里海牙由鄂州南下湖、广，进军潭州、袁州、连州、衡州、郴州、广州。

正当文天祥雄心勃勃准备大干一场时，朝廷的新诏令又来了，诏他的同督府南移到汀州。

2

汀州位于福建的崇山峻岭之中，不像永嘉、南剑那样是战略要地，永嘉南可保障福安，北可向钱塘江流域扩展；西可屏障闽江上游，北可支援福安。要知道福安可是朝廷的心脏所在地！这说明朝廷还是准备要走，有放弃福安的计划！另外的原因可能是都督府离福安太近，也就是文天祥离小皇帝太近了。现在的朝廷是什么？就是陈宜中、张世杰！说白了就是手握兵权的张世杰，他没料到文天祥会一呼百应，枢密使的官职威胁到副枢密使的权威，挟天子以令诸侯的手段就要不灵了，再说陈宜中的政见一直与文天祥不同，所以才打发他到福建西边的万山丛中发展。

汀州是长汀的古称，位于福建西部汀江上游，汉代置县，是客家人主要集聚地和发祥地，有"客家大本营"和"客家首府"之称。

客家先民的历史开始于秦征岭南，中原汉族大举南迁，经千年演化，逐渐形成具有独特方言、风俗习惯及文化形态的汉族民系。耕读传家是客家文化的特点。客家人以粤赣闽为基地，宋代户籍有主客之分，移民入籍编入"客籍"，作客地方以此为家，即称客家。

汀州西邻江西，江西是文天祥的故乡，他在此地设同督府还是大有可为的。他刚到汀州，刘洙、肖明哲、陈子敬就前来会合，手下兵将都是勤王的义军，他们被遣散回乡后不甘亡国，听说文天祥重树大旗，旧部立即被召集起来，同赴汀州受文天祥调遣。

文天祥化悲痛为力量，重新部署了作战计划，派赵时赏、赵孟溁取道石城，计划与在宁都起事的邹沨、刘钦里应外合攻占宁都；派吴浚领兵驻屯瑞金，攻取雩都；命陈子敬回赣州，与唐仁一起策应吴浚夺取赣州城；命吉州永丰人罗开礼，率兵攻取吉州永丰县。

然而元兵已经占了绝对优势，邹沨在宁都被抓，他改名换姓伪装成算卦人才逃出了魔掌，而刘钦却死于乱兵之中！这让带兵的赵时赏和赵孟溁无功而返。罗开礼兵败被俘，绝食八天后死在吉州监狱中。吴浚投降了元军，陈子敬流落赣州不知下落，唐仁病故，文天祥攻占赣州的计划破产了。

元军的副帅李恒派遣吴浚回来招降文天祥，被文天祥斩首示众，以稳定军心！其实文天祥也曾清醒地表示过，明知勤王义举是不可为而为之，就如父母病入膏肓，明知治不了仍要治疗一样。他说自己不做管仲，管仲活着功显天下，而他是抱定死节的人，一生实践着"忠孝廉节"四个大字。

元军知道赵昰在福安称帝，自然大兵压境，要斩草除根！十一月，阿剌罕、董文炳进攻处州，李珏、方洪献城投降了。

阿剌罕越过仙霞岭，攻克了建宁府，进军南剑州时，知州王积翁弃城逃到福安。这时的宋军还有正规军 17 万人，民兵 30 万，而且富有战斗经验的淮兵还有一万多人。是战是逃？如果文天祥在朝，肯定选择决战，可朝中的陈宜中和张世杰却选择退却。然而已经退无可退之地，于是，十四日护送着端宗赵昰和卫王赵昺、杨太后登舟入海。宋廷行朝设在船上飘无定处，成了名副其实的流亡政府！

皇帝和大臣都跑了，福安的知府王刚中伙同王积翁投降了元军。福安府陷落，百姓心目中的朝廷被灭了，抗元还有什么意义？谁都知道，张世杰辅佐的幼帝，难成气候！

行朝迁移到了海上以后，军民抗元信心大大受挫，大批郡县的守将，要么投降，要么逃遁，这就是战场上的多米诺骨牌效应！即便仍在战斗的也底气不足，赵家人都跑了嘛。元军正势如破竹逼近汀州，文天祥的兵马全部分散在外，况且他发现汀州守将黄去疾按兵不动，也有叛变的迹象，后来果然也投降了元军。文天祥不得不将同督府迁往漳州龙岩县，现在龙岩县江山乡湖村的悬崖峭壁上，仍留有文天祥当年的题壁，他诗中已经自称丞相了，后人称作"丞相岩"：

怪石岩岩总是窝，当朝丞相此经过。

马蹄踏破归来晚，万古流传永不磨。

端宗入海，昭示着抗元复国事业走向下坡路了。

4

宋端宗景炎二年（1277）三月，文天祥率同督府军收复了广东东北的梅州，梅州与漳州龙岩交界，是客家人的聚集地。义军进驻梅州后，客家儿女纷纷从军，仅松口卓姓家族就有8000多人，"男执干，女甲裳，八千子弟走勤王"。

两年前文天祥在赣州勤王时，他就抱着必死的信念，把老母和二弟文璋，以及自己的妻妾子女，统统托付给大弟文璧，因为自己虽是长子，但忠于为国而不谋家。让文璧用祠禄养亲，代以尽孝，这是文天祥的主意。后文璧任惠州知州，那里是岭南瘴气横行的地区，苏东坡流放此地曾有记录。文璧把一大家人接到惠州居住，文天祥才得以东征西讨，走南闯北，这都是弟弟文璧的全力支持，一个尽忠、一个尽孝，忠孝实难两全啊！

文天祥到了梅州，决定和当年在赣州一样，把家眷全部接来，因为此时故乡庐陵已经陷落，那里已经是蒙古人的天下了。

文天祥已经三年未见到母亲了。他的妻子欧阳浚、小妾颜靓妆和黄琼英也是近三年未见，夫妻相见，又是别有一番滋味。

他见妻子欧阳浚劳累消瘦，兵荒马乱的年代，家中上有老下有小，妻子替他行孝照顾婆母，抚养教育八个儿女，"妻子隔绝久，飘飘若埃尘。漠漠世间黑，性命由他人"。他自己现在鞭长莫及，心中感到十分内疚。

"有妾有妾今何如，晨妆靓服临西湖。"想到与美妾颜靓妆游西湖的场景，不用说临安的西湖，就是南昌的西湖、惠州的西湖，恐怕再也没有游览的机会了。

"有妾有妾今何如，英英雁落飘璃琚。"美妾黄琼英的皮肤洁白，音声和盛，自己抚琴她在一旁歌唱的日子成为回忆，恐怕以后再也没有机会聆听她的歌喉了。

长子道生11岁了，次子佛生也已10岁，几年未见，都已长高长大了。他认为道生"资性可教"，对儿子未来充满期待。佛生后生，了解不多，文璧介绍说"为儿有巨人志，及成童，双瞳迥然，天资俊伟，书过辄成诵"。

文天祥听了十分高兴。女儿柳娘、环娘、监娘、奉娘，四个孩子也都一一近前亲近。

我那大女儿定娘呢？我那小女儿寿娘呢？文天祥在文山山庄病重时，是定娘床前床后端饭送水，是寿娘膝前膝后逗乐开心。

"床前两小女，各在天一涯。所愧为人父，风物长年悲。"

文璧告诉他，定娘和寿娘去年已经病故，埋葬在惠州河源县的三角村。女儿是娘的心头肉，一谈到两个女儿，欧阳浚和黄琼英悲从心来，抱头痛哭。八个子女还剩六个，文天祥痛彻心扉，写了一诗，诗前有序。

> 痴女饥咬我，郁没一悲魂。
>
> 不得收骨肉，痛哭苍烟恨。

"丙子，定娘、寿娘已病死于河源之三角。"

不过，也有人说，文璧为不让文天祥伤心，并未将定娘和寿娘的死因告诉他：

有人相传文天祥因子女多，他转战闽粤无暇顾及，准备让好友谢枋得帮助照顾这一大一小的两位女儿。

谢枋得号叠山，是文天祥的同榜进士，也是肝胆相照的战友，后人敬仰他二人，合称"文谢二山"。谢枋得曾与文天祥誓约"宰相努力在朝，我等努力在野"，二人为国赤胆忠心。谢枋得曾将岳飞的正气砚赠送给了文天祥，砚台背面有三人的铭文：岳飞的行书是"持坚守白，不磷不缁"。

谢枋得的真书是"岳忠武端州石砚，向为君直同年所藏，咸淳九年十二月十有三日，寄赠天祥"。

文天祥的草书是"砚虽非铁磨难穿，心虽非石如其坚，守之弗失道自全"。

文天祥长女文定娘与幺女文寿娘，携带父亲给谢枋得的亲笔书信，路过广东连平县太湖镇三角村时，村旁苏坑有一溪水，溪上建有小石桥，为躲元兵追捕，藏身于桥下，妹妹紧牵姐姐的衣衫，不料二人落水……山民救起了她们时，不幸前后病故了。

从定娘身上找到了文天祥的书信，"遗谢叠山托顾二女"，方知是文丞相的两个女儿，于是将二女厚葬桥旁。

墓穴坐北向南，后人在墓额刻了"仙宫"二字，墓碑刻"敕封护国仙神烈女定娘寿娘合墓"，墓堂左右两侧分别立有《文山二女墓记》和《宋故丞相文信公二女墓铭》，追述宋朝当年的历史。

小石桥被后人名曰"仙女桥"，桥下溪旁有圆形洼地，周围幽草丛生，山民传称《烈女井》。桥南建有《双烈庙》，俗称《仙娘庙》，庙内神龛上有定娘和寿娘二人的塑像。几百年来香火不断，寄托着芸芸众生对先贤的哀思。

5

景炎二年（1277），文天祥回顾了当年的经历：

一月同督府移至漳州龙岩；

二月收复梅州；

三月家人梅州团聚；

四月整顿部队，严明军纪，将违令跋扈的钱汉英、王福二将斩首；

五月进军江西；

六月光复雩都，夺回兴国，军心大振。

有一天文天祥在马背上吟诵了一首《即事》诗：

去年伤北使，今日叹南驰。

云湿山如动，天低雨欲垂。

征夫行未已，游子去何之？

正好王师出，崆峒麦熟时。

这是文天祥第二次向江西进军。去年第一次进军失败，他不知道张世杰带着小皇帝下海漂泊到了何处？只知道南宋的领土几乎全部沦陷，但他要做最后的抗争，誓死不做亡国奴！

文天祥把同督府搬到兴国。兴国历史上就是战略要冲，位于赣、闽、粤、湘之中，这里历来都是驻军之地。

七月，他分兵三路：一路由张汴监军，赵时赏、赵孟溁率主力攻打西南的赣州城；一路由邹凤率赣州各县兵力，攻打北方的永丰和吉水；一路由黎贵达率吉州各县兵力，进攻西北的泰和。不久，三支部队捷报传来了：

赣州除赣县外，十个县收复了九个，吉州八个县收复了五个，抚州五个县收复了一个。袁州收复了萍乡县。饶州、信州、洪州、安南军的抗元战斗也是如火如荼。毗邻的湖南，也光复了七县！

不屈不挠的文天祥，就如一根擎天柱，独自撑起东南一片天。

6

江西和湖南胜利的消息，大大鼓舞了其他地区的军民，广东、福建、江淮等地也纷纷燃起抗元的烽火，领头的有豪杰、有官员、有乡绅、有志士……他们主动与同督府联络，接受文天祥的指挥，一起承担光复救国的大业。

江淮义士刘源，是野人寨的义兵长，野人寨在天柱山山麓，他与安抚使张德舆共同起兵抗元，联系多个山寨，并且收复了黄州、寿昌军。淮西兵能攻善战，一举收复了兴国军。那个投降了元军的夏贵，他自己没有骨气，可他的家僮洪福却组建了"结贵军"，一度收复了元军占领的镇巢军，主仆二人忠奸对照鲜明。

文天祥的同督府"号令通江淮"，大江以西"有席卷包举之势"。南宋军民并不甘心做亡国奴，只要有人振臂高呼，定会八方响应，从者如云，拼死保家卫国。

同督府迁到兴国后，这里离三僚很近，当年文天祥应廖应和所邀，曾为他们的族谱写序，他在三僚梦见过杨公祠的杨公，还题写了六十四卦签。他这次特地重返杨公祠祭拜，又写了一副对联："抽爻换象堪移一天星斗，避凶趋吉真乃万国神仙。"这副对联至今仍然镌刻在廖姓杨公祠的柱子上，供慕名而去的旅游者欣赏。

这座杨公祠堂历史悠久，族谱记载：南宋隆裕太后因逃避金兵追赶，也曾在此祠堂里避过难。这次文天祥募兵抗元来到三僚村，廖应和兄弟三人忠心耿耿，不但倾家荡产出资支持，而且发动民众参军保国，大批新兵很快就聚集在文天祥的旗下。三僚周围村民都知道文天祥，11年前杨公曾显灵保他成为栋梁之材，现在以丞相的身份招兵买马，这就是天命所示，所以人们纷纷应征入伍。

大批新兵住在杨公祠，夜间蚊虫成群叮咬，致使兵丁奇痒难眠。文天祥心中着急，立刻想到祠内供奉的杨筠松，面对塑像，他祈祷杨公再次显灵。随后他在祠堂墙上提笔留字：

神仙显灵，大慈大悲，施诸法力，驱除蚊虫，保吾官兵，复宋太平。

俗话说，心诚则灵，杨公果然显灵了，祠堂内的蚊子便销声匿迹了，不见一个踪影！当年三僚"无蚊祠"的传说，一直流传到现在。

7

文天祥江西大捷，张世杰的水军哪里去了？原来他们向南去了泉州。

蒙古人在亚欧大陆的野蛮侵略，对各国进行的血腥屠杀与抢劫，震惊世界。从长安到罗马的古丝绸之路断绝了。南宋对外贸易只能走海路，海上丝绸之路便自然开通了。远洋航行靠信风驱动，夏季御西南风而来，冬季逐东北风而去，船只驶向东南亚、印度、阿拉伯、欧洲和东非。宋朝的海岸线北起胶州湾，中经杭州湾和福州、漳州、泉州金三角，南至广州湾，再到琼州海峡，全部对外开放，与西洋和南洋诸国发展贸易。沿海城市的明州、泉州和广州，进行了大规模开发，如同现在的特区一样。尤其出名的是泉州，也称鲤城，修建有内城、外城和罗城三重结构，里面有外国人（亦称远人）和侨民居住区的"番坊"。世界各地的外商在此云集，有"市井十州人"的叫法。

10世纪的中国皇帝跟18世纪的英国国王差不多，派遣特使分赴海外，招徕贸易。南宋高宗皇帝说："市舶（海上贸易）之利颇助国用，宜循旧法，以招徕远人，阜通货贿。"这种贸易关系称作互市贸易！南宋进出口贸易总额有3800万贯，国家税收近200万贯，当年可谓国富民强。

宋朝之前及之后的中原王朝，与海外诸邦的贸易关系原来不是互市，大体都是朝贡贸易，诸邦向天朝纳贡，中国获得四夷宾服，有着万国来朝的荣耀。中原王朝给予诸邦的回赐，其价值远远超过所收到的贡品。朝贡贸易大大满足了中国王朝的虚荣心，但在经济利益方面，也是大大地得不偿失。难怪苏东坡总结后不满地说："朝廷无丝毫之益，而远人获不赀之财。"

宋朝海外互市贸易的发达，带来了税收、招商、走私、海盗等一系列问题，于是"市舶司"应运而生，它是管理海洋贸易的职能部门，如同现代的海关和外贸局。它负责登记注册商船进出港，发放通行证，征收十分之一的关税，购买商品有半价优惠……这个部门是个肥缺，所以宋朝的皇亲国戚都往里面钻，宗室人员纷纷移民泉州，当年最肥的是泉州市的舶司。

蒲寿庚任市舶司提举30年，他是阿拉伯人，汉族称他们"番客回回"。他祖上从占城迁徙到广州就任番长，负责招商引资，处理侨民事务，享有治外法权。几辈的番长职务延续到蒲寿庚，他除掌管市舶司外，最后官至福建、广东招抚使，名义上还掌有两地区的军政民政大权。别人说他富可敌国，此言不虚，因为宋朝政策优惠，外商的私有财产依法能得到保护。他拥有千余艘商船和数万名海上武装，因为扫荡海盗有功，朝廷对他十分信任，一直高官厚禄待他。

景炎元年（1276）十一月，张世杰带着小皇帝乘船入海南逃时，路过泉州，深受皇恩的蒲寿庚曾经接驾谒见，希望朝廷驻驾泉州，不再流亡。这本是大好之事，可短视的张世杰不但不答应，反而要强行征用他的船只！阿拉伯商人蒲寿庚也是坚决不答应，政府用权解决问题，商人用钱解决问题！张世杰转移到潮州后，十几万人缺船少粮，没有后勤给养，于是返回泉州抢劫了蒲寿庚的船只和财产。逊尼派阿拉伯人蒲寿庚血腥报复，他在泉州屠杀了六七千人！其中南宋赵氏宗室3300余人，淮兵2500余人，士大夫不计其数，然后伙同知州田子真向远方的元军献城投降了！

忽必烈不战而得一东方大港，而且是富庶重城，他大喜若狂，立刻封蒲寿庚为昭勇大将军、闽广都督兵马招讨使兼提举福建广东市舶、福建省参知政事、江淮行省中书左丞兼泉州分省平章政事等一系列官职！

转过年的七月，受文天祥在江西抗元大捷的影响，张世杰也率淮军再次攻打泉州复仇，投降的蒲寿庚守城两个月不破，畲族女侠"许夫人"，曾帮助张世杰反蒲抗元，结果元军将许氏家族几乎灭绝！泉州清源少林寺的僧众反对蒲寿庚投降元朝，遭到蒲寿庚和元将奇握温斯的残酷镇压，元军万人冲进南少林，千余僧众被屠杀，只有十人逃出了少林寺！

由于张世杰的错误政策，导致泉州的蒲寿庚投降了元军，丢失了抵抗元军的重要战略资源。今天的易中天先生认为，蒙古人不善水战，蒲寿庚富可敌国，张世杰若能与之精诚团结，共同抗元，历史就会重写。不过一个由南宋文官＋蒙古叛将＋阿拉伯商人注册的联合政府，会是什么样子呢？他也没有答案！

第十四章

突围路上，假文天祥救了真文天祥；虽然躲过三次劫难，却被叛徒出卖了！

三年海峤拥貔貅，一日蹉跎白尽头。

垓下雌雄羞故老？长安咫尺泣孤囚。

鱼龙沸海地为泣，烟雨满山天也愁。

万死小臣无足憾，荡阴谁共侍中游？

——《战场》

1

南宋朝廷正式纳表祭天投降了！

太皇太后谢道清、宋恭帝赵㬎全部被押去元大都！忽必烈本以为宋朝历史已画上了句号，不料赵昰又在福州继位，号宋端宗，改元景炎。

君降民不降！文天祥、张世杰、陆秀夫，以及东南许多郡县仍然在抗元复国。

忽必烈在江西隆兴（南昌）"置行中书省"，塔出为右丞相，麦术丁为左丞相，李恒、蒲寿庚、程鹏飞等将领为参知政事，他们集中力量对付文天祥，因为江西是文天祥义军的根据地。

元军分兵三路进攻赣州的张汴、赵时赏、赵孟溁；文天祥率领的督府军只有一千余人；进攻泰和的是黎贵达，他率领的督府军一千人是主力部队；进攻永丰的邹㵯是另一主力。文天祥采取游击战的方针，你打你的、我打我的，你向南打、我向北打，避其锋芒，合理转移。元军的元帅李恒，是西夏国主之后，智勇双全，三路兵马出击后，他亲率精兵偷袭文天祥的大本营所在地——兴国。

李恒潜至兴国时，文天祥的同督府军刚刚撤退到永丰，准备与邹沨会合，没想到邹沨的步兵经不起骑兵的冲击，已经彻底溃败了，文天祥只好率部继续向东南退却。李恒在兴国扑空后，穷追文天祥四百里，到达庐陵东固的方石岭下。老将巩信与数十名步兵坚守隘口，奋力杀敌，如同张翼德当年在当阳桥上一般。李恒怕有伏兵不敢冒进，巩信虽然寡不敌众却视死如归，拼杀元军数十人！

李恒命弓箭手集中射杀，箭如飞蝗，义军中箭身同刺猬！可巩信仍然坚立不动，左右士卒岿然挺立，他们的仪容惊天地，泣鬼神！为了保卫自己的统帅文天祥，将士们流尽了最后一滴血。

文天祥逃过了一劫，他率领的同督府的一行人中，既有官员和家属，又有众多百姓和各自的家当，在山间小路中前后拥挤，走走停停，苦不堪言。景炎二年八月二十七日终于到达空坑山寨。夜幕降临，军民疲惫难行，集体宿营山寨休息。前行十分艰难，后有元兵疯狂追赶，大敌当前唯恐失联，文天祥与妻子分工照看家眷：妻子欧阳浚领着自己的女儿柳娘，黄琼英领着自己的儿子佛生，颜靓妆领着自己的女儿环娘，六人住进山寨。文天祥自己领着母亲、道生、监娘、奉娘五人，住山前陈师韩家中。时至半夜，元兵突然攻进了山寨，他们搜捕的目标就是文天祥！找不到文天祥，元兵就大肆屠杀！他们俘虏了欧阳浚等六人，最后火烧了山寨！幸亏陈师韩得到报告，带领文天祥一行从小路突围，乘天黑路暗又躲过这一劫难。

文天祥一行在夜色之中继续逃亡，后追的元军兵马也随后而至，甚至能隐隐听到他们的人声马叫！

眼看元兵就要追上了，此时狂风大作，地动山摇，突然山体滑坡，一块巨石滚落下来，堵塞了狭窄的山道，临时挡住元军的去路。山体滑坡持续了一阵子，给文天祥留下逃生的时间！这块阻挡元军的巨石，后人命名为"相石"，在《庐陵县志》卷三《山川志》里，有翔实的记述。

这是文天祥逃过的第三劫！

拂晓时分，大雾弥漫，一丈距离就看不清人的模样。元军骑兵拦住一乘小轿，"轿中人风姿伟然"，自称姓文。元军以为捉住文天祥了，押回大帐报功，不再继续追赶其他溃散的军民。

其实，这位是通判赵时赏，他冒名顶替了文天祥，他见元军还逮了他的不少战友，就大喊："住手！你们不是要抓我文天祥吗？我就是文天祥！赶紧放了这些无名小辈！"

他的喊声，救了这些已经落入魔掌的官兵幕僚。

听说逮住了文天祥，李恒自然满心欢喜，他立即升帐，亲自审问。然而结果让他由喜生怒！原来捉到的是个冒名顶替的文天祥，只好命人押去隆兴，由两位丞相处置。

在生死危难之际，由于战友舍生取义，文天祥又避开了死亡一劫！

2

空坑之役损伤惨重！文天祥付出了难以弥补的代价。因为他的主力部队都在前头，黎贵达率兵前行。中间是扶老携幼的百姓，山道弯弯，人多路窄，行动必然缓慢。最后面才是文天祥率领的家属、亲友、官员，仅仅有五百帐兵护卫，怎敌过如狼似虎的元军骑兵？在空坑遇难和被俘的战友中就有张汴、廖朝宗、张日中、彭茂才、刘洙、谢杞、许由、李幼节、吴文焕、林栋等人。

前行的主力部队，在泰和钟步与元军激烈战斗，钱渊龙、钱翔龙、钱云龙兄弟三人一同战死沙场，黎贵达幸还。

文天祥的妻子欧阳浚、小妾颜靓妆和黄琼英、二儿佛生、二女柳娘、三女环娘都被元军抓走！三个同岁的孩子还小，都刚刚年满10岁，虽然都有生母在身边，然而眼前血腥厮杀的场面，让他们胆战心惊，不敢睁眼！幼小心灵种下了不共戴天的仇恨。

率军殿后的刘洙也被俘虏了！他被押解到隆兴，宁死不屈，被元军残忍地杀害！他的两个儿子都跟着殉节了！押到隆兴的赵时赏，他一直大骂不屈，最后还是被元军杀害。据人说，刘洙、赵时赏两人都被元军惨无人道地施以裂刑！

文天祥诗中哭他们："平生白羽扇，郁结回我首。"

文天祥的空坑失败，元军的猖狂捕杀，给各地抗元复国事业带来沉重打击。他的大妹夫孙桌（lì）在家乡龙泉抗敌，受乡里族人的陷害告密，被元军抓去隆兴，不降而被残酷杀害！他的大妹文懿孙及婆母和二子一女都被掳去元大都。

他的二妹夫彭震龙，在勤王军解散后，回乡屯兵号"义冈营"司令，联络少数民族抗元，负责永新义兵，与萧敬夫、萧焘夫兄弟死守永新城。叛将刘槃久攻不下，最后策反了张履翁做内应，破城后彭震龙在吉州被腰斩，萧氏兄弟也同时被害！

吕武跟随文天祥最久，患难中出力也最多，他联络两淮各县抗敌，回到江西后也被杀害。

城南袍陂谷中被围困的八姓义士，由于誓不向元军投降，妇幼老少三千余人集体投袍陂湖自杀！彰显了宁死不屈的民族气节。

早日勤王的陈子敬，听说空坑失利，立即联结黄塘山寨的义军与元军拼杀，最终不敌重兵攻打而遇难。

肖明哲第二次到野陂，准备与胡文可、胡文静兄弟重建抗元根据地，结果因被叛徒出卖，被元军杀害。胡氏兄弟因"宁死不负赵家"，元军大发淫威，屠杀了他家几百人灭族！胡文可死前留诗曰：

"丹心一寸坚如铁，矢石前头定不惊。"

连泰和的缝工刘士昭都写下了血书：

"生为宋民，死为宋鬼，赤心报国，一死而已。"

空坑逃脱的文天祥，召集残部赵孟濚等几人，于当年十月，重新返回汀州，准备重整旗鼓。屯兵汀州时，他从惠州接来母亲曾德慈和长子文道生，加上身边的监娘、奉娘，一大家子人仅剩下这五口了！伤心、痛苦、无助的老少，唯有既当儿子又当父亲的文天祥强颜鼓励。文天祥考虑福建的汀州不易发展，于是十一月经会昌、安远，到达广东的循州，这年冬天，屯兵循州的南岭（后名忠臣岭）。

经过空坑巨变，部队上下信心受挫，文天祥发现黎贵达暗中联络元军，图谋叛变，他当机立断将其斩首，以便稳定军心，以利再战。

景炎三年（1278）二月，文天祥率部进军惠州海丰县，三月进驻三江通达、水陆便捷的丽江浦。一年前陆秀夫与江万载曾让行朝在此驻扎，屯兵垦荒，开凿了几里长的"宋溪"，挖土堆积了士兵扎营的"宋师岭"，赵昰、赵昺两兄弟宿营的山堡，后人称作"宋王山"。此时的丽江浦，也成为文天祥的屯兵之地了。

文壁这时也收复了惠州。潮、梅、循三郡也全都反元归宋。另一支反元复国的部队，在凌震、王道夫指挥下，已经收复了广州。

文天祥此时已清醒地认识到，抗击元军，收复失地，必须树皇帝这杆大旗，必须和张世杰联合行动，游击战的小打小闹难成气候，野蛮的元军不会给你生存之地。于是，他派多人打探行朝的下落。

3

去年十一月文天祥到广东时，其实张世杰保着小皇帝赵昰也在广东的南澳岛，他们是六月到来的。元军主帅刘深正调兵遣将，要从海路消灭他们，他们不得不退到珠江口的秀山，继而又转移到珠江口外的井澳。

左丞相陈宜中看看前途无望，他不是像文天祥那样勤王募兵，发动宋朝军民一同抗元保国，而是借口去占城调兵，脚底抹油——溜号了。这是陈宜中第三次临阵脱逃！后来元军占领占城后，他又逃到暹罗（泰国），一直定居到死，成为温州最早的海外华侨。

当年宋恭宗赵㬎投降前，太皇太后谢道清安排赵昰与他母亲杨淑妃，以及他的同父异母弟弟赵昺南下避祸，派国舅杨亮节、驸马都尉杨镇、秀王赵与檡陪同，殿前禁军都指挥使、并摄行军中事江万载父子带兵护卫。伯颜闻讯后曾派兵追赶，赵昰一行幸而逃脱到达婺州（金华），陆秀夫投奔后又一起到了永嘉（温州），他们与张世杰、陈宜中会合后登船入海到达福州。听说赵㬎投降被押去大都了，于是大家拥戴赵昰在福州林浦村登基，改年号景炎。皇帝行宫设在平山阁，建筑风格依然恢宏大气，皇帝居所的梁木雕刻精细，均为五爪龙。如今平山阁仍在，为避元军改称"泰山宫"，历代祭祀至今。

江万载是江万里的弟弟，一门忠烈，忠心耿耿地保卫赵家的南宋王朝。

十二月，井澳突然刮起飓风，船队被吹得七零八落，船上兵丁死者过半。年幼体弱的赵昰也被风浪卷入海中，年逾70的江万载奋不顾身跳入大海！小皇帝被救上来了，可江万载却不见了影踪！灌了一肚子海水的孩子，又惊又吓，而江万载却死不见尸！他近三年贴身保护着小皇帝，如亲如师，如今却不见了人影，赵昰从此在船中一病不起！

景炎三年三月，刘深的元军船队攻打井澳，张世杰和江万载的儿子江钲迎敌不利，损失战船200余艘，不但重挫了宋军的锐气，而且连国舅爷杨亮节也被俘虏杀害了！

张世杰率部向香港九龙的谢女峡退去，船队从这里进入南海。到达七里洋时，张世杰曾经萌生也去占城的想法，因为联系不上陈宜中，心里拿不准，所以没去。当时福建已经被元军占领，福建离台湾仅200多里路，虽然三国时吴国的孙权，曾派遣数万人的船队去过台湾，民间也有来往，但宋代舰船的动力全靠风，从福建渡海去台湾，比去琉球和吕宋困难得多！

如果当年张世杰船队去了台湾岛，那就会像380年后的郑成功一样了，历史很可能还要重写！世上没有如果，只有后果和结果，后果是崖山兵败，结果是南宋灭亡！

行朝的船队来到雷州湾外的荒岛上，这里水中多巨石，危崖壁立，惊涛拍岸，震撼海天。陆秀夫起名硇洲岛，"硇"字是以石击匈（元）之意，代表与元朝抗争到底的决心。

这个56平方公里的小岛，竟是我国第一大的火山岛，有两个火山口，岛上的宋皇城、宋皇井、翔龙书院、宋皇碑、宋皇亭、宋皇村现在都成为翔龙县的旅游景点。"宋末三帝"有两个在这里待过，"宋末三杰"也有两个待过，他们的祠庙更是香火不断。"不拜皇帝拜忠臣"，岛上居民至今仍延续着将文天祥、陆秀夫、张世杰三位神像请回家中，轮流供奉的虔诚风俗，每年庙会之际再送回庙中供奉。

景炎三年四月十五日，不到11岁的赵昰在硇洲岛病死了，一个在位不到三年的小皇帝，没过一天好日子！东躲西藏，提心吊胆，杨太后抱着儿子遗体痛哭失声，可再也哭不回来可怜的小娃娃了！后悔生在帝王家啊！

五月，赵昰遗体运到香山的马南宝家。两年前他还在马家住过，居住在南门村的魏王后人赵若梓还迎驾勤王，现在却君臣阴阳两隔了！遗体八月再运到崖山，九月初一葬在香港大屿山的永福陵，庙号宋端宗。

当年的随驾大臣邓光荐是目击当事人，著《填海录》记载了这段历史。野史说赵昰"葬于海滨乱山之中"，所以现在深圳蛇口赤湾畔也有少帝陵，据说是衣冠冢。传说是浮云，宋末的传说多了去了，几个章节都写不完！

南宋王朝共有九帝，宋端宗赵昰是第八位。端宗驾崩，国不可一日无主，五月初一日在硇洲岛上，南宋的第九位皇帝，也是最后一位皇帝，七岁的赵昺继位了，改元祥兴，称宋帝昺。陆秀夫代陈宜中为左丞相，张世杰拜少傅、仍任枢密副使，殿前禁军都指挥使江钲，文天祥仍然是枢密使。硇洲岛这地方太小，并不安全，所以六月份行朝向北迁往崖山，这是南宋朝廷最后的落脚地了。

张世杰如果不是向北而是向南，去海南岛落脚，那么小朝廷还有存在的余地，不至于崖山兵败，输得一塌糊涂。

4

文天祥在六月将同督府移到船澳，他想乘新皇登基前去"入觐"，还写了几个奏疏，一个是像诸葛武侯一样，自劾督师无功；一个是为立了战功的部下求授官职，以获得朝廷的褒奖认可。

行朝回诏奖谕："历事四朝，始终一节。""忠孝两全，神明对越。"全是褒奖之词，对他大加赞扬。上报人员的官职，也按文天祥的要求一一准奏：邹㵲任右文殿修撰、枢密都承旨、江西安抚副使兼同督府参谋官；赵孟溁任遥县郡团练使、左骁卫将军、江西招捕使兼同提刑督府咨议官；杜浒带行军器监、广东诏谕副使兼同督府参谋官；邹臻带大府寺丞、同督府参议官；陈龙复带行兵郎、广东诏谕司使兼同督府参议官；章从范带行阁门祗候、同督府计议官；丘梦雷、林琦、葛钟各带行架阁、同督府干办公事；朱文翁同督府准备差遣。文璧任权户部侍郎、广东总领兼知惠州。

归宋后不再造反的陈懿任潮州知州，张顺暂时主管循州，李英俊为梅州通判暂时管理州事。文天祥希望他们改恶从善，老老实实地做官为民。

文天祥要见小皇帝的事，却"优诏不许"！新皇继位，相臣竟不许见，是何道理？朝廷由陆秀夫、张世杰一文一武说了算，八岁孩子只是个摆设而已。朝野上下都了解文天祥的为人，刚直不阿，疾恶如仇，没当官时都敢上书皇帝要杀宦官董宋臣，刚当个小官就敢与丞相贾似道争斗，君臣上下既敬他，也惧他。敬他，给他加上少保、信国公的头衔。封他母亲为齐魏国夫人，赏赐三百两黄金犒劳同督府。惧他，坚决不让他入朝面君！张世杰拒绝的理由是为迎候陈宜中还朝，实则是怕文天祥入朝分权。

崖山的行朝不让去，想与张世杰、陆秀夫商讨复国的大计成了泡影，伤心呐！那么去刚收复的广州吧，不料凌震和王道夫也不欢迎，朝廷都不待见你，我们刚打下的地盘也不能让外人染指！

空有一腔热血、满怀抱负的文天祥，欲哭无泪。为报国，自己的妻妾子女个个被捕；为救民，征战南北，抛头颅洒热血奋不顾身，然而却被人误解，兄弟阋墙争权夺利，丑陋的窝里斗啊，没救了！

5

南宋时期，由于战乱不断，民不聊生，瘟疫多次流行，尤其夏秋季的江南，霍乱、伤寒、疟疾等在军中肆虐，粤赣地区尤其严重，几百官兵死于瘟疫！文天祥65岁的老母也未能幸免，结果死在海丰船澳兵营里。

文天祥痛彻心扉，因为母亲常年随军颠沛流离，不但没有给她一个安定的生活环境，反而整天提心吊胆过日子，心中实在愧对老人。现在母亲就在身边故去，文天祥却不能脱身送葬，只能让弟弟文璧、文璋，妹妹文淑孙和儿子文道生，护灵柩去文璧任职的惠州暂时安葬。

伤心欲绝的文天祥，只能将自己的悲痛，倾诉在自己的诗句里：

"人间送死一大事，生儿富贵不得力"；

"古来全忠不全孝，世事至此甘滂沱"；

"悠悠国破与家亡，平生无憾惟此事"！

俗话说，祸不单行，文天祥的母亲去世刚刚两个月，儿子文道生又在惠州病故了！虽然叔叔、姑姑、堂弟文陞都在身边，可生身父母一个都不在，钟爱他的祖母已经离世，13岁的孩子该有多么可怜！文天祥这时候正准备移师潮州，闻讯长子病逝，痛不欲生。道生是文家的长子长孙，自幼聪明机灵，战争岁月一直跟随在父亲的身边，现在小小年纪却阴阳两隔了！二儿佛生在空坑被俘，据说也已经病故。文天祥早已抱定以死殉国的决心，万万没想到两个儿子早他而亡，让他添了一大心事："不孝有三，无后为大"，文天祥把"忠孝"看得比天大，他这一支不能无后啊！

有传言，太皇太后谢道清为保赵家不灭，除了让江万载护送赵昰和赵昺南下外，还"狸猫换太子"，让自己亲侄孙谢昰孙顶替宋恭帝去了大都，而真正的嫡子赵㬎，秘密回到谢道清的老家温州天台。不知此事是真是假？不过今天又多了一个旅游景点——天台皇都村！赵㬎住过的村子，每天游人如织，这可是真的！

文天祥要求弟弟文璧把他二儿子文陞过继给自己。文璧回信同意，这样文陞就成为文天祥的儿子了，没有了传宗接代的后顾之忧，文天祥就舍生忘死报国，不成功则可成仁了。

其实，文天祥并不知道，在空坑被抓的欧阳夫人也不知道，二儿佛生并没有死，他和生母黄琼英在被元军押往隆兴的山路上被人救下了。

那是个昏暗下雨的夜晚，一个叫罗宰的人，自称是文天祥的朋友，他隐蔽在混乱的俘虏队伍中，趁元军士兵不在身边，将佛生母子藏在山后的洞中。躲到天明大部队走后，才告诉他们娘俩，他叫罗椅，字罗宰，在信丰做官，是文天祥庐陵同乡，还是同榜进士，曾受恩于文天祥，暗中保护着他的家人。他跟黄琼英讲，希望认佛生为义子，改名换姓逃避元军追捕，并跟随他到任上一起生活读书。兵荒马乱中能够逃生，黄琼英已经感激不尽，能为文天祥留下子嗣更是大恩大德，所以她满口答应罗宰的要求。三人在山地向南方信丰县奔走，淋雨后的黄琼英发起烧来，只能搀扶着10岁的佛生跌跌撞撞。来到兴国北边的宝石寨，实在走不动了，只能在山崖边休息片刻。这宝石寨也称"天井架"，据说是文天祥保杨太后路过此地，因被元军围困临时堆垒建寨，宝石山还是文天祥命名的呢！

黄琼英叫过儿子文佛生，让他给罗宰叩头改喊父亲，罗宰欣然接受，他抚摸着佛生的头说又有儿子了。黄琼英突然也给罗宰跪下，哭着说："丞相留嗣我就放心了，拜托你对佛生严加管教。臣为君死，妾为夫死，我不能连累你们，为了丞相，我先走了！"说罢投崖，碎身而死！

　　文佛生见母亲跳了悬崖，吓得哇哇大哭，罗宰抱住孩子，让他记住地点，急急忙忙向信丰县逃去。据说后人曾在宝石寨建庙以纪念黄氏。佛生随罗宰"携之任，抚爱尤笃，教导甚严"。1283年，"文陞自燕奉枢归故里，方知佛生尚存"，他辗转找到了罗宰，见到了佛生，二人抱头大哭！谁知甲申年（1284）三月三日卯时，佛生悲痛欲绝，患病而死，年龄才18岁。

　　佛生死后，据说他的儿子及后人迁至四川成都，回归文氏老祖宗的发源地，成为四川文氏家谱的先人。

　　还有一桩秘闻：三月，文天祥全家在梅州会合；八月，他的妻妾在空坑被捕，这时颜靓妆已经有了身孕，为了避免元军赶尽杀绝，对外从不声张，唯有心腹肖资知道。肖资给部将吴通50两黄金，嘱其专门保护如夫人颜靓妆。空坑被俘后，吴通用20两黄金买通了元军押送将官少劫恒，两人被偷偷释放。颜氏舍不得女儿，被吴通狠心拖走，南下广州还觉得不安全，一直到达崖州定居下来。颜氏后来生下儿子，起名环生，成了海南文氏的先祖。他们族谱的第一页写着："自天祥祖之次子环生公奔隐新会县，娶妻容氏安人产育宗支，血脉分于顺邑。"也有人说，海南的先祖是文天祥堂弟文天瑞，后代移居保安岗下村，现已经26代了。深圳建市拆迁时，还有文氏宗祠"五房祠"，文家谱系说的是真是假？有待历史学家考证认定吧！

6

　　文天祥将同督府迁到了潮阳，一是陈龙复在那里积粮治兵很有成效，诸路豪杰前往响应。二是归降的海盗陈懿兄弟人称"五虎"，仍然不服节制，继续叛乱残害百姓。文天祥的队伍在城郊东山安营扎寨，东山山麓有座纪念唐代张巡、许远的"双忠庙"，文天祥带着崇敬的心情前往拜谒。

　　文天祥当场作了一首《沁园春》，举酒杯向双公祷告："二公忠义炯炯，我与二公同心。如许我忠义，请饮此杯，并愿献乘马。"话音未落，文天祥杯中酒少了一半，而自己的那匹白色战马也倒毙在庙门外边！

士兵将白马葬于青松之下，至今还留有"文马碣"石碑遗迹。能有那么巧吗？酒可能在风中挥发，马岂会自毙？这肯定是后人的演绎，就像成佛成仙的传说一样，不过是民间百姓的一种心愿而已。

督府军开赴潮阳围剿陈懿五虎，从海门的西征路上路过蚝坪，在这里与叛军展开一场激战，陈懿率部逃进山中！

另一杀戮百姓的大盗刘兴，被文天祥活捉斩杀，百姓高兴，群情欢腾。

文天祥随军的爱女监娘，在夜间战乱中丢失了一把玉扇，这可是皇帝御赐之物，令她默默地伤心流泪。不料蚝坪的百姓捡到后，当天就完璧归赵！平民百姓的纯朴无私，令文天祥特别感动，挥毫写了"和平里"三个大字回赠，从此蚝坪改成和平，文天祥的墨宝一直保存至今。

一天中午，文天祥登上海门的莲花峰，远眺大海，希望能看到皇帝的龙舟，他心中万分郁闷，拔剑在石壁上刻下了"终南"二字，"南"字中间的"半"特地刻成"午"字，以寄托臣子中午望帝之意。

听说文天祥移师潮阳了，在江西分散了的战友邹洬、刘子俊带着几千义军前来会合。文天祥十分高兴，不但增强了兵力，关键是有人协商，共同分析这靠海的潮阳不如江西内陆，根据地还是应该落脚江西。于是他决定赵孟溁先锋开路，邹洬率军殿后，先去海丰进入南岭，避实就虚迂回进军，然后再去江西。

7

忽必烈得知赵昰已死，赵昺又做了皇帝后，决定斩草必须除根！于是任命张弘范为蒙古汉军都元帅，张弘范推荐了李恒为副帅，十一月，水陆并进夹击文天祥。

元军由于海路不熟，难以在潮阳登陆，这时的陈懿变成了卖国贼，他花重金去贿赂张弘范，却为的是给他当向导，希望借元军之手抓住文天祥，为自己报私仇！陈懿帮元军登陆立了一功，可文天祥的同督府已经迁走！他是当地人，马上知道文天祥去了海丰。张弘范让200名元军化装成当地人，由陈懿带路，他弟弟张弘正率领轻骑，一路紧追文天祥。

十二月二十日中午，督府军正在五坡岭埋锅造饭，一队穿便衣的元军，突然出现在面前！

开始时，大家还以为他们是一些进山捕鹿的山民，但再仔细一看，却发现他们都随身携带着兵器，有的手里还提着元军常用的马刀！

几名督府兵还没有来得及取出兵器，便被元军包围了，虽然手无寸铁，却没有一个孬种！他们纷纷拿起菜刀和锅铲，与元军奋力厮杀，最后全倒在血泊中了！

文天祥正坐在虎皮胡床上，边吃饭边查看地形图。当他听到左右喊声，正想起身的时候，忽然被多名元军围住了！他想拔出匕首，却被元军千户黄惟义死死按住，他奋力扑向元兵的刀剑，力求自裁，然而左右都有防备没能得手。他知道这次是难以脱身了，便吞服了早已准备好的二两冰片！

文天祥不知道冰片只有与热酒同服才有毒性，能引起呼吸衰竭而死亡。像他这样口服下去，顶多恶心、呕吐、肚子疼，再厉害点就是中枢神经兴奋，反正死不了人！

殿后的邹沨眼睁睁看到文天祥被捕，救不了主帅，自己也不想被俘，于是拔剑自刎！左右护卫扶着未死的邹沨撤退到岭南，十天后他在痛苦中死去。

陈龙复、林琦、肖资都被俘遇害！

张唐、熊桂、吴希奭、陈子全也都兵败后被活捉，因拒不投降，个个处死！

仅有先行的赵孟溁和徐榛脱险。文天祥的女儿监娘和奉娘，也都死于乱兵之中。后有传言，一个嫁给苏刘义的堂弟苏郭义。兵荒马乱的年代，什么事都可能发生。不过文天祥被捕的原址建了方饭亭却是真的，后人纪念他"一饭千秋"。

文天祥率领的7000余名勤王义军，全部被元军屠杀！

刘子俊也在五坡岭被捕，他学空坑兵败时的赵时赏，也称辩自己是文丞相，企图使元军不再穷追文天祥。没想到两队人马路上相遇，都声称逮住宋朝的文丞相，两人也都声称自己是文天祥。刘子俊的结局很惨！元兵在路边架起了一口大铁锅，锅中倒满了菜油，锅底点燃了木柴，待锅中菜油煮沸后，元兵将刘子俊扔进油锅，将他野蛮地油烹了！

第十五章

一首《过零丁洋》，成为千古绝唱；在崖山之战时，十万军民或站着战死，或投海殉国！

飚风起兮海水飞，噫！

文武尽兮火德微，噫！

鹰鹊相击兮靡所施，噫！

鸿鹄欲举兮将安归？噫！

櫂歌中流兮任所之，噫！

独抱春秋兮莫我知，噫！

——《又六噫》

1

成吉思汗的梦，是"蓝天之下都成为蒙古人的牧场"。他虽然死了，可他的儿子们继承了他的遗志，战马驰骋欧亚大陆，拓疆开土，把蒙古帝国的版图延伸到欧亚的每个角落。

成吉思汗有四个嫡子，即：术赤、察合台、窝阔台和拖雷。他们个个都很优秀，但也和他爹一样残暴。术赤主管狩猎祭祀，察合台主掌法令，窝阔台主朝政，拖雷统率军队。

长子术赤，一直被怀疑不是成吉思汗的亲生儿子。他随军东征西讨，曾分兵讨伐金国，向西征服了叶尼塞河到额尔齐斯河流域。1219年与几位弟弟一起，攻占了花剌子模，城破后因大屠杀有功，受到成吉思汗的赏识。

作为他的长子，封地在额尔齐斯河西边，里海以北。从哈萨克斯坦、花剌子模，到伏尔加河下游的大片土地，成吉思汗都赐给术赤了，成了他的钦察汗国。他51岁去世后，次子拔都承袭了钦察汗国汗位。

察合台是成吉思汗的次子，从1211年起就随父征战，先灭花剌子模，后灭金国。他英勇善战，杀人不眨眼。成吉思汗把畏兀儿以西至阿姆河之间的草原分封给他，位置是伊犁河以西，锡尔河以东，也就是现在的乌兹别克斯坦及新疆一部分，建了察合台汗国。1226年成吉思汗出征西夏时，让他留守蒙古大斡耳朵（行宫）。窝阔台即大汗位时，他谨遵父命，恪守臣礼。因为他熟悉法令，执法严峻，窝阔台也十分尊重这位哥哥。察合台病逝后，由其五子也速蒙哥继承察合台汗国可汗。

窝阔台是成吉思汗第三个儿子，也是接班人，他也嗜杀成性。1225年封地在额尔齐斯河上游和巴尔喀什湖以东，称窝阔台汗国。在现在的新疆地区，他建了于也迷里城。在1229年的库里尔台大会中，被推举为整个蒙古帝国的可汗。登基后，他把都城北移到蒙古本土哈剌和林，与拖雷相邻，这里是蒙古帝国的中心。他继承成吉思汗的遗志，继续西征和南下中原。12年后，西征维也纳时，在半途病逝。据说是酗酒所致，也有传言是被一个女人所害！窝阔台汗国大汗由其孙海都继承。

成吉思汗的四子拖雷，也是他最喜欢的一个儿子。因为按蒙古习俗，由幼子继承父业。成吉思汗生前分封诸子时，唯留拖雷在身边，继承蒙古本土所有的行宫帐篷和牧地、军队。他自幼随父南征北战，双手沾满鲜血，父亲死后他监国三年，直到三哥窝阔台任大汗为止。1231年他与窝阔台分兵讨伐金国，尽歼金国主力部队！后来病死途中，但病因说法不一，后世各有不同的版本。他有四个嫡子：蒙哥、忽必烈、旭烈兀、阿里不哥。

横跨欧亚大陆的蒙古帝国，是钦察汗国、窝阔台汗国、察合台汗国、伊利汗国的合称。四个汗国之一的伊利汗国，是拖雷三儿旭烈兀西征波斯，留在当地组建的国家。拖雷的大儿蒙哥曾继承蒙古帝国汗位，后死于四川的钓鱼城。二儿忽必烈在中国地盘打天下，1271年建大元国，虽然后裔逐渐汉化，可祖宗还是蒙古人。

野心勃勃的蒙古帝国，看到南边三国分立，一会儿辽宋结澶渊之盟对付金国，一会儿宋金结海上之盟对付辽国，直到大金国灭了辽国和北宋，蒙古人便下山摘桃子来了！西夏一百多年历史传了十个皇帝，蒙古灭西夏用了21年。说来真巧，金国也是一百多年历史，也传了十个皇帝，蒙古灭他用了23年！蒙古对付南宋就没有那么容易了，虽然宋恭帝已经投降，可宋帝昺还在崖山，算算两国开战已经45年了，但南宋还在文天祥、张世杰、陆秀夫等人的领导下，不肯向凶悍的蒙古帝国低头！

2

崖山又名崖门山，位于广东新会县南八十里的大海中，为谭江、西江汇合的出海处，它与西岸汤瓶山对峙如门，故又称崖门。崖内为银洲湖，崖外是乌豕洋，港宽口窄。张世杰认为这是天险，准备在此死守。他派人进山采石伐木，为小朝廷建了30间行宫，为部队建了3000间营房。正殿取名慈元殿，杨太后居住。这些建筑总称"行朝草市"，建在崖山之顶，居高临下。

行朝入驻崖山后，官、民、兵20多万人，大多住船上，粮草、物资、舟楫、兵械都十分缺乏。张世杰从六月忙到十月，从各郡县及海外筹集银两和物资，也从民间收集刀枪盔甲。宋朝开始是个"禁兵"的王朝，禁止民间持有武器，防范百姓造反作乱。除弓、箭、刀、短矛、盾牌"五兵"不禁外，其他的兵器装备一概禁止！到了南宋时期就已成了一纸空文。由于"守内虚外"政策的制约，重文轻武不变，民间学艺练武者并不多，可流亡朝廷也没有能力制造兵器，处处捉襟见肘。张世杰不想再在海上流亡了，决心死守崖山小岛，根本没有考虑到退路。战场之上，必须知己知彼，张世杰却正如文天祥指出的那样，缺乏指挥才能，"不知合变，专守法"。

这时候的元军却做好了最后决战的准备。主帅张弘范要来忽必烈的尚方宝剑，因为他是汉军都元帅，这样才能够令行禁止。他让弟弟张弘正做先锋官，集中舟师袭击了漳州、惠州和潮州，消灭了文天祥这股最有影响的抗元力量，扫清了崖山外围。又命令副帅李恒的步兵和骑兵袭击了广州，然后从广州发兵来合击崖山。虽然他们仅有大小战船五百艘，还有二百艘因为迷失航道未能到达，可张弘范胸有成竹，因为焦山之战时，二张早已交过手，张世杰曾是他的手下败将！

反观宋军的部署，张世杰不守崖门，在港内用大战舰一千多艘，作一字阵横向大索固定，四周起楼栅如城垛，虽然森严壁垒，但不可能主动进攻，只能被动接受敌人的进攻！

殿前禁军都指挥使江钲，主张分兵防守出海口，如果战胜则御敌于崖门之外，如果不胜则可向西撤退，不要重蹈焦山之战的覆辙。他的这个建议很正确，然而却揭了张世杰的旧疮疤！他让苏刘义接替江钲的职位，打发江钲到福建募兵筹饷去了，江钲的父亲江万载，在朝野曾经很有影响力，这是张世杰在自毁长城！

苏刘义何许人也？他比文天祥大四岁，与陆秀夫他们三个人都是同榜进士。苏刘义是苏东坡的第八代孙，在永嘉推戴赵昰即位有功。他勤王聚兵救宋，元军称他"一呼十万，发草皆兵"，苏刘义就以"苏十万"为名壮大军威，辅佐南宋最后的两个小皇帝。文天祥评价他"心专在王室"，"张世杰用事，志郁郁不得展，其人刚躁不可近，然能服义，始终不失大节"。

张世杰身边能有这么个人提醒，实在是件大好事，因为文天祥虽然不在朝，可朝中也还是内斗不断。先是陈宜中认为陆秀夫办事认真执拗，不听他的摆布，于是把他排挤到潮州。张世杰反对陈宜中的做法，又不得不召回了陆秀夫，于是又得罪了陈宜中。

宋度宗时的状元陈文龙，反对议和，回乡养老去了。赵昰称帝后，他出任参知政事，因与陈宜中不和而离开朝廷，去漳浦、兴化平叛去了！后来在兴化被元军俘虏，他拒不投降，以身殉节！

国舅杨亮节争权夺利，朝廷中他除了敬佩江万载外，与其他人个个有矛盾，特别是看不上秀王赵与檡和赵昰的舅舅俞如珪。杨太后要经常在他们中间调停。

陈宜中关键时刻去了占城，杨太后百般劝阻没有效果，就像当年谢道清劝说陈宜中一样的结果。大敌当前，小朝廷中人心不齐，战争如何能握胜券呢？

张世杰能学学人家忽必烈就好了！当年忽必烈和小弟阿里不哥为争汗位，进行了长达四年的战争，战前力量对比不相上下。忽必烈的汉化政策收到了效果，经济恢复有了财力支持。他具有丰富的军事和政治斗争经验，身边的汉族幕僚，能帮他制定出正确的战略战术。他知人善用，用人不疑，有宽阔的胸怀。结果不但坐上了蒙古大汗的宝座，南下攻宋也是步步取胜。

南宋小朝廷中的执政人物，都没有这样的胸怀，如何能收拾早已破碎的惨局呢？

3

祥兴二年的春节，是个残酷的纪念日。已成了元军阶下囚的文天祥，被元军元帅张弘范死死关押在船上，由一队全副武装的兵丁日夜看守，让他活着跑不掉，想死也死不成！

关押文天祥的囚船，跟随元军的战舰向崖山驶去。

文天祥明白，南宋最后的时刻到了！

零丁洋在珠江口的外海，一面陆地，三面环海，虽然刚刚过了春节，但岸上的人家早已逃离他乡了。村庄里不见烟火，也无鸡犬之声，路上断了行人，寒风浸卷，草木萧条，一片荒凉！

关押文天祥的囚船到了零丁洋之后，他从船上的舷窗向外边望去，满眼都是起伏不定的波浪，他联想到战斗过的赣江十八滩中的惶恐滩，想起了战友、师长们已慷慨就义，妻妾儿女生离死别。在国破家亡的时刻，自己唯有视死如归，舍生取义，才是唯一的选择！

想到这里，文天祥感到周身的热血都在沸腾，他提起笔来，一气呵成，写就了一首七律《过零丁洋》。

诗写成后，他将笔一掷，高声朗诵起来：

辛苦遭逢起一经，干戈寥落四周星。

山河破碎风飘絮，身世浮沉雨打萍。

惶恐滩头说惶恐，零丁洋里叹零丁。

人生自古谁无死？留取声名照汗青！

第二天，囚船抵达崖山，张弘范派李恒去见文天祥，请他写信劝说张世杰投降。

文天祥高声斥道："我救不了自己的父母，却教别人去背叛自己的父母，这可能吗？"说完，他抄写了这首七律，将"声名"改成"丹心"，交给了李恒。

张弘范看了之后，立刻明白他的深意，连声说道："好人！好诗！"因为他知道，文天祥牢记精忠报国的使命，劝降无用！忠臣的初心是不可动摇的。

崖山南北纵亘百余里，东南控海，西北皆港。张弘范到达厓门后并不急于开战，他首先封锁水道，控制了宋军海南来的给养供给，然后派一批小船前去侦探宋军。

元军水手都是福建或浙江人，不需要特别的乔装打扮，双方交流起来很容易。有些水兵甚至在海上做起了交易：他们拿"伯颜丞相军中方"与陆秀夫的"龟苓膏"相互交换。原来常年战争中，被刀箭兵刃所伤的军人特别多，伯颜让郎中研制了止血止痛、祛风生肌的特效药，"军中方"是药末，用"洪宝丹贴敷"，对外伤的疗效十分显著。而中国南方瘴气频发，"兵未血刃而疫死者十之六七"，陆秀夫用"凉粉草"和其他中草药制成了"龟苓膏"，此药能清除体内瘴气，南北官兵都当作救命之药。

正在备战的张弘范听部下报告说，张世杰又把大船连在了一起，心中暗暗高兴。文天祥却心中暗暗担心，因为他发现宋军的大小船只统统集中在港内，远远望去，虽然恰似城堡一样，可宋军大船快船的优势难以体现，只能被动防守、挨打。

文天祥远望崖山山顶的"行朝草市"有焚烧烟火，心中便有了不祥之兆，从他的《哭崖山》诗句中就可以看出：

> 宝藏如山席六宗，楼船千叠水晶宫。
> 吴儿进退寻常事，汉氏存亡顷刻中。
> 诸老丹心付流水，孤臣血泪洒南风。
> 早来朝市今何处？始悟人间万法空。

南宋时期的造船技术，是世界上最先进的，当时最大的商船，现代人都想象不到，有六根桅杆、四层甲板、十二张大帆，可以装载千人！这些大船不仅拥有精确的航海图，还有懂得星象的水手操作，他们熟练地运用指南针，在茫茫大海上，利用风力可以自由航行。

江海两用战船是专为战争所打造的，船长八丈三、阔两丈，载重十二万斤。能载二百多名水军。船顶层有高杆悬巨石，每层周边都有射孔。多人划桨，快速灵活，进退自如。

海战船也称车船，也更大更高更坚固，长十余丈、底阔三丈、高三丈五。船前后左右安有撞杆，杆端悬有巨石，由辘轳转动撞击敌船。船两旁一般有四个车轮，每轮八个桨片，车船底层为水手踩踏车轮的舱间，以轮击水，疾驰如飞。上面各层两侧都有射孔，弓弩手射箭、发射火药弹。后来的霹雳炮、震天雷、飞火枪也都用到了战场上。顶层周边有半人高的挡板，士兵可以居高临下向敌船投掷石块、鱼叉、挠钩……每层都有竹子篱笆防护，战船如同碉堡一般。

船上士兵的武器主要是"刀八色"：掉刀、屈刀、欢耳刀、掩月刀、戟刀、眉尖刀、凤嘴刀、笔刀。四棱锥枪是百兵之王，拦、拿、扎三种招式杀敌很有威力，冷兵器时代的宋朝，武器已达到登峰造极的地步。《武经总要》还记录了十几种不同式样的发石机和各种炮车，竟然还有一种只用两个人操作的轻便"手炮"，能发射半斤重的炮弹。

然而南宋的这些优势，遗憾的是都转移到元军手上了！小朝廷只顾南逃北跑，东躲西藏，既无财力也无人力，哪能有效地利用起这些科技优势？

张世杰只能加用长木杆，抵住敌船不得靠近，或者将船体糊上厚厚的泥浆，防备火攻而已。俗话说，将帅无能累死三军，南宋缺少忠心多谋的将帅领军，奈何？

正月十四，海上南风，"水从海外排入，浪涌如山"，张弘范试着火攻，结果不能靠近宋军舰船，宋军弓弩齐发，元军大败而归。宋军庆贺首战告捷，不过这也让元军探明了宋军的虚实。

正月十五是元夕（元宵节）。文天祥在囚船上远望崖山港内的宋军，心中默默祈祷着上苍庇佑小皇帝赵昺，愿他能躲过这一劫难。不知是错觉，还是眼花缭乱？文天祥忽然看到海上竟然有元夕赛船活动，还有灯节的小灯笼摇曳着！文天祥十分兴奋，赋诗记录了这段《元夕》奇观：

> 南海观元夕，兹游古未曾。
> 人间大竞渡，水上小烧灯。
> 世事争强弱，人情尚废兴。
> 孤臣腔血满，死不愧庐陵。

在生死存亡的大海战前夕，竟还有心思玩这些祖宗传下来的民俗活动？后人解释，是南宋军民的从容不迫，生死度外，藐视战争。也有人认为是一种海市蜃楼。这是文天祥在比喻宋元战争，海上的殊死争斗如同大竞渡一样。

4

崖山海战，从二月初六日开打。

张弘范等待着这一天！他熟悉季节之风。风雨交加从南而来，他事先知道海潮将要大涨，浪涛一定涌进山门。元军先以猛烈的炮火和箭矢，顺风射击宋军船舰，计划打乱宋军的一字阵。宋军也用炮火进行了还击，这

文天祥别传

是世界海战史上首次使用火炮。

文天祥身临其境，他记录了战争的残酷：

> 一朝天昏风雨恶，炮火雷飞箭星落。
>
> 谁雌谁雄顷刻分，流尸漂血洋水浑。

张世杰决心与南宋政权共存亡，他学了西楚霸王的背水一战，把建好的"行朝草市"一把火烧光！心想置之死地而后生。

张弘范派张世杰的外甥和故人前去招降三次，都被他严词拒绝了。他给外甥写了一幅字："生当作人杰，死亦为鬼雄"，告诉他要对得起自己的名字——世杰。

南宋女词人李清照，逃亡途中经过池州的项羽庙，曾作过一首空前绝后，流传千古的诗，但她的感受绝对没有张世杰此时的深刻，这是生死存亡的悲愤：

> 生当作人杰，死亦为鬼雄。
>
> 至今思项羽，不肯过江东。

张弘范命李恒从崖山北边的水道绕进银洲湖，在宋军背后形成夹击之势。李恒率部利用早晨退潮的时机，顺水流由北而南，船队奇袭对面的宋军。中午，北面宋军已经溃败，南面元军主力又分为四队，利用涨潮的时机大举进攻。长蛇阵发挥了威力，一字阵只有挨打的份。张弘范指示各队将官说："宋军战船停泊西北面，涨潮后必然东漂，我船随涨潮迎击，听到帅船鼓乐时，立即出战，违令者斩！"

当宋军听到奏乐时，还以为是元军宴席吃喝呢，不料元军已经杀上船来！因宋船已经联结一起，这倒帮助了不善水战的元军，他们如狼似虎，大开杀戒，刀刀见血，横尸甲板！

宋元两军厮杀，从早晨战到黄昏。元军的回回炮砸烂了宋军的船板，登船的元军火烧连营，元军掌握了宋朝的火药秘诀，一股脑儿用在宋军自己身上！断绝给养20多天的宋军渐渐体力不支，刀光剑影中趋于败势了。

这时大雾迷空，宋军旗幡纷纷被砍落，位于中军的张世杰眼看大势已去，命令砍断30余艘战船的锁链突围。他同时派人驾小船到皇帝的御船上接驾。

守在赵昺一旁的丞相陆秀夫，警惕性很高，一是认为小船无战斗力，冲不出元军的重重包围；二是来人身份莫辨，万一是元军假冒，岂不上当受骗？

陆秀夫回头看看周围的禁军，死的死，伤的伤，皇帝的御船很大很显眼，又与别船紧紧连在一起，突围无望了！眼看"靖康之变"的历史将要重演，恭帝赵㬎的悲剧也不能再次重复了。罢！罢！罢！陆秀夫先命令自己的妻子和子女跳海自尽，然后背着八岁、惊呆了的宋帝昺，纵身跳入漂浮着尸体、燃烧着船板的大海之中！

张世杰久等皇帝不到，便让苏刘义长子、水军都统苏景瞻断后，自己护着杨太后，率苏刘义余部突围出港。

宋军战船连成一串，难以行动，皇帝和丞相已跳海自杀，消息像风一样传遍战场！宋朝军民逼得发狂了。手中仍有兵器的战士拼杀到最后一口气，杀一个够本，杀两个就赚一个；受伤难行的伤兵，纷纷投海自沉，慷慨殉国；手无缚鸡之力的朝臣和宫眷，坚决不做亡国奴，相拥投海！诗人陆游的玄孙陆天骐，也参加了崖山海战，战败后他不愿当俘虏，跳海自尽殉国！

听说赵昺已死，杨太后不肯苟活，她也投海自尽了！

杨太后原名杨巨良，是宋端宗赵昰的生母。张世杰阻拦不住，只得将杨太后葬于崖山的海滨。

张世杰在返回广东路过螺岛时，突然遇到飓风，他心灰意懒地登上摇摆的舵楼，做不成人杰就做鬼雄吧！他不肯上岸避风，掉进了平章山下的大海，瞬间被巨浪吞没！他的遗体被部下张霸葬于螺岛力岸村。此岛因有

文天祥别传

张世杰陵墓，后改称海陵岛。他的妻子与幼子辗转至天台避难，后代在天台定居，至今仍有张家宗祠，香火不断。

张世杰带着仅有的抱负——匡扶末宋，去地下见南宋的两位小皇帝去了！

"舟遂覆，世杰溺，宋亡。"史书上寥寥8个字，结束了319年的大宋朝！

5

张弘范崖山大胜，获战船八百余艘！宋朝军民当场战死者有十万之众！元军乘势攻打其他地方，不降即随之屠城，使宋朝户籍上减少了四分之三的人口，他们大都是被屠杀而死的。

张弘范认为自己为元朝立下不世之功，派人在崖山北边石壁刻上"镇国大将军张弘范灭宋于此"12个大字。

后来，一位宋人把前面加了一个宋字，成了"宋镇国大将军张弘范灭宋于此"。

不过后人还是不服，明代干脆铲去这13字。1962年田汉先生改成"宋少帝与丞相陆秀夫殉国于此"，并作诗《崖山怀古》：

> 云低岭暗水苍茫，此是崖山古战场。
>
> 帆影依稀张鹄鹚，涛声仿佛斗豺狼。
>
> 艰难未就中兴业，慷慨犹增百代光。
>
> 二十万人齐殉国，银湖今日有余香。

田汉的题字"文革"时又被铲去，据说现在又恢复了尊重历史的这13个字。

其实张弘范不能算宋朝的汉奸，他父亲张柔是金国人投降了蒙古。张弘范虽是汉族，但出生在蒙古，从小接受郝经的教育，因为文武双全，被忽必烈一步步提升为元帅。他与文天祥惺惺惜惺惺，对战争有自己的看法。

他有一首七绝是这样写的：

磨剑剑石石鼎裂，饮马长江江水竭。

我军百万战袍红，尽是江南儿女血！

张弘范很有文采，著有《淮阳集》，有诗 120 首，填词 30 余首，请邓光荐为其写序。传说临安陷落后，他曾俘获了风韵犹存的唐安安，强娶为妾。据传，崖山之战宋亡，后唐安安毒死了张弘范，然后跳江自杀！这可能是传说，也可能是真事，不过已无人去考究罢了。

南宋小朝廷虽然灭亡，可留下了不少传说和民间故事，至今广为流传：

杨太后死后，千里之外的晋江塔头刘村的刘拓，以忠义守节为宗旨，募资筹款建慈元行宫，供奉着杨太后神位，民间香火不断。后来，对杨太后的崇拜流入越南，这位南宋的国母，竟然成为越南的海神，让她保佑着他国一方生灵。

宋度宗时的状元陈文龙，威武不屈，与文天祥齐名，抗元死后也成为福州和台湾马祖的"海上保护神"，那里的百姓为他建庙立像，祈求海上行船平安。

崖山之战后，苏刘义父子走脱，有说苏刘义被部下所杀；有说在龙门滩水府庙，有座苏刘义和小皇帝赵昺下棋的太子宫。太子宫旁的悬崖上有个藏宝洞，传说当年皇家的金银珠宝都埋藏在内，外用巨石、糯米、糖水密封，至今成为未解之谜。

崖山有一特产——蟠龙山桔。传说赵昺小皇帝爱玩耍，有一天爬崖山时天降暴雨，衣服全部湿透。天晴后宫女们将龙袍搭在桔树上晾晒。待宫女取衣时，惊恐地发现绣在龙袍上的金龙都不见了。后来发现金龙都缠绕在山桔树的树干上，从此这里的桔树干都有蟠龙纹理，蟠龙山桔也从此闻名海内外。

赵昺养了一只白鹇鸟，形似山鸡，白毛红嘴红爪，十分通人性，八岁的孩子一时一刻都离不开它。"行朝草市"烧掉后，赵昺就把它带到了船上。大战前紧张的20多天，小皇帝幸亏有它陪伴身边，少了些惊恐。炮火连天的时候，白鹇鸟失去往日的活泼，不吃不喝，仍然依偎在赵昺左右。当看到陆秀夫背着赵昺跳海时，它竟然也跳入海中殉葬！后世人称它为"义鸟"，在杨太后的慈元行宫左侧，修建了一座"白鹇冢"，也作南宋最后的纪念。

江万里、江万顷、江万载被称作江氏"三古"，对赵家忠心耿耿。杨太后心中感动，把自己的女儿、赵昺的姐姐嫁给了江万里的孙子江日新。崖山之战后，江日新携带公主以及文天祥的堂姑文氏大娘，流落到广东四会。四会城外的凤岗上，曾有公主坟和驸马坟的遗迹，一直保留到20世纪80年代，后来修路建厂，挖坟平地，这些历史遗迹才消失了。

在南宋灭亡的最后时刻，死节的文臣武将、志士百姓多不胜数。陆游的孙子陆元廷因为亡国痛哭不止，改编了陆游的诗句："来孙却见九州同，家祭如何告乃翁？"

九州虽然一统了，却不是宋朝！他忧愤而死！

陆元廷的儿子、陆游曾孙陆传义，坚决不做元朝的官，绝食而死！玄孙陆天骐在崖山投海自尽了！陆家子子孙孙都保留着陆游的气节。

抗元虽然最终失败，但整个民族的不屈不挠、士大夫的仁义忠贞，一直彪炳青史。上升中的东方文明，也从此衰败下来了。

第十六章

北行途中，怀古思今；壮士赴难，放歌相伴。

九垠化为魅，亿丑俘为虏。既不能变姓名卒于吴，又不能髡钳奴于鲁。远引不如四皓翁，高蹈不如仲连父。冥鸿堕矰缴，长鲸陷网罟。鹑燕上下争谁何，蝼蚁等闲相尔汝。狼藉山河岁云杪，飘零海角春重暮。百年落落生涯尽，万里遥遥行役苦。我生不辰逢百罹，求仁得仁尚何语！一死鸿毛或泰山，之轻之重安所处？妇女低头守巾帼，男儿嚼齿吞刀锯。杀身慷慨犹易免，取义从容未轻许。仁人志士所植立，横绝地维屹天柱。以身殉道不苟生，道在光明照千古。素王不作《春秋》废，兽蹄鸟迹交中土。闰位适在三七间，礼乐终当属真主。李陵卫律罪通天，遗臭至今使人吐。种瓜东门不可得，暴骨匈奴固其所。平生读书为谁事？临难何忧复何惧！已矣夫！易箦不必如曾参，结缨犹当效子路。

——《言志》

1

文天祥目睹了崖山海战惨烈的场面，他既为宋军的惨败痛彻心扉，也对前途的绝望而万念俱灰。本来他当天也要投海自尽的，却被元兵们死死按在船舱中！当晚他写了《又六噫》。听说要押他北上后，又写了一首《言志》，表明了自己为国殉节的决心。

文天祥随元军回广州的路上，张弘范在海上备酒宴庆功，特地邀他参加。他当然不愿去，却还是被强拉硬拽上了帅船！

张弘范笑着说道："国家亡了，你已经尽忠尽孝了，应该改弦易辙，以忠于大宋的态度来效力大元朝，大元的丞相，除了你还能有谁？"

文天祥流着眼泪哭着回答："国家灭亡不能拯救，作为臣子即使一死也是有罪的，岂能为逃避死亡而怀有二心？"

张弘范讲："国家已经灭亡，你即便是死了，又有谁会给你记载下来？"

文天祥答道："商朝灭亡，伯夷、叔齐不食周粟，是自己尽到了忠义而已，没听说因为商朝灭亡而变心了。管他史书上写不写呢！"

张弘范领教了文天祥以身殉节的坚强意志，从此不再劝说，他指派石嵩和囊加歹押送他去元大都，交由忽必烈处置。

文天祥在广州这段时间里见到了杜浒。他们在潮州分手后，杜浒来到崖山，兵败被俘后也押来广州，病得不成样子。生死之交的战友相见，两人抱头号啕大哭。不久，杜浒病故了。文天祥的诗集中，曾多次写到这位天下义士，他是文天祥勤王义军中最铁的也是举足轻重的将领。

文天祥还见到白鹭洲书院的同学邓光荐，他随驾赵昺到崖山行朝，任礼部侍郎和学士院权直，崖山战败后他两次投海殉节，都被元兵从海中钩了上来。先被押到广州，又准备同文天祥一起押赴元大都。

文天祥在广州见到最重要的人是他的弟弟文璧。文璧原任惠州知州，先是哥哥文天祥在五坡岭被俘，后来崖山兵败皇帝投海，宋朝灭亡已是定局，他没有殉国而是投降了元朝。文天祥离开文山勤王抗元以来，文璧一直奉养母亲，照顾哥嫂一大家人，还有弟弟文璋及两个妹妹也由他照看。文天祥为国尽忠，文璧为家尽孝，这好像是文家最佳的安排。尤其文道生死后，据传文佛生也死了，文天祥过继了文璧的儿子文陞为子嗣，文璧的责任就更大了。

然而后人评价不一，好像兄弟俩反差太大了，一个是"砍头不要紧，只要主义真"；一个是"为保宗祀香火，宁背变节骂名"。不过文天祥要弟兄们效法"殷有三仁"：自己学丞相比干，剖胸挖肝，死而后已；文璧学箕子，装疯为奴，全其身可以保家；文璋学微子，终身隐居不仕。一个尽忠，一个尽孝，一个归隐。三兄弟走了三条路，"三仁生死各有意，悠悠白日横苍烟"。

至元十六年（1279）四月廿二日，文天祥与邓光荐被押解北上。同督府的战友徐榛听到消息后，便匆匆从惠州赶来同行！还有刘荣、孙礼等六人也愿意陪伴丞相去燕京。然而七人中或逃或死或被驱逐，到江西丰城时仅剩刘荣一人了。

2

元军押解文天祥一行是走水路还是陆路？水陆都走，南方以水路为主。一是由南向北运河便捷，二是船上戒备容易，难以逃跑。他曾在船舱里写过一首《出广州第一宿》：

> 越王台下路，搔首叹萍踪。
> 城古都招水，山高易得风。
> 鼓声残雨后，塔影暮林中。
> 一样连营火，山同河不同。

国破山河在，可现在河里航行的是元船，而不是宋船了。

走了十天，是五月初二，这天是文天祥的生日，别人都不知道，他写了一首《生朝》：

> 客中端二日，风雨送牢愁。
> 昨岁犹潘母，今年更楚囚。
> 田园荒吉水，妻子老幽州。

莫作长生祝，吾心在首丘。

　　"首丘"是指诞生地，文天祥希望生死都在故乡，事先有了这种打算，他准备到南安军时寻机自杀。

　　这次北上，最令文天祥欣慰的是和邓光荐同行。邓光荐字中甫，号中斋，不但是他的同乡、同学、战友、挚友，而且学问渊博，是诗词高手，连张弘范都聘他给自己的儿子当老师。邓光荐在元军攻陷广州后，他的妻妾子女一家12口去他乡避难，却都被土匪烧死，也是家破人亡。文天祥与他意气相投，一路促膝谈心，写诗唱和，是个万分难得的机遇。

　　文天祥和邓光荐都是少壮而官居高位的"黑头"，端午节那天，他写了一首《和中甫端午韵不依次》：

黄茅古道外，羸马发南州。

有客嗟齐虏，何人念楚囚？

岁年付流水，风雨满沧洲。

手把菖蒲看，黑头非所求！

　　五月十八日，文天祥一行到达南华山，这里是佛教禅宗的圣地，南华寺是六祖慧能的道场。文天祥写的诗《南华山》，诗末小注写道："六祖禅师真身，盖数百年矣，为乱兵刳其心肝。乃知有患难，虽佛不能免，况人乎？"看来佛法无边也是虚妄，连禅宗的肉身心肝都能被元兵挖去了，更何况普通凡人？慧能讲经曾说过："念念说空，不识真空。"现在元兵让他彻底真空了，善业未必生善果啊！佛教的主题是慈悲和觉悟，慧能的慈悲未能制止野蛮的杀戮，佛教的觉悟是舍己为人，而文天祥的觉悟是舍生取义。他对于生死的认识，在后来的《端午》诗中曾阐述过："人命草头露，荣华风过尔。唯有烈士心，不随水俱逝。"

　　文天祥一行人从广州到南安军，走的是陆路，经英德、曲江，越梅岭进入江西，行程走了一月零三天。南安军也是座抗元英雄城，军民在李梓发和黄贤领导下，与元朝丞相塔出的军队拼死抵抗，崖山兵败后仍然守了40天！破城后李梓发全家自焚，城里还有许多人杀了家眷后，再与元军巷战，杀敌报国壮烈无比，惊天动地！

江西是文天祥的老家，也是他抗元的根据地，义军两次在江西举旗，影响很大。负责押解文天祥的石嵩、襄加歹不敢掉以轻心，害怕文天祥旧部前来劫持，特意给文天祥上了枷锁，关进船舱，改走贡江水路去赣州。而文天祥则开始实施自己的计划，他在南安军开始绝食，估计七天后到达吉州，他就可以饿死在家乡，自己就可以埋葬在出生地了。到南安军那天，他写了一首《南安军》明确了目的：

> 梅花南北路，风雨湿征衣。
> 出岭同谁出？归乡如此归！
> 山河千古在，城郭一时非。
> 饿死真吾志，梦中行采薇。

人算不如天算，囚船顺风顺水，文天祥绝食五天就到了庐陵。不知如何走漏了风声，曾在文天祥初次勤王时相识的王炎午，是位程朱理学的忠实信徒，从赣州一直到隆兴，贴出了三千字的《生祭文丞相文》，这是一篇别开生面的《生祭文》，有人说这是逼迫文天祥速死，以保尽忠的美名，仿佛不死不足以保全名节！也有人说是为宣传文丞相的忠义，"送羊人"为殉节大唱赞歌。

北上路中既有著文赞扬忠义的王炎午，也有献身忠义的老友张弘毅。张弘毅号千载心，庐陵人，咸淳九年，他俩在庆贺罗氏祖母百岁宴请时相识，文天祥曾依他的韵律，奉和过一首五言律诗，共祝罗家五世同堂。当年张弘毅拒绝文天祥不愿出来做官，现在却誓死跟随文天祥同行。这时徐榛病故，身边照顾的仅有刘荣一人，文天祥心中感激，不好拒绝，只好答应张弘毅随行。

绝食八天的文天祥没有饿死，石嵩让人捏住鼻子给他灌粥，害怕人死了没法跟忽必烈交代。

既然在故乡庐陵没死，再死在别处就没有意义了，于是，文天祥自己恢复了饮食。与其默默饿死，不如活着战斗！他在绝食中既为父亲写了《先太师忌日》和《告先太师墓文》，希望"求仁得仁"，又写了《别里中诸友》：

> 故人无复见，烈士向谁言？
> 长有归来梦，衣冠满故园。

他写作最多的还是和邓光荐的诗词。"骨肉凋残唯我在，形容变尽只声存""江山有恨销人骨，风雨无情断客魂"。他俩是知音，平仄之中韵相通，生死路上命相连。

六月初五，船到达隆兴府。文天祥在开庆元年、咸淳元年、咸淳五年三次路过隆兴，第一次是送文壁进京殿试，第二次是任江西提刑，第三次是勤王军驻屯，这是他以楚囚身份第四次经过《隆兴府》：

> 半生几度此登临，流落而今雪满簪。
> 南浦不知春已晚，西山但觉日初阴。
> 谁怜龟鹤千年语，空负鹏鹍万里心。
> 无限故人帘雨外，夜深如有广陵音。

隆兴府也是有知音的，听说文丞相到来，老百姓争先恐后前来观瞻。挣扎着上岸的文天祥，虽然刚刚停止绝食，形消憔悴，瘦骨嶙峋，可精气神不衰，谈笑风生！"观者如堵，北人有骇其英毅者，曰：'诸葛军师也！'"

3

船在隆兴停留一天，然后穿过鄱阳湖，出湖口进入长江，向建康进发。过南康军时，遥望庐山有感，本想与邓光荐借景抒情，不料邓光荐病了，只好和了一首苏东坡的《念奴娇·赤壁怀古》，另用苏词末句《酹江月》作为词牌：

庐山依旧，凄凉处，无限江南风物。空翠晴岚浮汗漫，还障天东半壁。雁过孤峰，猿归危嶂，风急波翻雪。乾坤未老，地灵尚有人杰。

堪嗟漂泊孤舟，河倾斗落，客梦催明发。南浦闲云连草树，回首旌旗明灭。三十年来，十年一过，空有星星发。夜深愁听，胡笳吹彻寒月。

后人评论，文天祥的词风豪迈，与苏东坡不相上下。尤其"地灵尚有人杰"是一种力量，"还障天东半壁"的庐山，正是力量的化身！文天祥从绝食中恢复过来，丹心难灭，准备继续战斗。

这一段水路要经过安庆、池州、鲁港、采石矶等地方，这是百年来宋金和宋元交战的战场，虽然硝烟不见，白骨已埋，可文天祥仿佛还能听到两军战斗的厮杀声。从战场下来的文天祥，日夜仍有金鼓连天的耳鸣。船过鲁港时，文天祥特别愤慨，痛恨那误国的奸臣。因为当年贾似道领兵13万，战舰2500百艘，竟然溃不成军！鲁港失陷，元军东下势如破竹，才打开了临安的大门。战败原因是地地道道的人祸！

过鲁港不远就是采石矶。就在此地，当年李白在船上独自饮酒，又邀明月与他同饮，伸手去捞水中月时，坠水而亡！文天祥虽然喜欢李白的大气浪漫，却更敬佩杜甫的现实平淡。不过来到采石矶后，他最敬仰的却是抗金英雄虞允文。绍兴三十年，大金国皇帝完颜亮率十万大军南下，计划在采石矶渡江灭宋。宋军仅有18000人，适逢主将王权罢职，新将未到，前来犒赏三军的中书舍人虞允文，毅然督战抗敌，竟将金兵杀得丢盔卸甲！

完颜亮兵败被部下所杀，采石矶大捷载于史册。对比贾似道，文天祥感慨南宋没有虞允文再世，却有樊若水这样的叛将卖国。他在《采石》中写道：

> 不上蛾眉二十岁，重来为堕山河泪。
>
> 今人不见虞允文，古人曾有樊若水。
>
> 长江阔处平如驿，况此介然衣带窄。
>
> 欲从谪仙捉月去，安得然犀照神物？

4

建康即现在的南京，古称金陵。李白有诗赞曰："金陵昔时何壮哉，席卷英豪天下来。"文天祥一行住在建康驿馆，从六月十二日住到八月二十四日。在两个半月的时间内，文天祥应该有逃脱的机会。可这里不是江西老家，那里人熟地熟，是抗元的根据地。这里也不是当年的京口，那时有杜浒等12人，现在身边仅剩2人，况且邓光荐还在病中。关键是元军加强了警戒，决不让"镇江府走脱文丞相"的事件重演！幸好邓光荐与他志同道合，每日里作诗填词，谈古论今，消磨掉不少亡国的疼痛。

在文天祥和邓光荐住的驿馆墙上，一位名为王夫人的人，题写了一首《满江红》：

> 太液芙蓉，全不似，旧时颜色。曾记得，恩承雨露，玉阶金阙。名播兰簪妃后里，晕潮莲脸君王侧。忽一朝，鼙鼓揭天来，繁华歇。
>
> 龙虎散，风云灭。今古恨，凭谁说！顾山河百二，泪流襟血。驿馆夜惊尘土梦，宫车晓转关山月。问嫦娥，于我肯从容，同圆缺。

文天祥和邓光荐都看过，两人都是诗词高手，站在一旁指点了一阵，每人都和了她一首词，文天祥又作了一首《满江红·代王夫人作》：

试问琵琶,胡沙外,怎生风色?最苦是,姚黄一朵,移根仙阙。王母欢阑琼宴罢,仙人泪满金盘侧。听行宫,半夜雨淋铃,声声歇。

　　彩云散,香尘灭。铜驼恨,那堪说!想男儿慷慨,嚼穿龈血。回首昭阳离落日,伤心铜雀迎新月。算妾身,不愿似天家,金瓯缺。

　　王夫人名王清慧,是宋度宗九嫔之五的昭仪,临安陷落后,她与小皇帝赵㬎及宫中其他人,统统被押往大都,后来出家为道,号冲华。她路过建康时,曾住此驿馆,悲痛伤心,填词解愁,题写在墙壁上。文天祥认为末二句有逃世之想,让人产生怀疑,嫦娥是指谁?他代作的末两句,改成不愿像嫦娥奔月,那里冷冷清清,因为金瓯已缺了。邓光荐和词的最后二句是:"又争知,有客夜悲歌,壶敲缺。"这就不是写王夫人了,而是写他邓光荐自己。

　　文天祥一共流传下七首词,文坛评论:风骨高,境界远!

　　文天祥与邓光荐不光是诗友、同乡、同学,而且三观相同,尤其为国自杀不成,被俘后又朝夕相处,彼此进一步了解,算得上是生死之交。文天祥将手抄一本《指南录》四卷赠给邓光荐,他也希望邓光荐把诗词汇编成集,结果在建康用了一个多月的时间,邓光荐的《东海集》编辑完工了。文天祥作序评论:"凡十数年间,可惊可愕、可悲可愤、可痛可闷之事,友人备尝,无所不至,其惨戚感慨之气结而不信,皆于诗乎发之,盖至是动乎性情,自不能不诗,杜子美夔州,柳子厚柳州以后文字也。"文天祥拿邓光荐的诗风,与杜甫和柳宗元落难后的诗作相媲美。

　　邓光荐因病留在建康天庆观就医,文天祥独自被押送继续北上了。老友分别,老泪纵横,因为彼此都知道,这一次两人一定是永诀。

　　文天祥写下《怀中甫》:

久要何落落，末路重依依。

风雨连兵幕，泥途满客衣。

人间龙虎变，天外燕鸿违。

死矣烦公传，北方人是非。

文天祥无后，不必托孤，唯一托付就是在自己死后，让邓光荐为他写一篇传记，对他一生的功过是非做出客观评价，免得元人拨弄是非，误导历史。邓光荐忠实地履行了诺言，文天祥就义后，他撰写了《文丞相传》《文信国公墓志铭》等许多文字，宣扬了文天祥的民族气节和家国情怀，有许多诗文流传至今。

5

一年一度的中秋节到了，文天祥和邓光荐是在建康度过的。晚上，皓月当空，这应该是全家围坐一起吃月饼，享受人间天伦之乐的日子。可他二人端起酒杯，却是思念着失去的亲人。

因为张弘范对这两位宁死不屈的俘虏都很敬佩，他指示石嵩、囊加歹对他俩内紧外松。表面上他们很自由，一日三餐的官饭也不错，还可以饮酒赏月，还允许他们的故旧遗民到驿馆拜访，但实际看管很严，时时刻刻防备文天祥再次逃跑。然而有拜访就能通消息，江淮的义士们已经约好，在真州劫持文天祥！

张弘范早已防备了这一手，亲自来到建康部署，让文天祥从东阳渡江北上。他派水军两边夹持文天祥的囚船前行，两岸还有步兵骑兵沿途巡逻警戒，并命令手下不许在真州停留，直接驶向扬州。

文天祥曾写过一首五言律诗《真州驿》：

山川如识我，故旧更无人。

俯仰干戈迹，往来车马尘。

英雄遗算晚，天地暗愁新。

北首燕山路，凄凉夜向晨。

　　三年前文天祥千辛万苦到过真州，受到当地军民的热烈欢迎，故旧是指苗再成，他已经为国壮烈献身了。"遗算"应该是计划中的劫持，现在只能留下"暗愁"，望城兴叹啦！从真州到扬州，当年在城下进退两难的情景又浮现眼前。当年是被李庭芝误解，没有进城，仅仅写了《扬州城下》，现在是元军的俘虏，文天祥写的《望扬州》中有"楚囚今日来"，可《维扬驿》还有一句"一夕宿扬州"，又好像是进城了。李庭芝是元军头痛的人物，他上马能战，下马能治，有勇有谋，疾恶如仇，立下汗马功劳，不然也不会被任命为右丞相，文天祥对他是有偏见的。

　　文天祥《高邮怀旧》写道："借问曾游处，高沙第几山？潜行鹰攫道，直下虎当关。一命虚空裹，三年瞬息间。自怜今死晚，何复望生还！"他当年在高邮，差一点被元军俘虏，不得不改名换姓，既要躲避元军的追杀，又要防范李庭芝的缉拿，真是九死一生啊！今天，他将生死早已置之度外了！

　　九月一日到了淮安军。文天祥写了一诗《过淮河宿阚石有感》：

北征垂半年，依依只南土。

今晨渡淮河，始觉非故宇。

江乡已无家，三年一羁旅。

龙翔在何方？乃我妻子所。

昔也无奈何，忽已置念虑。

今行日已近，使我泪如雨。

我为纲常谋，有身不得顾。

妻兮莫望夫，子兮莫望父。

天长与地久，此恨极千古。

来生业缘在，骨肉常如故。

这是文天祥平生第一次从南疆踏入北国。当年，淮河是宋金的界河。他们从这里弃舟乘车，改由陆路北上燕京大都。作为囚徒的文天祥，押送路上已经走了半年，家国情怀令他牵心挂肠。为国，他一片丹心死不怕。为家，他连妻妾子女都顾不上。他们都还活着吗？天长地久的不是爱，而是恨！他恨异族来犯，让他国破家亡！

文天祥曾经路过宿迁县的"桃花源"，他知道这不是陶渊明笔下湖南常德的那个桃花源，这时"何处觅桃花"？有的只是"隔溪胡骑过，傍草野鸡飞"。天气是"万里中原役，北风天正凉"。心情是"白眼睨青天，我生不有命"。与唱和桃花源最出名的王维、韩愈、王安石三人的心境有大大的不同。

路过下邳到达徐州，文天祥更是感慨多多："邳州山，徐州水，项籍不还韩信死""美人燕罢项羽啼""天昏地黑睢水湄"。

重阳节这天到达了徐州城，古九州之一的徐州也称彭城，项羽曾在此建都。楚汉相争，刘邦、项羽逐鹿中原，这里既是古战场，又是历史文化名城。文天祥征得石嵩的同意，瞻仰了西楚霸王的项王宫和戏马台；凭吊了淝水之战的功臣谢玄（谢明牧）；还有美妾关盼盼为夫守节不嫁的燕子楼。苏东坡在黄河决口治水时所建的黄楼仍在，文天祥当年背诵过他的《黄楼赋》，他敬佩苏轼以出世的态度干入世的事业。不过，这几天印象最深的还是西楚霸王的《垓下歌》："力拔山兮气盖世，时不利兮骓不逝。骓不逝兮可奈何，虞兮虞兮奈若何！"

文天祥路过沛县时写了一首《沛歌》："我来千载下，吊古泪如潜。"沛县有座"歌风台"，这自然是为刘邦的《大风歌》所建。文天祥写了《歌风台》一诗，"不见往年事，烹狗与藏弓"，谴责了刘邦杀害韩信和彭越等功臣。

文天祥继而登台高唱："大风起兮云飞扬，威加海内兮归故乡，安得猛士兮守四方！"他边唱边哭，因为他不得志，因为他离开了故乡，更因为他为之效力的南宋江山，他声音悲壮，泪水如注。

6

九月初七那天，是文天祥母亲去世一年的忌日。想到老母去世时自己不能前往送葬，由于战乱，她老人家还葬于外乡，心中万分悲痛。他想到即将与母亲在黄泉路上相见，心中反而有了一丝的慰藉：

> 我有母圣善，鸾飞星一周。
> 去年哭海上，今年哭郓州。
> 遥想仲季间，木主布筵几。
> 我躬已不阅，祀事付支子。
> 使我早沦落，如此终天何！
> 及今毕亲丧，于分亦已多。
> 母尝教我忠，我不违母志。
> 及泉会相见，鬼神共欢喜。

九月十二日，文天祥一行骑马来到山东鱼台。有感于"岂知此中原，今古经百战"，自叹"人苦不自足，空羡王子乔"；路过济宁时，看到了"路上无人行，烟火渺萧瑟。车辙分纵横，过者临歧泣"的萧条景象。因为秋雨绵绵，道路泥泞，他住在汶上县驿馆里，写下"老槐秋雨暗，孤影照淋浪"的诗句。

有一天，文天祥在风雨中见道旁有一无主墓碑，立即下马细读碑文。他写下了："太祖下江南，誓不戮一人。神孙再立国，天以报至仁。"因为赵匡胤曾以"不得杀士大夫及上书言事人",刻了誓碑,立于太庙密室,警告"子孙有渝此誓者,天必殛之"。所以,宋国臣民能够忠君报国,纷纷以死抗元就不足为奇了。

从汶上到郓城,在东平驿馆住宿。"雨声连五日,月色彻中流"。然后"早发东阿县,暮宿高唐州""孤馆一夜宿,北风吹白头"。

在凄凄的北风中,文天祥来到平原县。当年的书法大家颜真卿任平原太守,"安史之乱"时,他联络哥哥常山太守颜杲卿起兵,抗击安禄山的叛乱。文天祥特别敬仰这兄弟二人,"公死于今六百年,精忠赫赫雷行天"。他们两人都临死不屈,文天祥视他们为自己的楷模。

发陵州(德州),走献州(沧州),过了滹沱河,就是河间府。文天祥在这里遇到了老友家铉翁,久别的两人相对大哭,夜宿他家。这位坚守正义的大学问家,坚决不在投降书上签字,作为"祈请使"到大都后,拒绝元朝的高官厚禄,被贬到河间府开馆教授弟子《春秋》。家铉翁离开燕京时,得知文天祥的大妹文懿孙被元军俘虏为女奴,他倾其所有,将她赎回交给了文璧。文天祥赋诗三首,《河间》其一是:

> 空有丹心贯碧霄,泮水亡国不崇朝。
> 小臣万死无遗慨,曾见天家十八朝。

文天祥一行离开河间府继续北上,中午在路边的烧饼店吃饭时,听说被押的人是南宋丞相文天祥,店老板不但不要饭钱,而且希望文丞相能留下墨宝。文天祥并不推辞,见小店简陋,也无文房四宝,于是把随身携带的四幅五绝诗相赠。两年后,平江赵升卿的侄子说,有朋友在烧饼店看到墙上贴有四首诗,全是文天祥的手笔,要用两贯钱换他两幅字,店主笑着说:"这是我家的传家宝,即便一两银子一幅也不换!我们祖上也是宋民,赵家三百年天下,只有一个文丞相路过此地,这是他给我写的,是件宝物,岂可轻易给人吗?"

文天祥一路经过河北保定，凭吊了宋太祖的祖坟，远望太行山，来到了杨六郎大战契丹的梁门。再前行，就是当年宋辽边界的白沟河了。文天祥写了一首长诗《白沟河》，"昔时张叔夜，统兵赴勤王""群臣总奄奄，一士垂天光"，这与自己何其相似乃尔！"吾属竟为虏，世事吁彼苍。思公有奇节，一死何慨慷！"

文天祥与张叔夜一样，同事勤王，同为俘虏，同不怕死。"今我为公哀，我死谁为伤？"这个问题其实文天祥已经有了答案，就是下一句"天地垂日月，斯人未云亡"！

文天祥路过刘备的故里涿州楼桑时，想到了三顾茅庐，便作了一首《怀孔明》：

斜谷事不济，将星殒营中。
至今《出师表》，读之泪沾胸。
汉贼明大义，赤心贯苍穹。
世以成败论，操懿真英雄。

缅怀完诸葛亮，又作了《怀祖逖》：

平生祖豫州，白首起大事。
东门长啸儿，为逊一头地。
何哉戴若思，中道奋螳臂。
豪杰事垂成，今古为短气。

他还留下一首《怀颜杲卿》：

常山义旗奋，范阳哽喉咽。
胡雏一狼狈，六飞入西川。
哥舒降且拜，公舌膏戈鋋。
人世谁不死？公死千万年。

文天祥生长在南宋,从未到过北方,因为抱着以死殉国的决心,看淡了死亡,所以这次被押解北上,他当作游历一般。游遍中华再赴死,岂不乐乎?他崇尚孔孟之道,在山东却未能去曲阜和邹县拜谒孔丘和孟轲。虽有遗憾,却很乐观,写下了长篇《远游》,以诗记史,难怪纪晓岚都赞他"不愧诗史之目":

黄河流活活,太行高巍巍。王屋山以东,百泉山以西。邹鲁盛文献,燕赵多雄姿。右摩泰山碑,左蹑函谷泥。郏鄏吊周公,曲阜拜宣尼。或登广武叹,或上北邙悲。平生几两屐,汗漫以为期。绝交天下士,要为男子奇。吴会偏王业,中原隔遗黎。安得与黄鹤,比翼天上飞。江河异风景,击楫感且欷。阳运遭百六,兴否俄推移。桑田变沧海,楚囚发孔悲。我本槛车客,为我解絷维。青蝇附天骥,万里相追随。人生尚行乐,刭复新相知。周道思下泉,王风怀黍离。富贵岂不愿,忧患那自持!人命危且浅,忽若朝露晞。长恐折我轴,中道欲差池。去我父母邦,我行且迟迟。听我远游曲,寄我长相思。

至元十六年(1279)十月初一晚上,文天祥终于被押解到了元朝的京城大都。从四月二十二日离开广州算起,路途整整走了五个月零十一天。

北行途中,文天祥断断续续写了《乱离歌六首》!

有妻有妻出糟糠,自少结发不下堂。乱离中道逢虎狼,凤飞翩翩失其凰。将雏一二去何方?岂料国破家亦亡,不忍舍君罗襦裳。天长地久终茫茫,牛女夜夜遥相望。呜呼一歌兮歌正长,悲风北来起彷徨。

文天祥的妻子欧阳浚等人自空坑被俘后,从此再无信息。他并不知道妻子后来随公主陪嫁给驸马高塘王，去了大同路丰州的栖真观。作为丈夫，想到患难与共结发的妻子，此生不能相聚，只能牛郎织女隔河相望了！

有妹有妹家流离，良人去后携诸儿。北风吹沙寒草凄，穷猿惨淡将安归。去年哭母南海湄，三男一女同歔欷，惟汝不在割我肌。汝家零落母不知，母知岂有瞑目时！呜呼再歌兮歌孔悲，鹡鸰在原我何为？

文天祥的大妹文懿孙出资支持哥哥勤王抗元，丈夫孙桌战争中被害，她与儿子肖翁、约翁及女儿、婆母被俘，押解到大都，幸被家铉翁赎回。"鹡鸰在原"比喻兄弟友爱之情，大难之中，作为兄长却不能有所作为，他深深抱憾！

有女有女婉清扬，大者学帖临钟王，小者读字声琅琅。朔风吹衣白日黄，一双白璧委道傍。雁儿啄啄秋无粱，随母北去谁人将？呜呼三歌兮歌愈伤，非为儿女泪淋浪。

两个女儿都容颜靓丽，二女柳娘临摹钟繇、王羲之书法，三女环娘读书清脆悦耳，她俩空坑被俘，一同押往大都。文天祥不知，两个女孩都在宫中为奴，过着囚徒一样的生活。后来柳娘作为元朝公主婢女随嫁给驸马赵王，移居甘肃敦煌。环娘也随另一公主下嫁岐王，移居甘肃庆阳。

有子有子风骨殊，释氏抱送徐卿雏，四月八日摩尼珠，榴花犀钱络绣襦。兰汤百沸香似酥，欻随飞藿飘泥途。汝兄十三骑鲸鱼，汝今知在三岁无？呜呼四歌兮歌以吁，灯前老影明月孤。

文天祥的小儿子文佛生，生在四月初八释迦牟尼生日那天，是佛祖抱来的。天竺国称酒为"酥"，文天祥仿佛还能记得佛生满月时的"洗儿礼"，用"洗儿钱"添盆的情景。佛生空坑被俘已经三年，也不知道是否活着？

因为文天祥不知道佛生已被同年好友罗椅领养去了。大儿文道生 13 岁病死于惠州，是弟弟文璧告诉他的。后人传说文道生未死，娶苏刘义之女为妻，流落到海阳丰政都大胜村（今丰顺县），葬墓俗称"飞天蜈蚣"。文氏后代设定了 32 字字辈谱——"天道伯汝、元廷朝世、子应时策、名扬标镌、锦长永锡、衍及新年、英伟俊发、振祖墓墀"。这些谱牒文章的记录，文天祥成为这支的始祖，繁衍的后代现分布广东、福建、海南三省八个县市。

有妾有妾今如何？大者手将玉蟾蜍，次者亲抱汗血驹。晨妆靓服临西湖，英英雁落飘璃琚。风花飞坠鸟鸣呼，金茎沉瀯浮污渠。天摧地裂龙凤殂，美人尘土何代无？呜呼五歌兮歌郁纡，为尔溯风立斯须。

文天祥有两个小妾，大的颜靓妆生环娘、监娘。小的黄琼英生佛生、奉娘和寿娘。当年文天祥带着两位美女游览西湖，是何等快乐与幸福，可现在呢？露水流入脏水沟，对她俩只能迎着微风短短地相思。可文天祥不知，黄琼英托孤后已经跳崖身亡，佛生被领养，他儿子名文育，返回文氏的祖籍四川。文天祥更不知颜靓妆逃出魔掌去了海南，据说生子环生扎根海南，后裔分布在港深两地。文天祥后继有人！

我生我生何不辰？孤根不识桃李春。天寒日短重愁人，北风随我铁马尘。初怜骨肉钟奇祸，而今骨肉相怜我。汝在北兮婴我怀，我死谁当收我骸？人生百年何丑好，黄粱得丧俱草草。呜呼六歌兮勿复道，出门一笑天地老。

文天祥的第六首诗是写给自己的，他伤家痛国，悲慨激烈之辞，可以说是空前绝后的表达。他秉承忠孝廉节，坚持以身殉道，刚正不屈的乐观精神，天长地久！

第十七章

大狱是战场，不惧软硬兼施，更显英雄本色；一曲《胡笳曲》从燕京传遍天下。

平生踪迹只奔波，偏是文章被折磨。
耳想杜鹃心事苦，眼看胡马泪痕多。
千年夔峡有诗在，一夜秭江如酒何。
黄土一丘随处是，故乡归骨任蹉跎。

——《读杜诗》

1

元朝实行的是两都制，漠北草原的开平称上都，忽必烈在此登基做了皇帝，是"龙起飞之地"，也称夏都，每年四至八月，忽必烈总是巡幸夏都避暑。中原的燕京称大都，也叫冬都，到了冬季，他在燕京理政。

文天祥于至元十六年十月一日，被押解到了燕京。

石嵩把文天祥送到会同馆，可这里只接待投降的官员，不收留囚犯。石嵩向他们交涉了半天，才安排到小馆的偏房过夜。

饥寒交迫，无人问津，文天祥半夜入住，一直坐等到天明。

第二天，元朝丞相孛罗下令：给文天祥安排最好的房间，每日美酒佳肴款待！

可是文天祥并不领情，他拒绝馆中的精美饮食，只吃张弘毅送的饭菜，每晚总是身穿宋朝的衣冠，面南坐到天亮。

237

劝说文天祥投降的大幕拉开了，一连三天，三个人物逐个登场。

第一位登场的是留梦炎，他也是位南宋的状元宰相，而且是宋朝第一位逃跑回老家的宰相！他在家乡沦陷后又投降了蒙古。文天祥把他看作比狗屎堆还臭的人渣！刚一见面，文天祥立刻怒火中烧，对他劈头盖脸地一顿痛骂！奸臣、卖国贼、走狗、小人……没有一个好词！留梦炎自知理亏，他是个卑鄙无耻的软骨头，在大义凛然的文天祥面前，面红耳赤说不出半句话来，辩白无力，劝降更无辞，只能灰溜溜地打了退堂鼓。

他是文天祥的死对头，回去后上奏忽必烈，说文天祥如果释放，必定继续抗元！文天祥写过一首《为或人赋》就是指他：

黑头尔自夸江总，冷齿人能说褚公。

龙首黄扉真一梦，梦回何面见江东。

诗中的江总是南朝梁人，褚公是南朝齐人，都是没有气节的叛徒！诗中讽刺这位梦丞相，因为他叛宋降元，认贼作父，无耻到了极点！

第二位登场的是小皇帝赵㬎，忽必烈给他削去帝号，封为瀛国公。9岁孩子从南到北一直被当作木偶摆弄。文天祥立刻明白了元廷的目的，不等赵㬎开口，他立即请赵㬎面南上坐，自己按礼跪拜，痛哭流涕地连声说道："圣驾请回！圣驾请回！"

赵㬎懵懵懂懂，一时不知所措，回哪儿？回临安皇宫吗？那里曾是自己的即位之地，如今已经被元朝侵占了！回南方反元复宋吗？你都被逮了，再也回不去了！赵㬎只好怏怏而回，仍然回到忽必烈给他安置的瀛国公府了。

第三位登场的是平章政事阿合马，他是花剌子模回族人，总领元朝财政，是个权倾朝野、炙手可热的人物。阿合马带着随从和卫士高踞堂上，传文天祥上堂问话。

文天祥昂首阔步来到堂下，对阿合马礼节性地作了一揖，面对面坐下。

阿合马气势汹汹地问道："你知道我是谁吗？"

文天祥从容回答："听人说是宰相来了。"

"既然知道我是宰相，为什么不跪？"

"南朝宰相见北朝宰相怎么能跪？"文天祥不卑不亢地回答说。

阿合马碰了个软钉子，就想奚落文天祥："既是南朝宰相，为什么到这里来了？"

文天祥说："南朝如果早日用我做宰相，北方人就到不了南方，南方人也不会到北方来了。"

阿合马顶撞他说："你这南朝宰相还是被俘虏来了嘛！"

文天祥立刻讽刺他说："你这北朝宰相还不是从花刺子模国投降过来的？"

翻开当年成吉思汗"蒙古西侵"的历史，就能知道，他集结重兵攻打的第一个目标就是花刺子模国！花刺子模国领土辽阔，包括今日的伊朗、阿富汗、土库曼斯坦、塔吉克斯坦、哈萨克斯坦、吉尔吉斯斯坦、伊拉克及以色列等疆域，首都撒马尔罕，就在今天的乌兹别克斯坦境内。它的农业很发达，灌溉渠道长达几百公里；手工业发展也很快，生产许多工艺品；尤其重视贸易，与叙利亚、埃及、波斯、印度都有商贸往来，与中国也有通商关系，在东西方贸易中地位十分重要。两年中蒙古与花刺子模进行了十几次惨烈的战争，都是血腥屠杀，血流成河，尸横遍野！相当于印度次大陆的伊斯兰世界最终被消灭了！蒙古大军攻占了旧都玉龙杰赤城后，七天杀了近120万人！从此鞑靼人的恶名恶行传播到全世界。

阿合马见赚不了便宜，老羞成怒地对左右说："这个人的死活还由我呢！"

文天祥听了，怦然大怒："我们宋朝亡了，你们要杀便杀，说什么由不由你？"

阿合马大话说出来不好收场了，只好尴尬地站起身来，气急败坏地走了！因为是否处死文天祥，他没有这个权力，只能是忽必烈说了算！

三个大人物劝降无用，又让文天祥的两个小女儿柳娘和环娘前来探监。虽然仅仅是短暂会面，可骨肉情深，元廷的用意明白。同岁14的孩子，空坑一别已经三年了，她们和母亲欧阳浚以及两个小娘，还有同岁的弟弟佛生被俘虏后，只听说到了大都，但不知在哪里？六人的下落今日方才知晓！文天祥知道欧阳浚和二女都还活着，虽然在东宫为奴，还是欣慰了不少。面对哭哭啼啼的两个女儿，文天祥心如刀绞，如果投降，妻子女儿立马解放；如仍坚贞不屈，妻女的下场可想而知！文天祥无法安慰孩子，只写了十个字让孩子带给她们的母亲："高人名若逸，烈士死如归！"其意是自己以死殉节，欧阳浚也不必来了！

软硬兼施的各种手段无效，狱卒奉命给文天祥穿上囚衣，戴上木枷，双手捆绑，押送到兵马司衙门的土牢囚禁起来。他们妄图用肉体折磨的手段，来迫使文天祥屈服。让他在土牢里自己生炉子做饭，每天的伙食费给钞一钱五分，而他从南方带来的银钱和衣物，已统统被搜去封存了。张弘毅送来的饭菜，也都被狱官乌马儿挡了回去！文天祥每天吃粗饭淡菜，睡床也高低不平。"朝飧（餐）淡薄神还爽，夜睡崎岖梦自安。"他身带银铛锁链，衣服内全是虱子。"解衣烘稚虱，匀锁救残须。"面对狱卒在一旁凶狠地吆喝，他在诗中写道："地狱何须问？人间见夜叉。"这兵马司就是地地道道的人间地狱啊！

文天祥死都不怕，还怕囚禁？因为"自古圣贤多被囚"，他学习"苏武窖中偏喜卧，刘琨囚里不妨吟"，文天祥每天"静传方外学，晴写狱中诗"，笔耕不断。"无奈天生一寸丹""国亡家破见忠臣"，这就是他的信念！文天祥希望早点受死，以"欲了男儿事"，还期望自己墓碑有"宋故忠臣墓"五个大字。这些想法全部写在他的诗中了。

2

十一月初九，元朝丞相孛罗正式在枢密院大堂提审文天祥。

堂上主角孛罗丞相居中，旁边是张弘范平章政事，左右坐满元廷的院判、签院者。兵戟森列，杀气腾腾，想给文天祥一个下马威。文天祥虽然被折磨了一个多月，形销骨立，可仍然不卑不亢，他冲孛罗作了个揖，听左右大声喊道："跪——"

文天祥却通过翻译说：南方人行南方礼，不能跪！

孛罗大怒，命令手下将文天祥牵颈拿手，按足倚背，强行按倒跪下，文天祥挣扎着坐在地上。

孛罗发问："你有什么话要说的？"

文天祥义正词严地讲："天下事有兴有废，自古以来的帝王将相，灭亡诛戮；我忠于宋朝，宋朝既亡，我只求速死！"

孛罗接着文天祥的话题问道："既然有兴废，那么从盘古至今，有多少位帝王？你给我一一说来。"他是想让文天祥谈到元朝的皇帝忽必烈。

文天祥不耐烦地回答："一部《十七史》写得明明白白，你自己看吧！今天不是考选人才的博学宏词科，没时间与你说这些闲话。"

《十七史》是指十七部正史：史记、汉书、后汉书、三国志、晋书、宋书、南齐书、梁书、陈书、魏书、北齐书、周书、隋书、南史、北史、唐书、五代史。

孛罗见文天祥不提元世祖，便又转话题问道："古时候有没有人臣把宗庙、城郭、土地送给了别国人，而自己却逃掉了的呢？"

这是暗指文天祥出使元营被扣，又从真州逃走的那件事。

文天祥驳斥道："凡是把城郭土地送给外人，那就是卖国！他有利可图，何必逃掉？既然逃走了，那就不算卖国。"

不等孛罗回话，他继续说道："我曾奉旨出使伯颜军中，但丞相的任命我并未接受，却被无礼扣押；宋朝灭亡，我本想殉节，所以不死，是因为度宗皇帝还有两个儿子在浙东，我还有老母在广东。"

孛罗马上发问："德祐嗣君不是你的皇上吗？"

"是我的圣上！"

孛罗紧跟着追问："抛弃你的嗣君而别立二王，如何能算忠臣？"这是指赵昰三兄弟。

文天祥不慌不忙回应说："德祐皇帝不幸被捕，此时君为轻，社稷为重，所以别立君王。为了宗庙社稷着想，这就是忠臣！"停了停，又说，"本朝跟随徽、钦二帝到金国的，不能算忠臣，而跟随高宗南下的就是忠臣！"

众臣见孛罗瞠目结舌，理屈词穷了，连一旁的张弘范也在偷笑。

一个院判出来解围，他问文天祥："宋高宗上位是有来历的，二王受谁的命？"

张弘范也跟着说："二王是逃走的人，立得名不正言不顺，是篡位！"

文天祥冷笑着驳斥："景炎皇帝是度宗皇帝的长子，德祐皇帝的亲哥，如何名不正？怎能说是篡位？"

见元朝官员一时回答不了，他进一步阐明自己的观点："陈丞相带二王出宫，是奉谢太皇太后的懿旨，怎么能说是无所受命呢？"

文天祥是指谢道清派江万载带走二王南下，北人认识的陈宜中丞相当时已经溜号了！

孛罗又说："你既为丞相，如果跟随三宫方是忠臣。不然率兵出城，与伯颜丞相一决胜负，这才算是忠臣！"

文天祥立马顶了回去："这话可以问责陈宜中丞相，赖不到我头上，因为我不曾当国！"

文天祥对答如流，无懈可击，孛罗急得无可奈何，只好又问："你虽立了二王，立了什么功劳？"

文天祥说："国家不幸丧亡，我立君上，是为社稷存宗庙，能存一日则尽一日臣子的职责，有什么功劳可表的呢？"

孛罗听罢又问："明知道做不得，你又何必去做呢？"

文天祥火了："人臣事君，就好像儿子对待父亲，父亲不幸患病，你明知救不了，岂有不治疗的道理吗？"

文天祥不想再讲，怒吼起来："我尽了心，朝廷不可救，这是天命！我文天祥时至今日，唯有一死而已，你不必多言！"

孛罗见文天祥发怒，他也发怒了："你想死？我偏不让你痛快死，我要白黑监禁你！"

"砍头都不怕，我还怕你监禁？"文天祥藐视地看着他说，口不饶人，就是想把孛罗激怒。孛罗也确实被激怒了，骂骂咧咧之声不断，虽然通事没有翻译。

"狗生仔！扯卵蛋！"文天祥也用江西土话骂了孛罗一句。

3

十一月初十是冬至。按元朝的惯例，节日停止用刑。

文天祥估计，冬至后就要杀人了！他要做好就义的准备，不料一直拖到除夕也没有动静，他觉得十分奇怪。这时候，早已投降元朝的王积翁、谢昌元等宋臣，希望元廷能释放他，让他回乡，让他出家当道士。便托道人灵阳子到监狱讲道。

道士灵阳子向文天祥大谈"大光明正法"，这是道教龙门派从境象角度界定真性的术语。他认为人的秉性原有一点光明，通过养性修道，光明会越聚越大，直到通体大光明，于是得道成仙！文天祥从小就受外祖父曾珏的影响，心仪佛道，从他儿子道生、佛生的命名就可看出来。不过后来他就不信佛了，只敬畏道教。这次讲道，拨动了他的归隐之心，他在《逢有道者》一诗中写道：

谁知真患难，忽悟大光明。

日出云俱静，风消水自平。

功名几灭性，忠孝太劳生。

天下惟豪杰，神仙立地成。

他联想到自己在文山隐居了五年，后来还为自己起了个道号"浮休道人"，就是庄子所讲"其生若浮，其死若休"。庄子称死亡为物化，人的一生总会变化，直至死亡。文天祥受了灵阳子"指点虚无间，引我归贞明"的启发，日月之道，贞明者也。明白了道的无所不在，无形可见的本体，就会引导自己具备坚贞清白的节操。文天祥最终排除诱惑，一直坚守着"忠孝廉节"的初心。

既然不能早死，还不如以笔为刀枪，留下诗词和文章，这也是一种战斗！他原已经整理好自己的诗集《指南录》，共四卷，书名寓意在一首绝句《扬子江》中：

> 几日随风北海游，回从扬子大江头。
> 臣心一片磁针石，不指南方不肯休！

第一卷是从德祐二年正月入朝陛见宋恭帝，到被元营扣押北上，他与之斗争的 18 首诗作。开篇诗是《赴阙》：

> 楚月穿春袖，吴霜透晓鞲。
> 壮心欲填海，苦胆为忧天。
> 役役惭全注，悠悠叹瓦全。
> 丈夫竟何事，一日定千年。

他出使元营被拘，后写下了《铁错》：

> 貔貅十万众，日夜望南辕。
> 老马翻迷路，羝羊竟触藩。
> 武夫伤铁错，达士笑金昏。
> 单骑见回纥，汾阳岂易言！

第二卷是写被驱北上的路途记录，多是凭吊战场和战友的，共15篇，在《留远亭》痛骂了贾余庆：

> 甘心卖国罪滔天，酒后猖狂诈作颠。
>
> 把酒逢迎酋虏笑，从头骂坐数时贤。

第三卷共44首诗，记述了脱京口的十五难。出真州，过扬州，至高沙，到通州。其中《高沙道中》是172句、860字的长诗，也是一部"诗史"，后人称赞他雄瞻古今，如长江大河，浩瀚无际。

第四卷中有29首诗，写的是文天祥的战斗岁月，直至五坡岭被俘。"世途嗟孔棘，行役苦期频。""我方慕苏武，谁复从田文？""但令守吾贞，死生浩无愧。"

《指南录》早已分散给了家人和朋友，他还特地抄录了一份给了好友邓光荐。文天祥曾写信给弟弟文璧，嘱咐将他的诗词整理出来："使天下见之，识其为人，即吾死无憾矣！"

文天祥后来又写了不少的诗作，既然元廷不让他死，他就开始编辑《指南后录》。第一卷写了跋，是从出广州前，上溯至《过零丁洋》，为第一卷上。出广州至金陵，为第一卷下。第二卷写了序和跋，起自《发建康》，终于《己卯岁除》。第三卷有序无跋，起于《元日·庚辰岁》，因为他一直写到就义方止。

文天祥把自己的生平和经历，详细记载在《纪年录》中。至元十七年元旦过后，他又开始了《集杜诗》的创作。"集句"是集古人的句子而成，但要赋予新的意境，是一种诗歌的再创作，用前人的诗词名句重新组合成新诗词。宋代的王安石、辛弃疾都有过集句。文天祥非常敬仰杜甫的人品，赞誉"忧国杜少陵"，他江西人的牛犊性格，倔强脾气，也与杜甫的倔强峻烈有些相像。他尤其喜爱杜甫诗句的沉郁顿挫，难怪后人把"杜诗"列为"六才子书"！杜诗"以咏歌之辞，寓纪载之实"。文天祥在狱中不停地与时间、与死亡赛跑。他的《集杜诗》全部是杜甫的五言二韵绝句，集句的每首几乎都有题记序言，整整写了200篇！是宋末真实的信史，被后人誉为《文山诗史》，堪称中华文史之最！

4

用什么手段才能让文天祥屈服投降呢？

十分敬佩文天祥的张弘范，代表元廷不止一次地向他放话：丞相的职位非他莫属！可文天祥也不止一次地拒绝，他高官厚禄不要！肉体折磨不屈！元廷使出最绝的一招——祭起了亲情这把刀。

寒冬腊月的北国，孤苦伶仃的囚犯，在春节前，除文天祥之外的囚犯都已出狱。监狱对文天祥的看管表面上有所改善，能生炉子取暖了，也有镜子能看到"白发催"了，破书箱里放满杜甫的全套诗集，文房四宝一应俱全。还有一副象棋，吃过张弘毅送来的饭菜后，还可以对弈杀上一盘。可漫漫冬夜，尤其除夕之夜、元宵节，每逢佳节倍思亲啊！"游子长夜思，佳人不可见。""梦断青山远，愁侵白发新。燕山今夕月，清影伴孤臣"，这种思亲的感情是无法替代的。

三月初三是寒食日，第二天是清明节。正当文天祥感伤"人谁无骨肉，恨与海俱深"的时候，他又收到了女儿柳娘的来信。几个月没有她们母女的消息了。见到了书信，有一种隔世之感。信是元朝令官转交的，虽然信的原件没有像诗词一样流传后世，但可以想象到女儿的思念，为奴的痛苦，求生的期盼，苦苦的哀劝……作为父亲，收到女儿这样一封信，真是"痛割胃肠"！他当日写了一首《得儿女消息》，但没有寄走，14岁的孩子未必看得懂，这是给妻妾看的，更是给自己看的！

故国斜阳草自春，争元作相总成尘。

孔明已负金刀志，元亮犹怜典午身。

肮脏到头方是汉，娉婷更欲向何人？

痴儿莫问今生计，还种来生未了因。

　　文天祥后来给大妹文懿孙的信中谈及此事，嘱咐两个女儿好好做人，
"爹爹管不得，泪下，哽咽哽咽"！父亲并非无情，于义当死，天命定数，
有身不得顾呀！可这份字字血句句泪的书信，却被王积翁当作一件墨宝收
藏起来，并未交到文懿孙手上。

　　文天祥妻子欧阳浚和两个女儿都在东宫为奴，三年时间近在咫尺，元
廷多次派来探视，以软化文天祥的铁石心肠。然而史无记录，就像文壁在
燕京一年多的时间，史书上说仅见面两次，可信吗？文天祥在诗中有意避
之，原因之一是为了家族后代着想，因为元朝酷刑可灭九族！原因之二是
文天祥早已做好必死的准备，他不希望节外生枝。

　　文天祥给欧阳浚单独写了《哭妻文》：烈女不嫁二夫，忠臣不事二主。
天上地下，惟我与汝。呜呼哀哉！

　　文天祥弟弟文壁，在惠州投降元朝后，任命为少中大夫、惠州府尹，
五月来大都觐见忽必烈。文天祥的《闻季万至》是个代号，其实是写给弟
弟文壁的：

去年别我旋出岭，今年汝来亦至燕。

兄弟一囚一乘马，同父同母不同天。

可怜骨肉相聚散，人间不满五十年。

三仁生死各有意，悠悠白日横苍烟。

　　虽然文壁与他走了不同的道路，忽必烈还称赞文壁"是孝顺我底"，

可文天祥并没有丝毫谴责,他始终感激文璧的手足之情,这是真实的人性!始终坚持他家走"三仁"(忠孝仁)的道路。文璧为觐见元朝皇帝,在冬都等待,整整住了一年多,肯定多次探望过兄长。他知道大哥的人品,不会按元廷要求劝降文天祥。然而,亲情就是一把软刀子。虽然文天祥不要文璧送来的四百贯軮钞,可"五十年兄弟,一朝生别离",血浓于水啊!他剪了自己的须发交给文璧带回去,表示此生永诀了。

248

亲情这把刀,虽然割得文天祥心血飞溅,可他仍旧不忘初心,宁死不悔!

5

琴师汪元量,是随宋朝投降的三宫来到大都的,忽必烈对他十分赏识,既然不愿在元朝做官,就满足他的心愿做个黄冠道人。好在他每天以琴为伴,忘了亡国的不快。汪元量与文天祥在文山时就有交往,他仰慕忠君爱国的文天祥,中秋节这天,他抱琴来狱中探望文丞相了。

文天祥曾跟这位宫廷琴师学过琴,听说他来了,喜不自胜,虽在土牢,仍然以礼相待。两人坐下,先谈彼此爱好的诗词,他们都对杜甫的绝句赞赏有加,尤其"集杜诗"可称为再创作,成了两人的共识!接着又谈国事,亡国之痛、俘虏之耻,都是二人的亲身经历。他俩越谈越觉得投机,汪元量让文状元给自己的诗稿指教,并提出写跋的要求。文丞相不但答应,还把《指南后录》的部分诗作让汪元量过目,希望帮助他转出狱外。

汪元量带琴而来,自然要为文天祥演奏,用音乐调节牢狱之苦。

《胡笳十八拍》弹奏起来!胡笳曲是古乐府琴曲名,这是汉末才女蔡文姬被匈奴掠去北国后,创作"文姬归汉"的琴曲。她借用胡笳哀怨的乐声,融于古琴声调之中。汪元量弹得如同滚滚不尽的海涛,更像熊熊爆发的火山,文天祥听得如醉如痴。琴音又如同涕泣,悲怆沉郁,凄风惨雨,令人魂断。汪元量知道文天祥正在集杜诗，于是建议他按《胡笳十八拍》琴谱，集杜诗句，文天祥特别高兴地应下了。直到月升中天，两人才恋恋不舍地分手了！

汪元量走后，文天祥感念他的关怀，作十首绝句赠送，《蔡琰胡笳》是其中之六：

> 蔡琰思归臂欲飞，援琴奏曲不胜悲。
>
> 悠悠十八拍中意，弹到关山月落时。

后来，汪元量又多次来囚室探望文天祥，因为他是忽必烈御批的黄冠道士，所以通行无阻。他从牢房带出来文天祥集杜诗《胡笳曲》十八拍，其中一拍抄录如下：

风尘澒洞昏王室，（《观公孙大娘弟子舞剑器行》）

天地惨惨无颜色。（《虎牙行》）

而今西北自反胡，（《惜别行送刘仆射判官》）

西望千山万山赤。（《光禄坂行》）

叹息人间万事非，（《送韩十四江东省觐》）

被驱不异犬与鸡。（《兵车行》）

不知明月为谁好，（《秋风二首》）

来岁如今归未归？（《见萤火》）

汪元量还从大狱中带出了《指南后录》一、二、三卷的部分诗稿，在中国北方的士大夫间广为流传，文天祥的名字也誉满大江南北，长城内外。前往监狱求诗索字者，每日络绎不绝，文天祥来者不拒，"迅笔书与""翰墨满燕市"。在文天祥就义前，民间已开始传颂着他的诗、赋、歌、文了，录有八十余首的《吟啸集》，已经开始在地下偷偷刊印了。

文天祥为汪元量的《水云集》写了跋，并且赋诗一首：

> 南风之薰兮琴无弦，北风其凉兮诗无传。
> 云之汉兮水之渊，佳哉斯人兮水云之仙。

汪元量也为文天祥写了《妾薄命呈文山道人》《生挽文丞相》，勉励尽节。文天祥就义后，他又写了《浮休道人招魂歌》九首，为千古英杰文天祥招魂，成为中国音乐界、诗词界的绝唱。

第十八章

真金不怕火炼，气节可与春秋长存。

孔曰成仁，孟曰取义。惟其义尽，所以仁至。

读圣贤书，所学何事？而今而后，庶几无愧。

——《自赞》

1

天色渐渐暗了下来，门外他亲手栽种的枣树在寒风中摇曳，文天祥知道太阳即将落山，他连忙走到囚室的窗前，借着西天的最后一缕光亮，在纸上匆匆地写着，因为再有半个时辰，囚室必将伸手不见五指了！

他在燕京监狱里已经待了三个年头！元朝为什么不杀他？这与元朝皇帝忽必烈的态度有关。

忽必烈统一中国后，一直推行中原的圣贤之道，追求大一统的目标。他摒弃了祖辈嗜杀成性的野蛮行径，有了统一文化的远见卓识。

原来，蒙古将人分为四等十级：一等蒙古人、二等色目人（回族）、三等北方汉人、四等南方汉人。中原一直遵循的是：一官二吏三僧四道五医六工七匠八娼九儒十丐。知识分子这个臭老九，忽必烈却给翻了个，将儒由第九升作了第一，儒可以免除一切赋税了。忽必烈也被儒们生忽悠成儒学大宗师，其实这是被汉文化征服的结果。是同化，当然这也是忽必烈心目中的既定目标。南北朝时的"五胡乱华"，异族却都在"争正朔"，都在宣扬自己是中原文化谱系的正统，忽必烈建元朝也不例外，他希望成为中原王朝的正统统治者，有了正统地位，才能与三皇五帝挂钩，让元朝写进二十二史之中。

忽必烈听大臣们讲：南有文天祥，北有耶律楚材。他对文丞相"既壮其节，又惜其才"，所以想以怀柔政策，让文天祥投降并为他所用。若高压不行就肉体蹂躏！

文天祥在他的《正气歌》序言里，将土牢的"七气"写得清清楚楚：关在小土牢里，八尺宽，三丈二尺长。土牢有一单扇门又矮又小，一扇白木窗子又短又窄，屋里既脏又潮，既矮又暗，不是人住的地方！碰到夏天，各种气味汇聚一起，雨水从四面流进来，甚至能漂起床和茶几，满屋都是"水气"；大雨过后屋里泥泞，狱卒用垃圾、粪土填平，熏蒸恶臭，整个屋子都发出难闻的"土气"；突然天晴暴热的时候，四处的风道又被堵塞，这时屋里就是"日气"；狱卒在屋檐下烧柴做饭，助长了炎热的肆虐，满屋都是"火气"；附近仓库里寄存了许多腐烂的粮食，阵阵的霉味随风吹入，这叫霉烂的"米气"；囚犯人多拥挤，身上的汗液和污垢产生的腥臊气味难闻，这是"人气"；又是厕所粪便，又是溃烂的尸体，又是死老鼠，各种各样的恶臭一起散发，空间充满了"秽气"。这么多的气味，文天祥生活其中，身上长满疥疮，背部生了疖痈，不染瘟疫已是万分侥幸，他却在这土牢里被关了九百多个日日夜夜！文天祥认为自己有股浩然正气，所以能抵抗以上"七气"，"以一敌七，吾何患焉！"并在狱中写下影响古今中外的《正气歌》：

余囚北庭，坐一土室。室广八尺，深可四寻。单扉低小，白间短窄，污下而幽暗。当此夏日，诸气萃然：雨潦四集，浮动床几，时则为水气；涂泥半朝，蒸沤历澜，时则为土气；乍晴暴热，风道四塞，时则为日气；檐阴薪爨，助长炎虐，时则为火气；仓腐寄顿，陈陈逼人，时则为米气；骈肩杂遝，腥臊汗垢，时则为人气；或圊溷、或毁尸、或腐鼠，恶气杂出，时则为秽气。叠是数气，当之者鲜不为厉。而予以孱弱，俯仰其间，於兹二年矣，幸而无恙，是殆有养致然尔。然亦安知所养何哉？孟子曰："吾善养吾浩然之气。"彼气有七，吾气有一，以一敌七，吾何患焉！况浩然者，乃天地之正气也，作正气歌一首。

天地有正气，杂然赋流形。下则为河岳，上则为日星。

于人曰浩然，沛乎塞苍冥。皇路当清夷，含和吐明庭。

时穷节乃见，一一垂丹青。在齐太史简，在晋董狐笔。

在秦张良椎，在汉苏武节。为严将军头，为嵇侍中血。

为张睢阳齿，为颜常山舌。或为辽东帽，清操厉冰雪。

或为《出师表》，鬼神泣壮烈。或为渡江楫，慷慨吞胡羯。

或为击贼笏，逆竖头破裂。是气所磅礴，凌冽万古存。

当其贯日月，生死安足论！地维赖以立，天柱赖以尊。

三纲实系命，道义为之根。嗟予遘阳九，隶也实不力。

楚囚缨其冠，传车送穷北。鼎镬甘如饴，求之不可得。

阴房阗鬼火，春院闭天黑。牛骥同一皂，鸡栖凤凰食。

一朝蒙雾露，分作沟中瘠。如此再寒暑，百沴自辟易。

嗟哉沮洳场，为我安乐国。岂有他缪巧，阴阳不能贼。

顾此耿耿在，仰视浮云白。悠悠我心悲，苍天曷有极？

哲人日已远，典刑在夙昔。风檐展书读，古道照颜色。

文天祥在《正气歌》中歌颂了12位忠烈：春秋时期齐国太史弟兄三人杀一个，上一个，都不怕死！晋国太史董狐也是如此，全为了秉笔直书真实的历史！韩国的张良招募刺客椎杀秦始皇，决心为报亡国之仇！西汉的苏武出使匈奴，北海牧羊十九载誓死不降！汉末巴郡太守严颜被张飞生擒，宁断头，不投降！西晋侍中嵇绍，以身体保护惠帝，被乱箭射死而尽忠不悔！汉末管宁在辽东避难，汉亡后戴白帽隐居三十年，忠于汉室，拒绝归顺曹丕父子！诸葛亮为报刘备三顾茅庐之恩，兢兢业业，鞠躬尽瘁，死而后已！东晋祖逖渡江北伐，宣誓死也要恢复中原！唐朝段秀实夺下朝笏击打叛贼朱泚，尽忠被杀！安史之乱时，睢阳守将张巡决心死战，发誓时曾咬碎牙齿！常山太守颜杲卿被俘后大骂安禄山，舌头被钩烂仍旧骂声不绝！这些浩然正气的历史人物，都是文天祥心目中的尽忠楷模。

2

"天行健，君子以自强不息"。文天祥至死不降，也是"法天不息"，一以贯之。元朝的一些文武重臣十分敬佩文天祥的气节，张弘范一直主张对他"愿释勿杀"；继任丞相和礼霍孙崇尚儒学，也多次要求不杀文天祥！可孛罗、阿合马认为应该杀；新任右丞相麦述丁曾与文天祥在江西对敌，他认为必杀文天祥！还收走了文天祥的笔墨纸砚，以及书册和象棋，想让他在狱中既不能看书写字，更不能娱乐休闲，生不如死！

已投降元朝的王积翁、谢昌元等十位南宋官员，敬仰文天祥的人品和才学，想上书忽必烈，希望能够释放文天祥，做个黄冠道士，起点顾问作用。可留梦炎、黄万石、丁月讷这些甘心变节的卑鄙小人，却希望元廷马上杀掉文天祥！可见忠奸势不两立，历来水火不容！

至元十九年（1282）三月，发生了一件惊动朝野的事件：益都千户王著和高和尚联手，趁忽必烈父子去了上都的机会，冒太子之名，刺杀了留守大都的阿合马。这个一贯主张要杀文天祥的蒙古大臣，结果成了刺客的刀下之鬼！

虽然王著与高和尚最终都被捕并已杀害，可幕后的操盘手却是枢密副使张易！阿合马是色目人，张易是北汉人，差一个等级的两拨人，在朝中争权夺利到了你死我活的地步，这些事让忽必烈忧心忡忡。

忽必烈信仰萨满教，但也信奉佛道，听说福建的妙曦和尚能测算过去未来，于是，他按上宾待遇，将他请来大都。

妙曦向忽必烈预言："十一月，土星犯帝座，疑有变。"

这年冬季，果然有中山府的薛保住聚众造反，自称是宋朝赵家真正的后代！他手下几千人声势浩大，声称要劫狱救出文天祥！

恰恰此时太子真金又截获了一封匿名信，信中写道："两卫军尽足办事，丞相可以无虑。"又写道："先焚城上苇子，城外举火为应。"

事情凑到一起，元廷不能不与土牢中的文天祥挂起钩来。

元朝太子真金当即发布了戒严令：将瀛国公赵㬎和全太后母子，以及被封为平原郡公的福王赵与芮等赵氏宗室，统统迁到上都的开平以北，让他们远离了中原宋朝的国土。据说多年后，忽必烈下诏让18岁的赵㬎去吐蕃学习梵书、西蕃字经。19岁时他又到喇嘛庙出家，驻锡萨斯迦大寺，号木波讲师。赵㬎学佛修行了数年，成为藏文翻译家，担任了萨迦大寺的主持，法号"合尊"。他潜心研究佛学，翻译了《百法明门论》《因明入正理论》等书，书中留有"大汉王出家僧人合尊法宝"印记。他为藏传佛教的发展做出了贡献。

不过，这位宋恭帝赵㬎的传说也很离奇，权衡撰写的《庚申外史》披露：赵㬎曾住过张掖大佛寺，延祐七年与一回回女子迈来迪生一男婴，恰逢元明宗和世㻋流亡西北路过此地，他因为无子而带走了这母子二人。孩子长大后成为太子妥懽帖睦尔，即后来继位的元顺帝，赵㬎竟成为元朝皇帝的生父！

后人也真有好事考证者，得出的结论是：宋元后裔基因鉴定并无血缘关系。这纯粹是宫廷内斗制造的谣言。

赵㬎52岁时写了一首怀念故国的诗：

> 寄语林和靖，梅花几度开？
> 黄金台下客，应是不归来。

元廷认为，赵㬎的诗意对江南的人心有号召力，于是他因文字狱被元英宗赐死于河西张掖。赵㬎于1323年死去，元顺帝1333年即位，中间还隔了六个皇帝呐！

还有传说忽必烈将自己的公主嫁给了赵㬎，生了孩子名赵完普。这

文天祥别传

255

显然是一种传说野史，不可信。但正史也未必都是信史，诈骗历史的大有人在。

3

元朝将司天监改为司天台，三台中灵台以观天文，时台以观四时施化，囿台以观鸟兽鱼鳖。古人有"天人合一"的理念，研究"三台"可观测未来吉凶。十二月初七，司天台上奏了"三台折"，与妙曦和尚的谶语暗合，于是，元廷紧张起来了。

始终犹豫不决的忽必烈，必须决断了！

第二天，忽必烈在皇宫大殿亲自召见文天祥。文天祥仍然长揖不跪，左右侍卫大怒，动用金棍击打，"牛不喝水强按头"，想让他低头，可这头江西牛牯十分倔强，他不卑不亢地站在忽必烈的眼前。

一心劝降的忽必烈发话了："'何日洗兵马，车书四海同'是你写的吗？你希望天下统一？"

"是的！"文天祥回答。

"现在天下统一了，你如能改变想法和打算，以臣事宋朝之忠心为我，可让你去中书省做官。"

文天祥坚定地回答："我受宋朝五个皇帝的厚恩，号称状元宰相，要事二姓，非我所愿！"

忽必烈追问："所愿为何？"

"愿一死足矣！"文天祥仰起头来，大声说道："宋朝已亡，天祥当速死，不当久生！"

忽必烈说："你不愿当宰相，可以当枢密嘛！"

文天祥决断地说："一死之外，别无他求！"

为了让忽必烈了解他求死的决心，文天祥存心激怒忽必烈，他大声历数了元军侵略宋朝，血腥屠杀，招降纳叛，背信弃义，毁宋宗社等五大罪状！旁边的通事不敢全部翻译，唯恐引火烧身。

忽必烈见文天祥心如铁石，只好命令再关回兵马司（千户所）监狱。

越是不怕死，越是令人怜惜。忽必烈仍然犹豫不决。元朝宰相麦述丁力劝皇帝处死文天祥以绝后患，决不能放虎归山；宋朝投降宰相留梦炎也在一旁煽阴风点鬼火，说文天祥的旧部仍在等他，他若不死，后患无穷！

最后的日子终于到了！

文天祥回到千户所，知道该见的见了、该说的说了，已了无牵挂，准备后事吧！他取出早已写好的《自赞》：

> 孔曰成仁，孟曰取义。惟其义尽，所以仁至。
> 读圣贤书，所学何事？而今而后，庶几无愧！

这是文天祥年初写的，后又补写了小序："吾位居将相，不能救社稷，正天下，军败国辱，为囚虏，其当死久矣！顷被执以来，欲引决而无间。今天与之机，谨南向百拜以死。宋丞相文天祥绝笔。"

天黑了，他摸索着将诗句夹在衣带中，可随时随地前赴刑场。直觉告诉他，他在狱中已经三年两个月零八天了，这一夜可能是在阳间的最后一夜。他早就有了"无书求出狱，有舌到临刑"的准备，临刑时他不能默默死去，一定要表现出自己的浩然正气！没有笔墨纸砚书写，还有口舌呼喊！文天祥构思了一夜，作了一首歌行体的《赴刑歌》：

> 昔年猃狁侵荆吴，恃其戎马恣攻屠。
> 忠臣国士有何辜？举家骨肉遭芟锄。
> 我宋堂堂大典谟，可怜零落蒙尘污。
> 二君从海不复都，天潢失散知有无？
> 衣冠多士沉泥涂，齐民尽陷故版图。
> 我为忠烈大丈夫，诗书礼乐圣贤图。

竭心罄力思匡扶，驱驰岭表万里途。

如何天假此强胡，宗庙不辅丹心孤。

英雄丧败气莫苏，痛哀故主双眸枯。

今朝此地丧元颅，英魂直上升天衢。

神光皎赫明金乌，遗骸不惜弃草芜。

谁人酹奠致青刍？仰天长恨伸呜呼！

4

元至元十九年十二月初九（1283.1.9），忽必烈下诏将文天祥斩首示众，当日午时执行！

宣谕使一到，文天祥立刻明白，他对张弘毅说："吾事了矣！"

牢房外，兵丁戒严，金鼓齐鸣，如临大敌；牢房内，张弘毅流着泪为文天祥洗漱换衣，他要让文丞相有尊严地走向刑场！

喝了张弘毅敬上的三杯酒后，文天祥面不改色心不跳，义无反顾地上了囚车。

在去柴市的路上，路两边万人夹道，围观人群中哭声不断。文天祥高声吟唱起昨晚写成的《赴刑歌》，当吟诵到"我宋堂堂大典谟，可怜零落蒙尘污""衣冠多士沉泥涂，齐民尽陷故版图"时，周围群众的低声哭泣，顿时汇成了海涛狂飙，在阴暗的天底下久久回荡！当他吟唱到"我为忠烈大丈夫，诗书礼乐圣贤图。英雄丧败气莫苏"时，周围又响起一片片赞誉的掌声和赞叹之声。虽然地处中国的北方，可文天祥在此三年，他的诗品、人品、忠义、气节早已传遍了燕京都城，已家喻户晓，妇孺皆知，人们站在大街两旁，哭泣着送别这位不怕死的南宋状元宰相！

到达刑场后，文天祥问明了哪是南方之后，他面南而拜，边拜边说："臣报国至此矣！我宋列圣在天之灵，愿俾天祥早生中原，遇圣明之主，当剿此胡以伸今日之恨！"

监斩官最后问道："丞相还有什么话要说吗？回奏尚可免死。"

"拿纸笔来！"文天祥大义凛然地说道。

纸笔送来了，文天祥龙飞凤舞地写下两首《临刑诗》：

昔年单舸走维扬，万死逃生辅宋皇。

天地不容兴社稷，邦家无主失忠良。

神归嵩狱风雷变，气吐烟云草树荒。

南望九原何处是？尘沙黯淡路茫茫。

衣冠七载混毡裘，憔悴形容似楚囚。

龙驭两宫崖岭月，貔貅万灶海门秋。

天荒地老英雄散，国破家亡事业休。

唯有一灵忠烈气，碧空长共暮云愁。

写罢，他掷笔于地，对监斩官说："我于心无愧了！"说完，他面南端坐，引颈受刑。

刽子手终于举起了手中的鬼头大刀……

在"哇"的一阵惊喊声中，四周的军民呼天喊地，顿足捶胸，哭成了一团！

北方的三九天是最寒冷的季节，人们的泪水迷蒙了天地。突然沙尘暴呼啸而来，顿时天昏地暗，飞沙走石，乌云遮住了太阳，白昼变成了黑夜，可谓天地同悲！人们纷纷燃香烧纸，叩头祭拜长跪不起……

5

第二天，欧阳夫人被告知前往柴市收尸。张弘毅和"江南十义士"也于当日同来收殓。还有一位70多岁的老妇人，带来专为文天祥做的"三杯鸡"祭奠。

在入殓时，欧阳浚发现了衣带间的绝笔，她知道丈夫已的的确确做到了"仁至义尽",她哭得昏死过去!

遗体葬在都城小南门外五里的大道旁,张弘毅取下文天祥的须发、牙齿及指甲,当月便带回庐陵老家;至元廿一年(1284),文天祥的灵柩由他的义子文陞运回故乡,埋葬在庐陵富田东南20里的鹜湖之原。一年多后,文天祥终于魂归故里。

文天祥就义后,和许多戏剧版本一样,忽必烈也来了个刀下留人!可就晚了那一会儿工夫。

《宋史》记载:"俄有诏使止之。"忽必烈后悔了,他说文丞相是个好男子,不肯为我所用,我一时轻信杀了他,实在可惜呀!他虽然贵为一尊,可也希望众臣像文天祥忠于宋朝一样,对他尽忠无悔,他也希望树立这样忠君的楷模。所以从元代始,民间文天祥的祠堂庙宇就建了不少,文天祥的故乡文山道体堂立了忠烈祠;吉安乡贤祠增设了他的塑像,与欧阳修、杨邦乂、胡铨、周必大、杨万里一起,改称"五忠一节",兑现了文天祥少年时的誓言。

文天祥的《指南前·后录》《集杜诗》《纪年录》《文山先生全集》几百年来反复刊印,"使天下见之,识其为人",流传后世。

得知文天祥就义殉国,邓光荐痛哭之后兑现了诺言,为他撰写了《墓志铭》,还写了《文丞相传》,赞他是"忠臣、孝子、人魁、宰相,古今惟公一人"。邓光荐还为文天祥的战友们写下《文丞相督府忠义传》,讴歌了义士们气壮山河的英雄事迹,名垂中华历史。

王炎午作《望祭文丞相文》,汪元量写《浮丘道人招魂歌》,谢翱记《登西台恸哭记》等多篇悼念诗文。"名相烈士,合为一传,三千年间,人不两见""忠肝义胆不可状,要与人间留好样""丹心浑未化,碧血已生成""寸心耿耿摩苍穹",这些赞誉文天祥高风亮节的诗句,一直流传至今。

面对这种亘古未有的血腥大屠杀,南宋与文天祥一样的文臣武将多不胜数,例如陆秀夫、张世杰、李庭芝、谢枋得、江万里、李芾,等等,都选择了忠宋"死节"，这是后世所没有的！在亡国背景下，宋代表现的气节是后世所敬仰的。这种意志上自皇室、士大夫，下至士兵、老百姓，贯穿了整个民族，以为国殉死为荣，然而民族不死！历史学家总结说：宋之亡，不亡于皋亭之降，而亡于潮阳之执；不亡于崖山之崩，而亡于燕市之戮。

谜一样的宋代文明结束了，宋朝 319 年的历史，是中华大地除两汉外最长命的朝代。陈寅恪说："华夏民族之文化，历数千载之演进，而造极于赵宋之世。"文天祥用生命捍卫着东方文明，直到流尽最后一滴血。连宋朝之后开倒车的元明清三朝的帝王，都不得不尊崇他："浩然之气，与日月争光！"抗日战争的烽火中，文天祥成为中华儿女抵御侵略，不做亡国奴的坚贞榜样！

江西吉安县富田乡的鹜湖旁边，有一座虎形山，长眠在那里的文天祥并不知道，在 700 多年之后，从他的老家江西又走出了一大批风流人物，圆了他"车书四海同"的梦想，他们指点江山，扭转乾坤，创下了一番前无古人的伟业——建立了新的中国！如祖籍江西吉水的毛泽东和刘少奇，祖籍九江的周恩来，祖籍吉安的邓小平和胡耀邦，祖籍新平的习仲勋，祖籍德安的陈独秀和陈毅，祖籍抚州的华国锋，还有《可爱的中国》作者方志敏……

毛泽东曾亲笔手书文天祥的《过零丁洋》，并写下了一行文字：

"文天祥以身殉志，不亦伟乎。"

文天祥别传

后　记

1

己亥年春节，鄂州前文联主席、作协主席刘敬堂先生回到故乡青岛，我读过他多本历史小说，便虔诚登门拜访。刘先生看过我的拙作《医者笔耕录》，他邀我合写文天祥，能行吗？我那拙作虽然洋洋40万字，却都是尝试练笔，我的专业是医不是文，登不上文学的大雅之堂，这本《文天祥别传》却要求20万字。我被刘先生的诚恳鼓励所激励，也被他奖掖后人的精神所感动，便冒冒失失接下了这项写作任务。这两年我病后闲极无事，也想挑战一下自己，正如人们所说的"动笔动脑，人生不老"嘛！

我未曾研究历史，可对宋代却蛮有兴趣。文学泰斗陈寅恪说过："吾中华文化，历数千载之演进，造极于赵宋之世。"原青岛作协副主席叶帆先生曾送我一本《宋：现代的拂晓时辰》，让我进一步了解了700年前的大宋王朝。两宋延续的历史仅次于两汉，而它当年的经济文化却是全世界的魁首，文明之光让华夏子孙骄傲至今，成为文化自信的标杆。再翻翻文天祥的历史，千古英烈第一人，这点连小学生都知道。他的祖籍是四川成都，和我家祖谱记载是同一个地方，他的两位后人还和我的家人重名。机缘巧合，确确实实值得我大书特书一番。

2

自此之后，我每天用三分之二的时间查询资料，三分之一的时间用来斟字酌句。买来的书籍，借来的资料，堆满写字台。电脑更是好帮手，键盘一敲，百度一搜，万千内容供你筛查！当然也有查不到的许多疑问，要找专家解惑，要去高校请教，还要到古籍资源库去寻觅……好在背后还有知识渊博的刘主席撑着大梁，不时地探讨人物设置，情节取舍，章回删节。

从此我被锁定在书房的电脑旁，庭院湖畔春天的繁花盛开未去欣赏，海滨夏夜的五彩斑斓未去领略，崂山秋日的红叶缤纷未去观光。只是夜以继日地写作修改，就像美术雕塑一样，先是毛坯，再是雕琢，最后打磨。9月18日交稿，整整写了24万字！

3

我是个追求完美的人，初次合写小说，总是感到处处不满意，语句贫乏不流畅，唯恐因我而影响了合著作品的质量。再一点是怕史料不详误人子弟，譬如说文天祥长子13岁去世，后裔怎么来的？譬如说二子佛生空坑被俘，结局是否未死？再譬如说三子环生传说是侧室颜氏所生，是否真有其人？《宋史》的记载与家谱差异很大，虽然别传可以演绎，传记小说也不是史记，但"捉虱子要贴衣衬"，总不能随意"聊斋"。其实元人记录的宋史也未必完全客观真实：敌国的偏见，事件的取舍，观点的异同，历史的淹没……毕竟历史的钟表已经转过700多年。遵循着"读万卷书行万里路"，我与外孙少楷南下江西、广东，一周时间行程万里，踏上文天祥当年路过的山川大地，寻觅英雄的历史足迹。先去了文天祥的故乡——江西省青原区富田镇，来到鹜湖大坑村东北虎形山的文天祥陵墓。五门六柱上镌刻着《仁至义尽》四个大字的石牌坊是入口，半山腰就是"宋丞相文信国公天祥之墓"，虽然游人罕至，可他的后人经常祭扫。他们分布在广东、福建、海南三省八县，有几万人。他的长子文道生陵寝在广东梅州丰顺县的大胜村，我们乘飞机飞抵揭阳，继而驱车到丰顺，辗转来到"飞天蜈蚣"墓地。然后又驱车来到潮州凤凰镇的下埔村，山村村民4000余人，大多姓文，村口竖立《正气长存》的石牌坊，这是文天祥孙辈的繁衍之地，也是潮安县爱国主义教育基地。村中"正气堂"是专为文天祥设的灵堂，我与从深圳来的文天祥后人一起上香祭拜，有着与史书中的文字不一样的感觉。

不远万里前来凭吊文天祥，是我对他忠肝义胆的敬仰，对他仁至义尽的膜拜。他是不成功则成仁的表率。

我们继而高铁、汽车联乘，晓行夜宿来到广东新会的崖山古战场，所谓"崖山之后无中华"，是指十万军民殉国后，中华大地缺少了文天祥的这种浩然正气，缺少了"留取丹心照汗青"的英雄人物。

书写完了，文天祥的影子却一直烙印在我的脑海里。他是诗人，写诗一千多首，给后人留下了一份文化遗产；他性格倔强直道行事，却被频频罢官；他保家卫国，仁至义尽，最后却血洒刑场。有人说"生命的价值在于成功"，文天祥否定了这个命题，他生得轰轰烈烈，死得彪炳千秋。

他是天上的一颗恒星，当人们仰望星空时，就能看到他耀眼的光芒。

停笔之后，夜不能寐，构思一首七绝，算作结语：

状元宰相数天祥，英烈千年浩气扬。

出孝求忠家国恋，蹈仁履义汉唐煌。

殷殷肝胆九州痛，楚楚诗文万代伤。

湖海江河歌正气，春秋冬夏汗青芳。

史在新于 2020 年清明节

主要参考文献

《文天祥》　　　　　　　　陈清泉　　　　　上海人民出版社

《文天祥传》　　　　　　　万绳楠　　　　　河南人民出版社

《长歌正气：文天祥传》　　郭晓晔　　　　　作家出版社

《文天祥诗集校笺》　　　　刘文源　　　　　中华书局

《宋：现代的拂晓时辰》　　吴钩　　　　　　广西师范大学出版社

《易中天中华史》　　　　　易中天　　　　　浙江文艺出版社

《中国思想与宗教的奔流：宋朝》　〔日〕小岛毅　广西师范大学出版社

《念楼学短》　　　　　　　钟叔河　　　　　湖南美术出版社

《中国宫廷知识词典》　　　何本芳等　　　　中国国际广播出版社